Schriften zum Baurecht

Herausgegeben von

Prof. Dr. Christoph Degenhart, Universität Leipzig

Prof. Dr. Wolfgang Durner, Universität Bonn

Prof. Dr. Annette Guckelberger, Universität des Saarlandes

Prof. Dr. Martin Kment, Universität Augsburg

Prof. Dr. Werner Langen, Kapellmann Rechtsanwälte

Prof. Dr. Thomas Mann,
Georg-August-Universität Göttingen

Prof. Dr. Gerd Motzke, Universität Augsburg

Prof. Dr. Stefan Muckel, Universität zu Köln

Prof. Dr. Wolfgang Voit, Philipps-Universität Marburg

Prof. Dr. Dr. h.c. (NUM) Jan Ziekow,
Deutsches Forschungsinstitut für öffentliche Verwaltung, Speyer

Band 27

Moritz Klimpel

Zur kompetenziellen Qualifikation baurechtlicher Regelungen

Am Beispiel von Ortsbildschutz und Ortsbildgestaltung

Nomos

Onlineversion
Nomos eLibrary

Die Deutsche Nationalbibliothek verzeichnet diese Publikation in
der Deutschen Nationalbibliografie; detaillierte bibliografische
Daten sind im Internet über http://dnb.d-nb.de abrufbar.

Zugl.: Tübingen, Eberhard Karls Universität, Diss., 2024

ISBN 978-3-7560-1738-6 (Print)
ISBN 978-3-7489-4396-9 (ePDF)

D 21

1. Auflage 2025
© Nomos Verlagsgesellschaft, Baden-Baden 2025. Gesamtverantwortung für Druck
und Herstellung bei der Nomos Verlagsgesellschaft mbH & Co. KG. Alle Rechte, auch
die des Nachdrucks von Auszügen, der fotomechanischen Wiedergabe und der Übersetzung, vorbehalten. Gedruckt auf alterungsbeständigem Papier.

Meinen Eltern

Vorwort

Die vorliegende Arbeit wurde von der Juristischen Fakultät der Eberhard Karls Universität Tübingen im Wintersemester 2023/2024 als Dissertation angenommen. Literatur und Rechtsprechung konnten bis Oktober 2023 berücksichtigt werden.

Nach fachlich wie persönlich sehr bereichernden Jahren möchte ich all jenen danken, die mich während dieser Zeit begleitet und unterstützt haben.

Mein herzlicher Dank gilt zunächst meiner Doktormutter Frau Professorin Dr. Barbara Remmert für die hervorragende Betreuung dieser Arbeit. Ihr Engagement und ihre stets wohlwollende Kritik haben in besonderem Maße zu deren Gelingen beigetragen. Dank gilt außerdem Herrn Professor Dr. Christian Seiler für die zügige Erstellung des Zweitgutachtens. Ferner danke ich der Herausgeberin und den Herausgebern der „Schriften zum Baurecht" für die Aufnahme in die Schriftenreihe.

Besonders hervorheben möchte ich sodann Herrn Dr. Helmut Schuster, der mir während meiner Zeit als wissenschaftlicher Mitarbeiter nicht nur den deutlich über das Selbstverständliche hinausgehenden Freiraum zur Anfertigung der Dissertation gewährt hat, sondern mir eine juristische Ausbildung hat zuteilwerden lassen, die mich für lange Zeit prägen wird. Ebenso möchte ich Herrn Dr. Stephan Spilok danken, ohne dessen Unterstützung diese Arbeit noch nicht einmal ihren Anfang genommen hätte. Seine wertvollen Ratschläge haben nicht wenige Steine auf dem Pfad meiner juristischen Ausbildung beiseite geräumt.

Dank gilt sodann den vielen weiteren Menschen in meinem Umfeld, die durch ihre Unterstützung diese Arbeit vorangebracht haben, sei es durch bereichernde Diskussionen oder die Zurverfügungstellung ihres beeindruckenden Erfahrungsschatzes. Ihre Nennung würde den Rahmen dieses Vorworts sprengen.

Nicht zuletzt gilt meiner Freundin Sophia besonderer Dank, die mich beim Schreiben dieser Arbeit mit ihrem Frohsinn und einer erstaunlichen Geduld unterstützt hat. Abschließend danke ich meinen Eltern und meinem Bruder Philipp, die mir durch ihren fortwährenden und bedingungslosen Rückhalt ermöglichen, meinen Weg zu gehen.

Karlsruhe, im März 2024   Moritz Klimpel

Inhaltsverzeichnis

Einleitung und Gang der Untersuchung — 15

Teil 1 Ortsbildschutz und Ortsbildgestaltung zwischen Bauordnungs- und Bauplanungsrecht — 21

Kapitel 1 Das Ortsbild — 23

A. Der Ortsbildbegriff im Baugesetzbuch und in den Landesbauordnungen sowie sonstigen Vorschriften — 23
    I. Herkömmliches Verständnis des Ortsbildbegriffs — 23
    II. Annäherung durch die Abgrenzung von im Kontext verwendeten Begriffen? — 25
        1. Landschaftsbild — 26
        2. Straßenbild — 26
        3. Stadtgestalt — 27
        4. Städtebauliche Gestalt — 29
        5. Baukultur — 30
        6. Ergebnis — 32

B. Herleitung eines eigenen Ortsbildbegriffs — 33
    I. Keine kompetenzrechtlichen Bedenken gegen die Bildung eines einheitlichen Ortsbildbegriffs — 33
    II. Der Ort — 35
        1. Begriff — 35
        2. Bestimmungsmerkmale — 37
            a) Äußerer, räumlicher Zusammenhang — 38
            b) Bedürfnis eines inneren Zusammenhangs — 39
            c) Innerer Zusammenhang und Einheitlichkeit — 41
            d) Ergebnis — 43
    III. Das „Bild" des Ortes — 43
        1. Abgrenzung — 43
            a) Die Unterscheidung von „außen" und „innen" — 44
            b) Die Unterscheidung von Bild und Funktion — 45
        2. Das Ortsbild als Ergebnis der Summe aller ortsbildenden Merkmale — 45

3. Besonderheiten im Ortsbild	47
IV. Ergebnis zum übergeordneten Ortsbildbegriff	47

Kapitel 2 Ortsbildschutz und Ortsbildgestaltung als Hauptanwendungsfeld kompetenzieller Abgrenzungsprobleme — 49

A. Kompetenzprobleme aufgrund der Vielzahl an Regelungsmöglichkeiten — 49
B. Kompetenzbedingte Unterscheidung von Ortsbildbegriffen — 50
C. Weitere Untersuchung — 51

Teil 2 Kompetenzielle Qualifikation baurechtlicher Regelungen — 53

Kapitel 3 Grundlagen des Kompetenzrechts — 55

A. Die Kompetenzordnung des Grundgesetzes — 55
   I. Zum kompetenzrechtlichen Zuweisungsmechanismus — 55
   II. Grundsatz der Eindeutigkeit und Vollständigkeit — 58
B. Zur Methodik der kompetenziellen Qualifikation — 59
   I. Auslegung von Kompetenztitel und einfachgesetzlicher Norm — 59
   II. Zuordnung der einfachgesetzlichen Norm zu einem Kompetenztitel — 61
      1. Zuordnungskriterien — 62
      2. Verhältnis der Zuordnungskriterien zueinander — 63

Kapitel 4 Status quo der kompetenziellen Qualifikation baurechtlicher Regelungen — 67

A. Herkömmliches Verständnis der Kompetenzverteilung im öffentlichen Baurecht — 67
   I. In Betracht kommende Kompetenztitel — 67
   II. Das Baurechtsgutachten des Bundesverfassungsgerichts — 68
   III. Rezeption des Gutachtens und Handhabung in der Rechtsprechung — 71

B. Die Zuordnung baurechtlichen Staatshandelns zur jeweiligen
   Gesetzgebungskompetenz ... 73
   I. Frühe Zuordnungsansätze und finale Zuordnung ... 74
   II. Infragestellung der finalen Zuordnung und instrumental-
       funktionaler Ansatz ... 75
   III. Bestätigung der finalen Zuordnung ... 79
   IV. Charakterisierung des Zuordnungsansatzes des
       Bundesverwaltungsgerichts ... 82
   V. Weitere Zuordnungsansätze ... 85
C. Probleme bei der Qualifikation baurechtlicher Normen ... 86
   I. Bestehende Zuordnungsprobleme ... 86
   II. Methodische Probleme ... 87

Kapitel 5   Entwicklung eines Zuordnungs- und
            Abgrenzungsansatzes ... 91

A. Der Kompetenztitel Bodenrecht ... 91
   I. Auslegung des Kompetenztitels für das Bodenrecht nach
      Art. 74 Abs. 1 Nr. 18 GG ... 93
      1. Wortlaut ... 93
      2. Systematik ... 94
         a) Die Systematik des Art. 74 Abs. 1 Nr. 18 GG ... 94
         b) Verhältnis zu den Kompetenztiteln der Art. 73 Abs. 1,
            74 Abs. 1 GG ... 96
         c) Zwischenergebnis ... 98
      3. Historische Auslegung ... 99
         a) Allgemeines ... 100
         b) Bodenrecht und Bodenverteilung ... 101
         c) Bodenrecht und Baurecht ... 102
         d) Bodenrecht und Planungsrecht ... 105
         e) Zwischenergebnis ... 107
      4. Sinn und Zweck des „Bodenrechts" ... 108
         a) Wirtschaftliche Bedeutung von Grund und Boden ... 108
         b) Bodenpolitische Entwicklungen vor der Schaffung
            des GG ... 109
         c) Bedeutung der bodenpolitischen Entwicklungen für
            Art. 74 Abs. 1 Nr. 18 GG ... 113
         d) Zwischenergebnis ... 114

Inhaltsverzeichnis

II. Inhalt des Kompetenztitels für das Bodenrecht	116
1. Beschränkung der wirtschaftlichen Nutzung von und des Eigentums an Grund und Boden	116
2. Öffentliches Interesse	119
B. Die verbleibende landesrechtliche Kompetenz	121
I. Die Entwicklung des Baurechts bis zur Erteilung des Baurechtsgutachtens	123
1. Die Entwicklung des Baurechts in Preußen	124
a) Das Baupolizeirecht vor den Kreuzbergurteilen	124
b) Die Kreuzbergurteile	127
c) Die Zeit nach den Kreuzbergurteilen	129
2. Einheitliche Baugesetze in anderen deutschen Ländern und im Reich	132
a) Allgemeines Baugesetz Sachsen	132
b) Bauordnung für das Königreich Württemberg	136
c) Referentenentwurf zum Erlass eines Reichsstädtebaugesetzes	138
d) Entwurf für ein Deutsches Baugesetzbuch	139
e) Aufbaugesetze	141
3. Zwischenergebnis	144
II. Bedeutung für das baurechtliche Kompetenzgefüge	147
C. Die Zuordnung baurechtlicher Regelungen	147
I. Zuordnungskriterium	148
1. Zuordnung nach dem Regelungszweck	149
a) Allgemeines	149
b) Entstehungsgeschichte	149
c) Grundgesetzliche Kompetenzaufteilung	150
d) Vorzufindender Normbestand	150
e) Zwischenergebnis	151
2. Zuordnung nach dem Regelungsgegenstand	152
3. Sonstige Zuordnungskriterien	152
II. Der Vorgang der Zuordnung	153
1. Zuordnung einfachgesetzlicher baurechtlicher Normen	153
a) Zuordnung nicht auslegungsbedürftiger Normen	153
b) Zuordnung auslegungsbedürftiger Normen	155
2. Zuordnung von aufgrund einfachgesetzlicher Normen getroffenen Regelungen	157

D. Ergebnis, Bedeutung für ortsbildschützende und
ortsbildgestaltende Regelungen 158

Teil 3 Instrumente des Ortsbildschutzes 159

Kapitel 6 Herkömmliche Instrumente 161

A. Ortsbildschutz und Ortsbildgestaltung durch Planung 162
    I. Bebauungspläne 162
    II. Örtliche Bauvorschriften 163
    III. Abgrenzung und Schutzlücken 165
        1. Kompetenzüberschreitung durch Festsetzungen nach
§ 9 Abs. 1 BauGB 166
        2. Kompetenzüberschreitungen durch Regelungen über
örtliche Bauvorschriften 169
            a) Kompetenzwidrige Ermächtigungen 169
            b) Auslegungsbedürftige Ermächtigungen 171
        3. Regelungslücken und praktische Probleme 173
            a) Regelungslücken 173
            b) Praktische Probleme 175

B. Ortsbildschutz und Zulässigkeit von Vorhaben und baulichen
Anlagen 176
    I. Herrschende Auffassung zur Abgrenzung von den §§ 34
Abs. 1 S. 2 2. HS, 35 Abs. 3 S. 1 Nr. 5 BauGB und den
Verunstaltungsverboten 177
    II. Abgrenzung anhand des Regelungsgegenstandes 178
    III. Schutzlücken 182

C. Ortsbildschutz durch Beseitigung bestehender
Beeinträchtigungen 183
    I. Ermächtigungsgrundlagen des besonderen Städtebaurechts
und der Landesbauordnungen 184
    II. Abgrenzung, Schutzlücken und Anwendungsprobleme 186
        1. Abgrenzung 186
        2. Schutzlücken und Anwendungsprobleme 188

Inhaltsverzeichnis

Kapitel 7 Ortsbildschutz in der Praxis – alternative Umsetzungsmöglichkeiten	189
A. Städtebauliche Verträge	189
B. Business Improvement Districts	192
C. Gestaltungsbeiräte und Gestaltungshandbücher	194
Zusammenfassung und Schluss	197
Abbildungsverzeichnis	201
Literaturverzeichnis	205

Einleitung und Gang der Untersuchung

Sie soll so riskant sein wie die chirurgische Trennung siamesischer Zwillinge:[1] die Rede ist von der akkuraten Abgrenzung der Bundes- von der Landeskompetenz für das öffentliche Baurecht. Auch wenn es – anders als in diesem sehr plastischen Vergleich – bei der Abgrenzung der beiden Kompetenzbereiche für das öffentliche Baurecht nicht um Leben und Tod geht, bringt dieser Vergleich doch die erheblichen Schwierigkeiten zum Ausdruck, die sich hier ergeben.[2] Das aus kompetenzrechtlicher Sicht problemträchtigste Feld stellen dabei baugestalterische Regelungen dar, insbesondere solche, die dem Ortsbildschutz und der Ortsbildgestaltung dienen.[3]

Der Schutz und die Gestaltung von Ortsbildern ist ein Anliegen verschiedener Gesetze, die von verschiedenen Kompetenzträgern erlassen wurden. Regelungen zum Schutz und zur Gestaltung von Ortsbildern finden sich im BauGB in § 1 Abs. 5 S. 2, Abs. 6 Nr. 5, § 34 Abs. 1 S. 2 2. Hs., § 35 Abs. 3 S. 1 Nr. 5, § 136 Abs. 4 Nr. 4, § 172 Abs. 3 und § 177 Abs. 3 Nr. 2 sowie in allen Landesbauordnungen im Zusammenhang mit Verunstaltungsverboten und vereinzelt in den Ermächtigungen zum Erlass von örtlichen Bauvorschriften, beispielsweise für Bayern Art. 8 S. 2, Art. 81 Abs. 1 Nr. 1 Bay BO.[4] Der Ortsbildschutz und die Ortsbildgestaltung sind außerdem

---

1 *Kemper* in *Spannowsky/Otto*, § 50 Rn. 38; *Vilsmeier*, Das bauplanungsrechtliche Verbot der Ortsbildbeeinträchtigung und seine Bedeutung für die Zulässigkeit von Baugerüstwerbung S. 28; *Jäde*, ZfBR 2010, S. 34 (36).
2 Diese Probleme zeigen sich nicht zuletzt an der umfangreichen Literatur zum Thema, bspw.: *Decker* in *Busse/Kraus*, § 81 Rn. 7 ff.; *Schulte*, Rechtsgüterschutz durch Bauordnungsrecht S. 57 ff; *Wagner*, Harmonisierungsbedürftigkeit von Bauplanungs- und Bauordnungsrecht S. 7 ff; *Weyreuther*, Eigentum, öffentliche Ordnung und Baupolizei S. 1 ff.; *Haaß*, NVwZ 2008, S. 252; *Jäde*, ZfBR 2005, S. 135; *Jäde*, ZfBR 2010, S. 34; *Jäde*, ZfBR 2006, S. 9; *Sarnighausen*, NVwZ 1993, S. 1054; *Schulte*, BauR 2007, S. 1514; *Tillmanns*, AöR 132, S. 582; *Ziegler*, DVBl 1984, S. 378.
3 *Spieß* in *Jäde/Dirnberger/Weiß*, § 34 Rn. 112; *Fickert/Fieseler* § 11 Rn. 25.6; *Manssen*, NWVBl 1992, S. 381 (381 ff.).
4 In den weiteren Landesbauordnungen: § 10 Nr. 1, § 11 Abs. 1 S. 1 BW LBO, § 9 Abs. 2, § 10 Abs. 2 S. 1, 4 S. 2, § 81 Abs. 1 Bln BauO, § 9, § 10 Abs. 4 S. 2, § 86 Abs. 1 Nr. 1 HB LBO, § 9 Abs. 2, § 10 Abs. 2 S. 2 Bbg BauO, § 12 Abs. 1 S. 2, Abs. 2 HH LBO, § 9 Abs. 2, § 69 Abs. 4 Hes BauO, § 9 Abs. 2, § 10 Abs. 4 S. 3, § 86 Abs. 1 Nr. 1, 6 MV LBO, § 10 N BauO, § 8 Abs. 3, § 9 Abs. 2 S. 1, § 10 Abs. 2 S. 1, § 58 Abs. 4, 89 Abs. 1 Nr. 1 und 6 BauO NRW, § 5 Abs. 2

Einleitung und Gang der Untersuchung

Gegenstand der §§ 11 Abs. 3 S. 2, 16 Abs. 3 Nr. 2 BauNVO, § 29 Abs. 1 Nr. 2 BNatSchG, §§ 37 Abs. 2, 86 Abs. 1 Nr. 1 FlurbG, von Regelungen in den Landesdenkmalschutzgesetzen, bspw. § 19 Abs. 1 BW DSchG[5] sowie in einigen Landesnaturschutzgesetzen, beispielsweise § 30 Abs. 1 S. 1 Hes NatSchG[6], und sogar des Art. 141 Abs. 1 S. 4 der Bayerischen Landesverfassung. Im baurechtlichen Bereich, also im Regelungsbereich des BauGB und der Landesbauordnungen, finden sich darüber hinaus parallele Regelungen für die jeweiligen Handlungsebenen baurechtlicher Verwaltungstätigkeit. Sowohl in der Bauleitplanung, § 1 Abs. 5 S. 2, Abs. 6 Nr. 5 BauGB, als auch bei der Aufstellung örtlicher Bauvorschriften sind die Belange des Ortsbildschutzes und der Ortsbildgestaltung zu berücksichtigen. Bauliche Anlagen sind nur dann zulässig, wenn sie das Ortsbild nicht beeinträchtigen, § 34 Abs. 1 S. 2 2. HS BauGB, beziehungsweise es nicht nach § 35 Abs. 3 S. 1 Nr. 5 BauGB oder den landesrechtlichen Verunstaltungsverboten verunstalten. Wird das Ortsbild verunstaltet, so kann sowohl auf bundesrechtlicher Grundlage nach § 177 Abs. 1, 3 Nr. 2 BauGB und § 179 Abs. 1 S. 1 Nr. 1 BauGB als auch auf Grundlage der jeweiligen Generalklausel der Landesbauordnungen in Verbindung mit den Verunstaltungsverboten sowie aufgrund spezialgesetzlicher Regelungen eingegriffen werden.[7]

Mit Blick auf diese Vielzahl ortsbildschützender und ortsbildgestaltender Regelungen und deren Parallelität auf verschiedenen Ebenen der baurechtlichen Verwaltungstätigkeit verwundert es nicht, dass sich hier zahlreiche kompetenzrechtliche Abgrenzungsfragen stellen, welche auch regelmäßiger

---

S. 1, § 10 Abs. 1, § 52 Abs. 4 S. 3 und 4 RP LBO, § 4 S. 2, § 5 Abs. 5 S. 2 Nr. 1, § 12 Abs. 4 S. 3, § 85 Abs. 1 Nr. 1 Saarl LBO, § 9 S. 2, § 10 Abs. 2 S. 2, 4 S. 3, § 89 Abs. 1 Nr. 1 und 6 Sächs BauO, § 9 S. 2, § 10 Abs. 2 S. 2, § 85 Abs. 1 S. 1 Nr. 1 und 3 LSA BauO, § 9 S. 2, § 10 Abs. 2 S. 1 und 4 S. 3, § 86 Abs. 1 Nr. 1 und 7 SH LBO, § 9 S. 2, § 10 Abs. 2 S. 1 und 4 S. 3, § 88 Abs. 1 Nr. 1 Thür BauO sowie § 9 S. 2, § 10 Abs. 2 S. 2, § 86 Abs. 1 Nr. 1 und 6 der Musterbauordnung.

5 In weiteren Denkmalschutzgesetzen der Länder: Art. 1 Abs. 3 Bay DSchG, § 2 Abs. 3 S. 2 MV DSchG, §§ 2 Abs. 3 S. 2, 5 Abs. 2 S. 3 DSchG NRW, § 5 Abs. 1 Nr. 2, Abs. 3 RP DSchG, § 2 Abs. 6 Nr. 2 Saarl DSchG, § 21 Abs. 1 S. 1 Sächs DSchG, § 2 Abs. 2 Nr. 2 LSA DSchG, § 2 Abs. 3 S. 2 Nr. 3 lit. b) SH DSchG, § 2 Abs. 2 Nr. 2, Abs. 4 Thür DSchG.

6 Außerdem § 5 Abs. 2 Nr. 5 Bbg NatSchG, §§ 22 Abs. 1 Nr. 1, 26 Abs. 1 Bln NatSchG, § 29 Abs. 3 Nr. 1 MV NatSchG.

7 § 65 Abs. 2 BW LBO, § 79 Abs. 2 HB LBO, § 80 Abs. 2 Bbg BauO, § 80a Abs. 3 MV LBO, § 79 Abs. 3 N BauO, § 82 Abs. 2 BauO NRW, § 82 RP LBO, § 80 S. 1 SH LBO, § 79 Abs. 2 Thür BauO. Siehe hierzu auch *Weiblen* in *Spannowsky/Uechtritz*, § 65 Rn. 112; *Guckelberger*, NVwZ 2010, S. 743 sowie ausführlich *Seibert*, Dauerhaft aufgegebene Anlagen S. 253 ff.; *Wunderle*, VBlBW 2020, S. 221; *Wunderle*, VBlBW 2020, S. 272.

Gegenstand verwaltungsgerichtlicher Rechtsprechung sind.[8] So können beispielsweise baden-württembergische Gemeinden mittels Satzung sowohl nach § 74 Abs. 1 S. 1 Nr. 1 BW LBO zur Verfolgung baugestalterischer Absichten durch örtliche Bauvorschriften auf landesrechtlicher Grundlage als auch zum Schutz des Ortsbildes nach den §§ 1 Abs. 6 Nr. 5, 9 Abs. 1 Nr. 1 BauGB i.V.m. § 16 Abs. 2 Nr. 4 BauNVO durch Bebauungsplan auf bundesrechtlicher Grundlage Regelungen über die zulässige Gebäudehöhe erlassen. Auf welche der beiden Ermächtigungsgrundlagen sich die Gemeinde zu stützen hat, wenn sie die zulässige Gebäudehöhe zur Ortsbildgestaltung beschränken will, ist in diesen Fällen für die Gemeinde nicht ohne Weiteres zu erkennen. Ähnlich uneindeutig ist die Behandlung von baulichen Anlagen im nicht qualifiziert beplanten Innenbereich, die möglicherweise das Ortsbild nach § 34 Abs. 1 S. 2 2. HS. BauGB beeinträchtigen oder sogar nach den entsprechenden landesrechtlichen Verboten verunstalten. Auch hier stellt sich die Frage, wann beispielsweise eine Dachgaube,[9] eine Werbetafel[10] oder die Dachform[11] an § 34 Abs. 1 S. 2 2. HS. BauGB zu messen ist, also schon die Beeinträchtigung des Ortsbildes zur Unzulässigkeit des Vorhabens führt, oder wann sie den Verunstaltungsverboten unterfällt und entsprechend erst die Verunstaltung des Ortsbilds zur Unzulässigkeit der Anlage führt. Diese kompetenzrechtlichen Unsicherheiten sind aus

---

8 Beispielsweise: Zur Beeinträchtigung des Ortsbildes nach § 34 Abs.1 S. 2 2. HS BauGB aufgrund von der Umgebung abweichender Dachform BVerwG, Urteil vom 11.05.2000, - 4 C 14/98 -, NVwZ 2000, 1169 (1170 f.); VG Sigmaringen, vom 28. März 2001 -, Urteil vom 28.03.2001, - 4 K 1134/00 -, VBlBW 2002, S. 216 (218 f.). Zur Ortsbildrelevanz einer Dachgaube BVerwG, Urteil vom 16.12.1993, - 4 C 22/92 -, NVwZ 1994, S. 1010 (1011). Zur Zulässigkeit abweichender Abstandsflächen mittels örtlicher Bauvorschrift ausführlich VGH München, Urteil vom 30.05.2003, - 2 BV 02.689 -, BayVBl 2004, S. 369 (370 ff.). Zur räumlichen Weite des schutzwürdigen Ortsbildes in örtlichen Bauvorschriften sowie zahlreichen hierin getroffenen Festsetzungen über das Maß der baulichen Nutzung VG München, Urteil vom 12.06.2007, - M 1 K 06.4217 -. Zur Relevanz einer Antennenanlage für das Ortsbild im bauplanungsrechtlichen Sinne VG Hamburg, Beschluss vom 01.07.2003, - 4 VG 4640/2002 -, NuR 2004, S. 262 (263 f.).
9 VGH Kassel, Urteil vom 24.08.1995, - 3 UE 615/95 -, NVwZ-RR 1996, S. 488 (488), Anwendbarkeit des § 34 Abs. 1 S. 2 BauGB auf eine 20m lange, durchgehende Gaube bejaht. VG München, Urteil vom 19.07.2010, - M 8 K 09.4765 - juris Rn. 29 f., Anwendbarkeit des § 34 Abs. 1 BauGB auf eine etwa 1,5m hohe und 2,6m breite Gaube verneint.
10 OVG Bautzen, Urteil vom 28.01.2015, - 1 A 448/11 - juris Rn. 24 ff.; VGH München, Beschluss vom 30.07.2014, - 1 ZB 12.1837 - juris Rn. 42.
11 BVerwG, Urteil vom 11.05.2000, - 4 C 14/98 -, NVwZ 2000, 1169 (1170 f.); VG Sigmaringen, Urteil vom 28.03.2001, - 4 K 1134/00 -, VBlBW 2002, S. 216 (218 f.).

Einleitung und Gang der Untersuchung

Sicht der satzungerlassenden Gemeinden sowie der Baurechtsbehörden als Rechtsanwender aus verschiedenen Gesichtspunkten problematisch. Zum einen werfen staatliche Eingriffe in die in Art. 14 Abs. 1 S. 1 GG verankerte Bau(gestaltungs)- und gegebenenfalls in die in Art. 5 Abs. 3 S. 1 1. Var GG normierte Kunstfreiheit unabhängig von kompetenzrechtlichen Problemen ohnehin schon komplexe verfassungsrechtliche Fragen auf, weshalb sich deren Anwendung auch ungeachtet kompetenzrechtlicher Probleme bereits als schwierig gestaltet.[12] Zum anderen kann die kompetenzwidrige Anwendung baurechtlicher Normen für Gemeinden und Baurechtsbehörden schwerwiegende Folgen haben. Wird die Festsetzung eines Bebauungsplans oder die Regelung einer örtlichen Bauvorschrift ohne rechtliche Grundlage erlassen, führt dies jedenfalls zur Unwirksamkeit der entsprechenden Regelung beziehungsweise Festsetzung und damit zur Teilunwirksamkeit der Satzung.[13] Im aus Sicht der Gemeinde schlimmsten Fall kann die Unwirksamkeit der in Frage stehenden Regelung – abhängig vom der Satzung zugrundeliegenden Planungskonzept – die Gesamtunwirksamkeit der Satzung und damit die Anwendung der gegenüber den Satzungen deutlich reduzierten Anforderungen von BauGB und Landesbauordnungen an die Zulässigkeit von Vorhaben zur Folge haben.[14] Dies kann zu städtebaulich unerwünschten und nur schwer umkehrbaren Entwicklungen in den jeweiligen Gemeinden führen. Darüber hinaus besteht auch die Gefahr, dass sich die Rechtsträger von Baurechtsbehörden Amtshaftungsansprüchen nach § 839 BGB i.V.m. Art. 34 GG aussetzen, beispielsweise wenn die Baurechtsbehörde eine Baugenehmigung zu Unrecht versagt, weil sie bei der Beurteilung der Zulässigkeit fälschlicherweise § 34 Abs. 1 S. 2. 2. Alt BauGB

---

12 Hierzu ausführlich: *Kapell*, Das Recht selbstbestimmter Baugestaltung S. 144 ff.; *Manssen*, Stadtgestaltung durch örtliche Bauvorschriften S. 173 ff.; *Moench/Schmidt*, Die Freiheit der Baugestaltung S. 1 ff.; *Müller*, Das bauordnungsrechtliche Verunstaltungsverbot S. 75 ff.; *Schneider*, Die Freiheit der Baukunst S. 19 ff.; *Vilsmeier*, Das bauplanungsrechtliche Verbot der Ortsbildbeeinträchtigung und seine Bedeutung für die Zulässigkeit von Baugerüstwerbung S. 48 ff.; *Schütz*, NJW 1996, S. 498.
13 *Söfker* in *Ernst/Zinkahn/Bielenberg*, § 9 Rn. 12; BVerwG, Beschluss vom 31.01.1995, - 4 NB 48/ 93 -, NVwZ 1995, S. 696 (697).
14 Die Gesamtnichtigkeit eines Bebauungsplans ist dann anzunehmen, wenn die nichtige Festsetzung in einem untrennbaren Zusammenhang mit den sonstigen Festsetzungen des Bebauungsplans steht, *Külpmann* in *Ernst/Zinkahn/Bielenberg*, § 10 Rn. 305a; *Rieger* in *Schrödter*, § 10 Rn. 94; *Birk*, Bauplanungsrecht in der Praxis - Handbuch Rn. 1081; BVerwG, Urteil vom 19.09.2002, - 4 CN 1.02 -, BVerwGE 117, S. 58 (61).

samt seinem strengeren Prüfungsmaßstab und nicht das grobmaschigere Verunstaltungsverbot heranzieht.[15]

Diese Gefahren für Baurechtsbehörden und Gemeinden veranlassen dazu, in der folgenden Arbeit einen Ansatz zur möglichst rechtssicheren Abgrenzung der Bundes- und der Landeskompetenz für das Baurecht zu entwickeln. Zur Veranschaulichung werden hierzu baurechtliche Regelungen zum Schutz und zur Gestaltung von Ortsbildern vertieft in den Blick genommen. Um sich der Thematik des Ortsbildschutzes und der Ortsbildgestaltung zu nähern, wird in einem ersten Teil ermittelt, weshalb gerade ortsbildschützende und ortsbildgestaltende Regelungen unter kompetenzrechtlichen Gesichtspunkten besonders problemträchtig sind. Hierzu wird in Kapitel 1 näher betrachtet, was unter dem „Ortsbild" im baurechtlichen Sinne zu verstehen ist. Dazu werden zunächst die gängigen Definitionen des Ortsbildbegriffes dargestellt und der Versuch unternommen, sich dem Ortsbildbegriff durch Abgrenzung von im normativen Zusammenhang verwendeten Begriffen anzunähern. Anschließend wird eine eigene Definition für den Begriff des Ortsbildes entwickelt. In Kapitel 2 wird sodann aufgezeigt, weswegen die Anwendung gerade ortsbildschützender und ortsbildgestaltender Regelungen besonders viele Kompetenzprobleme hervorruft und welche Folgerungen hieraus für den weiteren Gang der Untersuchung zu ziehen sind. Nachdem damit einleitend das „Spielfeld" der kompetenzrechtlichen Problemstellungen näher beschrieben ist, wird im zweiten Teil der Arbeit der Frage nach der Zuordnung baurechtlicher Regelungen entweder zur Bundes- oder zur Landeskompetenz nachgegangen. Hier werden zunächst die grundgesetzliche Kompetenzordnung und der Vorgang der kompetenzrechtlichen Qualifikation von Normen dargestellt (Kapitel 3). Anschließend wird die herrschende Meinung zur kompetenziellen Qualifikation baurechtlicher Normen näher beleuchtet (Kapitel 4). In dem darauffolgenden Kapitel 5 werden dann der Kompetenztitel für das Bodenrecht nach Art. 74 Abs. 1 Nr. 18 GG ausgelegt, die Frage nach der den Ländern verbleibenden Gesetzgebungskompetenz für das Baurecht beleuchtet und abschließend Schlüsse für die kompetenzielle Qualifikation baurechtlicher Regelungen gezogen. Im dritten Teil der Arbeit werden die Folgen des so gefundenen Zuordnungsansatzes für die Abgrenzung ortsbildschützender

---

15 Bspw. BGH, Urteil vom 25.10.2007, - III ZR 62/07 -, ZfBR 2008, S. 175. Insgesamt *Deppert*, Die Rechtsstellung des Dritten im Baugenehmigungsverfahren in *Ebenroth/Hesselberger/Rinne*, Verantwortung und Gestaltung Festschrift für Karlheinz Boujong S. 539 ff.

Einleitung und Gang der Untersuchung

und ortsbildgestaltender Regelungen auf Planungs-, Genehmigungs- und Eingriffsebene dargelegt (Kapitel 6).[16] Zuletzt werden in Kapitel 7 alternative baurechtliche Möglichkeiten des Ortsbildschutzes dargestellt.

---

16 Außer Acht gelassen werden dabei einige sonstige Fragestellungen, die mit dem Ortsbildschutz und der Ortsbildgestaltung einhergehen. Dies betrifft zum einen die bereits genannten grundrechtlichen Fragestellungen. Darüber hinaus werden auch die in Randbereichen bestehenden Fragen nach der Abgrenzung des baurechtlichen Ortsbildschutzes vom denkmalschutzrechtlichen und naturschutzrechtlichen Ortsbildschutz ausgeklammert.

Teil 1
Ortsbildschutz und Ortsbildgestaltung zwischen Bauordnungs- und Bauplanungsrecht

Beschäftigt man sich mit kompetenzrechtlichen Abgrenzungsschwierigkeiten bei baurechtlichen Regelungen lässt sich feststellen, dass diese hauptsächlich bei Regelungen auftreten, die den Schutz oder die Gestaltung des „Ortsbilds" betreffen. Dies lässt sich nicht zuletzt an den zahlreichen zu dieser Problematik ergangenen Entscheidungen erkennen.[17] Insofern bietet es sich an, als Ansatzpunkt für die Behandlung der Probleme bei der Abgrenzung der Bundes- von der Landeskompetenz für das öffentliche Baurecht ortsbildschützende und ortsbildgestaltende Regelungen in den Blick zu nehmen. Hierdurch soll ermittelt werden, unter welchen Gesichtspunkten die grundgesetzliche Aufteilung der Gesetzgebungskompetenz für das Baurecht näher betrachtet werden muss.

Insofern stellt sich zunächst die Frage, weshalb ausgerechnet ortsbildschützende und ortsbildgestaltende Regelungen unter kompetenzrechtlichen Gesichtspunkten besondere Probleme bereiten. Um dem nachzugehen, ist unabhängig davon, welcher Gesetzgebungskompetenz einzelne ortsbildschützende beziehungsweise ortsbildgestaltende Regelungen zuzuordnen sind, zunächst zu klären, was überhaupt mit ortsbildschützenden oder ortsbildgestaltenden Regelungen gemeint ist. Es ist also einleitend zu betrachten, worum es geht, wenn von „dem Ortsbild" die Rede ist, das geschützt oder gestaltet werden soll.

---

17 Vgl. hierzu die Nachweise in den Fußnoten 8-11.

Kapitel 1 Das Ortsbild

A. Der Ortsbildbegriff im Baugesetzbuch und in den Landesbauordnungen sowie sonstigen Vorschriften

I. Herkömmliches Verständnis des Ortsbildbegriffs

In den Kommentierungen zu den oben genannten ortsbildschützenden und ortsbildgestaltenden Normen wird das Ortsbild häufig als „die bauliche Ansicht eines Ortes oder Ortsteils bei einer Betrachtung sowohl von innen als auch von außen"[18] bezeichnet.[19] Auffällig ist dabei, dass sich diese Definition sowohl zum Ortsbildbegriff im BauGB als auch zum Ortsbildbegriff in den Landesbauordnungen findet.[20] Über dieses Begriffsverständnis hinaus wollen manche auch den Blick von oben und unten beziehungsweise einem höher oder tiefer gelegenen Standort miterfassen.[21] Teilweise wird das Ortsbild auch als „jedes überwiegend durch Bebauung geprägte Bild eines Ortes oder Ortsteils" bezeichnet.[22] Etwas detaillierter wird *Dirnberger*, für den das Ortsbild die „Ansicht eines Ortes von außen (...) als auch die von mehreren Straßenzügen oder Plätzen gebildete innere Erscheinung

---

18 *Stock* in *Ernst/Zinkahn/Bielenberg*, § 172 Rn. 32.
19 Ähnlich *Bank* in *Brügelmann*, § 172 Rn. 67; *Henke* in *Spannowsky/Saurenhaus*, § 9 Rn. 20; *Mitschang* in *Battis/Krautzberger/Löhr*, § 172 Rn. 5; *Schlotterbeck* in *Schlotterbeck/Hager/Busch/Gammerl*, § 11 Rn. 23; *Söfker* in *Ernst/Zinkahn/Bielenberg*, § 34 Rn. 68; *Krautzberger*, Teil H II. Denkmal im Bauplanungsrecht in *Martin/Krautzberger*, Handbuch Denkmalschutz und Denkmalpflege Rn. 69; *Hirschelmann*, Die Verunstaltung des Orts- und Landschaftsbildes im Sinne des § 35 Abs. 3 Satz 1 Nr. 5 BauGB und ihre verfassungsrechtlichen Bezüge zur Kunst- und Glaubensfreiheit S. 30; *Vilsmeier*, Das bauplanungsrechtliche Verbot der Ortsbildbeeinträchtigung und seine Bedeutung für die Zulässigkeit von Baugerüstwerbung S. 74; BVerwG, Urteil vom 04.12.2014, - 4 CN 7/13 -, NVwZ 2015, S. 901 (902); OVG Berlin-Brandenburg, Beschluss vom 24.07.2020, - OVG 2 A 6.18 - juris Rn. 48; OVG Schleswig, Urteil vom 21.09.1994, - 1 L 91/93 - juris Rn. 54. *Hönes*, DÖV 2021, S. 122 (124) bezieht in räumlicher Sicht auch die Umgebung des Ortes mit ein.
20 Vgl. hierzu die Nachweise in den Fußnoten 18, 19 und 21.
21 *Quaas* in *Spannowsky/Uechtritz*, § 11 Rn. 9; *Sauter* Kommentierung zu § 11 Rn. 26. Noch weitergehend das Hamburgische OVG, das alle möglichen Standorte miteinbezieht, OVG Hamburg, Beschluss vom 17.02.2015, - 2 Bf 215/13.Z -, BauR 2015, S. 1640 (1642).
22 *Gierke* in *Brügelmann*, § 1 Rn. 697. Ähnlich *Möller* in *Schrödter*, § 172 Rn. 72.

Kapitel 1 Das Ortsbild

eines Ortsteils, der vom Standort des Betrachters aus gleichzeitig eingesehen werden kann"[23] darstellt. Insofern stellt *Dirnberger* auf eine einzelne Perspektive beziehungsweise einen einzelnen Blickwinkel auf die Bebauung ab. Für *Henke* ist das Ortsbild dagegen „jedes durch Bebauung gestaltete Bild, das ein Mensch von seiner Umgebung optisch-visuell wahrnehmen kann".[24]

Unabhängig von der konkreten Definition wird häufig darauf verwiesen, dass die Orte und Ortsteile auch Straßenzüge und Plätze miteinschließen.[25] Das Ortsbild soll sowohl die Ortssilhouette beziehungsweise den Fernblick als auch Straßendurchblicke erfassen.[26] Es soll nach überwiegender Auffassung außerdem das Straßenbild mitbeinhalten, das sich jedoch auch als selbstständiger Rechtsbegriff beispielsweise in § 11 Abs. 1 S. 1 BW LBO findet.[27] Darüberhinausgehend wird zur Konkretisierung der Definition in der Literatur teilweise auf einzelne ortsbildrelevante bauliche Elemente hingewiesen. Dies betrifft unabhängig von der Kompetenzzugehörigkeit der jeweiligen Norm insbesondere die Lage und Stellung der Gebäude und deren Höhe, die überbaubare Grundstücksfläche, die Dachform sowie öffentliche Grünflächen und andere Formen der Bepflanzung, außerdem die Fassadengestaltung.[28]

Unabhängig davon, welche der oben genannten Definitionen gewählt wird, bleibt der Inhalt des Begriffs „Ortsbild" größtenteils im Unklaren. Dies liegt vor allem daran, dass der Erklärungsgehalt der Definitionen in nur geringem Maße über den Begriff Ortsbild an sich hinausgeht. Bei

---

23 *Dirnberger* in *Busse/Kraus*, Art. 8 Rn. 107.
24 *Henke*, Stadterhaltung als kommunale Aufgabe S. 105.
25 *Möller* in *Schrödter*, § 172 Rn. 72; *Oehmen* in *Spannowsky/Uechtritz*, § 172 Rn. 23; *Stock* in *Ernst/Zinkahn/Bielenberg*, § 172 Rn. 32; OVG Berlin-Brandenburg, Beschluss vom 24.07.2020, - OVG 2 A 6.18 - juris Rn. 48; OVG Hamburg, Urteil vom 12.12.2007, - 2 Bf 10/02 -, ZfBR 2008, S. 383 (383).
26 *Dirnberger* in *Busse/Kraus*, Art. 8 Rn. 109; *Möller* in *Schrödter*, § 172 Rn. 72; *Stock* in *Ernst/Zinkahn/Bielenberg*, § 172 Rn. 32; OVG Hamburg, Beschluss vom 17.02.2015, - 2 Bf 215/13.Z -, BauR 2015, S. 1640 (1642); VGH Kassel, Urteil vom 12.12.1991, - 4 UE 3721/89 -, NuR 1992, S. 283 (284).
27 Zum Begriff des Straßenbildes *Gierke* in *Brügelmann*, § 1 Rn. 697; *Stock* in *Ernst/Zinkahn/Bielenberg*, § 172 Rn. 32; *Hönes*, DÖV 2021, S. 122 (124); *Hönes*, UPR 2016, S. 11 (20).
28 *Battis* in *Battis/Krautzberger/Löhr*, § 1 Rn. 62; *Oehmen* in *Spannowsky/Uechtritz*, § 172 Rn. 7; *Schrödter/Wahlhäuser* in *Schrödter*, § 1 Rn. 382; *Söfker/Runkel* in *Ernst/Zinkahn/Bielenberg*, § 1 Rn. 137; *Söfker* in *Ernst/Zinkahn/Bielenberg*, § 34 Rn. 68; *Strobl* in *Strobl/Sieche/Kemper/Rothemund*, § 19 Rn. 3; *Henke*, Stadterhaltung als kommunale Aufgabe S. 100 f.; *Mitschang*, ZfBR 2000, S. 379 (380).

A. *Der Ortsbildbegriff im Baugesetzbuch und in den Landesbauordnungen*

der Auseinandersetzung mit den gängigen Definitionen fällt insbesondere auf, dass zumeist der Wortteil „Ort" durch „Ort oder Ortsteil" und der Wortteil „Bild" durch „Ansicht" ersetzt wird, wobei das Wort „Ansicht" ein Synonym für das Wort „Bild" ist.[29] In Teilen wird der Begriff „Bild" auch in den Definitionen beibehalten.[30] Insofern führen die Definitionen allein zu keinem Verständnis, das über den ursprünglichen Begriff „Ortsbild" hinausgeht. Diese Unklarheit wird auch nicht durch die teilweise in der Literatur anzutreffende Aufzählung ortsbildrelevanter Merkmale beseitigt.[31] Zwar wird hierdurch verdeutlicht, durch die Steuerung welcher baulichen Merkmale nach Auffassung der Autoren auf das Ortsbild Einfluss genommen werden kann. Wie ein Ortsbild entsteht, lässt sich allerdings auch einer solchen Aufzählung nicht entnehmen.

II. Annäherung durch die Abgrenzung von im Kontext verwendeten Begriffen?

Licht ins Dunkel des Ortsbildbegriffs scheint aber eine systematische Betrachtung bringen zu können. Der Ortsbildbegriff wird in den einschlägigen Normen selten eigenständig, sondern vielmehr in Kombination mit anderen Begriffen genannt, die ebenfalls auf ästhetisch-funktionale Elemente menschengemachter Umwelt abzielen, beispielsweise das Landschaftsbild.[32] Im Zusammenhang mit dem Ortsbild werden darüber hinaus die Baukultur, § 1 Abs. 6 Nr. 5 BauGB, die Stadtgestalt, § 172 Abs. 3 S. 1 BauGB, die städtebauliche Gestalt, § 172 Abs. 1 S. 1 Nr. 1 in Verbindung mit Abs. 3 S. 1 BauGB sowie das Straßenbild, beispielsweise § 11 Abs. 1 S. 1 BW LBO, genannt. Die kontextuelle Nennung dieser verschiedenen Begriffe spricht dafür, dass ihnen jeweils ein eigener, von den anderen Begriffen nicht erfasster Gehalt zukommt, ansonsten könnte auf ihre Nennung verzichtet werden. Insofern liegt es nahe, sich dem Inhalt des Ortsbildbegriffs durch Abgrenzung zu den genannten Begriffen zu nähern.

---

29 Duden „Ansicht".
30 Siehe hierzu die Nachweise in Fußnote 22.
31 Siehe hierzu die Nachweise in Fußnote 28.
32 Diese werden gemeinsam genannt in § 1 Abs. 5, 6 Nr. 5, § 35 Abs. 3 S. 1 Nr. 5, § 136 Abs. 4 S. 2 Nr. 4 und § 172 Abs. 3 S. 1 BauGB, in den Verunstaltungsverboten der Landesbauordnungen sowie in § 29 Abs. 1 S. 1 Nr. 2 BNatschG.

Kapitel 1 Das Ortsbild

1. Landschaftsbild

Das Landschaftsbild umfasst nach häufig vertretener Auffassung das Bild beziehungsweise die Ansicht der überwiegend unbebauten Fläche.[33] Während das Landschaftsbild also räumlich diejenigen Bereiche erfasst, die keine geschlossene Bebauung aufweisen und bei denen der Schwerpunkt des erfassten Raumes unbebaut ist,[34] lässt sich für den Ort als räumliches Gegenstück zur Landschaft festhalten, dass für dessen Bestehen ein Bebauungszusammenhang von einem gewissen Gewicht notwendig ist.

2. Straßenbild

Das Straßenbild wird überwiegend als die „Ansicht einer Straße oder eines Weges, die geprägt wird durch die Art der Straßengestaltung selbst (…) sowie durch den Zustand der sie begrenzenden Grundstücke und durch die Lage und Art der sich auf ihnen befindlichen baulichen Anlagen"[35] bezeichnet.[36] Davon soll sowohl die Längs- als auch die Queransicht der Straße umfasst werden.[37]

Anders als bei der Unterscheidung von Orts- und Landschaftsbild, bei der die beiden Begriffen hinsichtlich des räumlich erfassten Bereichs als Gegenstücke zueinander fungieren, wird beim Straßenbild überwiegend die Auffassung vertreten, dass das Straßenbild im Ortsbild mitenthalten sei.[38] Eine inhaltliche Schärfung des Ortsbildbegriffs ist durch die Abgren-

---

[33] *Dirnberger* in *Busse/Kraus*, Art. 8 Rn. 108; *Möller* in *Schrödter*, § 172 Rn. 73 f.; *Schlotterbeck* in *Schlotterbeck/Hager/Busch/Gammerl*, § 11 Rn. 23; *Stock* in *Ernst/Zinkahn/Bielenberg*, § 172 Rn. 152.

[34] *Möller* in *Schrödter*, § 172 Rn. 73; *Schlotterbeck* in *Schlotterbeck/Hager/Busch/Gammerl*, § 11 Rn. 23; *Söfker* in *Ernst/Zinkahn/Bielenberg*, § 35 Rn. 99.

[35] *Schlotterbeck* in *Schlotterbeck/Hager/Busch/Gammerl*, § 11 Rn. 23.

[36] Ähnlich *Dirnberger* in *Busse/Kraus*, Art. 8 Rn. 103; *Henke* in *Spannowsky/Saurenhaus*, § 9 Rn. 20; *Hornmann* § 9 Rn. 29; *Sauter* § 11 Rn. 26; OVG Münster, Urteil vom 11.09.1997, - 11 A 5797/95 -, BauR 1998, S. 113 (114); VGH Mannheim, Urteil vom 26.07.2016, - 3 S 1241/15 -, GewArch 2016, S. 125.

[37] *Dirnberger* in *Busse/Kraus*, Art. 8 Rn. 103.

[38] *Dirnberger* in *Busse/Kraus*, Art. 8 Rn. 106, 108; *Gierke* in *Brügelmann*, § 1 Rn. 697; *Stock* in *Ernst/Zinkahn/Bielenberg*, § 172 Rn. 32; *Hönes*, DÖV 2021, S. 122 (124). Eine getrennte Verwendung beider Begriffe im selben Zusammenhang findet sich dagegen bei *Scheidler*, KommJur 2020, S. 125 (127). Die herrschende Meinung kann aber nicht dahingehend verstanden werden, dass dem Straßenbildbegriff, wenn er gemeinsam mit dem Ortsbildbegriff verwendet wird, keine eigenständige Bedeutung mehr zukommt. Andernfalls wäre die Nennung beider Begriffe beispielsweise in § 11 Abs. 1 S. 1

A. *Der Ortsbildbegriff im Baugesetzbuch und in den Landesbauordnungen*

zung vom Begriff des Straßenbilds damit nicht möglich. Allerdings zeigt die Beschäftigung mit dem Begriff des Straßenbilds auf, dass ein wesentliches Problem des Ortsbildbegriffs darin besteht, dass der räumlich erfasste Bereich des Ortes nicht ausreichend bestimmt und anhand der gängigen Definitionen auch nicht bestimmbar ist. Anders ist nicht zu erklären, dass die an der Zahl geringeren Definitionen des Straßenbildes den räumlich erfassten Bereich wesentlich klarer (Begrenzung durch angrenzende Grundstücke, Erfassung des Längs- und Querschnitts) beschreiben als dies bei den zahlreichen Auseinandersetzungen mit dem Ortsbild der Fall ist. Dagegen scheint eine korrekte Bestimmung des Bildes bereichsunabhängig schwierig zu sein.

3. Stadtgestalt

Der Begriff der Stadtgestalt wird allein in § 172 Abs. 3 S. 2 BauGB verwendet. Soweit sich konkretere Definitionen finden, wird die Stadtgestalt als Gesamtheit aller die städtebauliche Gestaltung bestimmenden Elemente bezeichnet.[39] Dabei sollen neben den ästhetischen Aspekten vor allem strukturell-funktionale Elemente der Bebauung Beachtung finden.[40] Umstritten ist, ob die Stadtgestalt darüber hinaus auch die Atmosphäre der Stadt sowie den sogenannten „Psychotopschutz", also emotionale und psychologische Aspekte ästhetisch gelungener Gebäude, erfasst.[41] Als maßgeblich für den

---

BW LBO oder Art. 8 Abs. 1 S. 2 Bay BO unnötig. Offen ist allerdings die Frage, ob in Einzelfällen, je nach Definition des Ortes, der Ort und die Straße zusammenfallen, Orts- und Straßenbild also räumlich und möglicherweise sogar insgesamt identisch sein können.

39 *Hönes*, UPR 2016, S. 11 (20). Ähnlich *Mitschang* in *Battis/Krautzberger/Löhr*, § 172 Rn. 6.

40 *Möller* in *Schrödter*, § 172 Rn. 76; *Petz* in *Schlichter/Stich/Driehaus/Paetow*, § 172 Rn. 28; *Stock* in *Ernst/Zinkahn/Bielenberg*, § 172 Rn. 149; *Dierkes*, Gemeindliche Satzungen als Instrumente der Stadterhaltung und -gestaltung S. 74; *Hönes*, DÖV 2021, S. 122 (125). Allein auf die Baustruktur abstellend BVerwG, Urteil vom 04.12.2014, - 4 CN 7/13 -, NVwZ 2015, S. 901 (902 f.); OVG Berlin-Brandenburg, Beschluss vom 24.07.2020, - OVG 2 A 6.18 - juris Rn. 51; OVG Hamburg, Beschluss vom 17.02.2015, - 2 Bf 215/13.Z -, BauR 2015, S. 1640 (1642).

41 Zum Psychotopschutz allgemein *Henke*, Stadterhaltung als kommunale Aufgabe S. 125. Den Miteinbezug des Psychotopschutz bejahend *Bank* in *Brügelmann*, § 172 Rn. 68; *Henke*, Stadterhaltung als kommunale Aufgabe S. 125; *Henke*, DÖV 1983, S. 402 (410); *Moench*, NJW 1983, S. 1998 (2006). Mit Verweis auf Bedenken hinsichtlich des Bestimmtheitsgrundsatzes ablehnend *Stock* in *Ernst/Zinkahn/Bielenberg*, § 172 Rn. 150. Ebenfalls ablehnend *Dierkes*, Gemeindliche Satzungen als Instrumente

Kapitel 1 Das Ortsbild

optischen Aspekt der Stadtgestalt werden insbesondere die Gebäudegrundrisse, die Gebäudehöhen sowie die Dachformen und die Fassadengestaltung gehalten.[42]

Eine Abgrenzung des Ortsbildes von der Stadtgestalt kann sowohl anhand der Unterscheidung von Stadt und Ort als auch anhand der Unterscheidung von Bild und Gestalt erfolgen. Die Unterscheidung des räumlichen Bereichs ist weniger klar als im Falle des Landschafts- und Straßenbildes. In Frage kommt hier eine Unterscheidung anhand der Größe des Siedlungsgefüges, der Ort wäre damit im Sinne einer Ortschaft gemeint. Diese Auslegung würde aber bedeuten, dass Orte keine Stadtgestalt und Städte kein Ortsbild hätten. Hiergegen spricht allerdings, dass in diesem Fall landesrechtliche Verunstaltungsverbote, örtliche Bauvorschriften oder der Belang des Ortsbildes in der Bauleitplanung nur auf Ortschaften Anwendung finden würden, nicht dagegen auf Städte.[43] Gegen diese Auslegung spricht außerdem, dass die Stadtgestalt nur in § 172 Abs. 2 S. 3 BauGB genannt wird und nicht regelmäßig als städtisches Pendant zum Ortsbild verwendet wird. Demnach können auch Ortschaften ein Stadtbild haben und Städte über Ortsbilder verfügen.[44] Bei den Begriffen Ortsbild und Stadtgestalt kann sich damit der vom Ort beziehungsweise der Stadt erfasste räumliche Bereich überschneiden, eine Abgrenzung im Sinne einer klaren Trennung der beiden Begriffe ist nicht möglich.[45]

---

der Stadterhaltung und -gestaltung S. 72 ff. und wohl auch *Möller* in *Schrödter*, § 172 Rn. 77.

42 *Mitschang* in *Battis/Krautzberger/Löhr*, § 172 Rn. 6; *Möller* in *Schrödter*, § 172 Rn. 75; *Stock* in *Ernst/Zinkahn/Bielenberg*, § 172 Rn. 149; OVG Berlin-Brandenburg, Beschluss vom 24.07.2020, - OVG 2 A 6.18 - juris Rn. 51; OVG Hamburg, Beschluss vom 17.02.2015, - 2 Bf 215/13.Z -, BauR 2015, S. 1640 (1642).

43 So auch *Möller* in *Schrödter*, § 172 Rn. 75, der die Bezeichnung Ortsgestalt als treffender empfindet. Eine ähnliche Auffassung scheint *Mitschang* zu vertreten, der meint, dass über den nach § 1 Abs. 6 Nr. 5 BauGB zu berücksichtigenden Belang des Ortsbildes die Gemeinde in der Bauleitplanung Regelungen zur Ortsgestalt treffen könne, um damit auf die bauliche Ansicht des Ortes Einfluss zu nehmen, *Mitschang*, ZfBR 2000, S. 379 (380).

44 *Möller* in *Schrödter*, § 172 Rn. 75. So wohl auch *Stock* in *Ernst/Zinkahn/Bielenberg*, § 172 Rn. 149, wenn er eine teilweise Überschneidung der Begriffe Ortsbild und Stadtgestalt feststellt.

45 Daraus folgt aber nicht, dass der von Stadtgestalt und Ortsbild erfasste räumliche Bereich gleich ist. Vielmehr spricht die Verwendung des Wortes Stadt neben dem des Ortes dafür, dass die Stadtgestalt insgesamt auf einen weiteren Bereich abzielt als der Ort und das gesamte bebaute Gebiet einer Siedlung erfasst, *Stock* in *Ernst/Zinkahn/Bielenberg*, § 172 Rn. 149; BVerwG, Urteil vom 04.12.2014, - 4 CN 7/13 -, NVwZ 2015, S. 901 (902 f.); *Hönes*, DÖV 2021, S. 122 (125). Die Stadt im Sinne der Stadtgestalt

A. Der Ortsbildbegriff im Baugesetzbuch und in den Landesbauordnungen

Es verbleibt damit lediglich die Unterscheidung anhand der von den Begriffen Bild und Gestalt erfassten baulich relevanten Aspekte. Hier wird regelmäßig darauf verwiesen, dass von der Stadtgestalt über die optischen Aspekte hinaus auch funktionale Elemente der Bebauung erfasst seien.[46] Das heißt im Umkehrschluss, dass das Ortsbild auf rein optische Aspekte beschränkt ist.[47] Darüberhinausgehende Aspekte, insbesondere die Art der Grundstücksnutzung, spielen demnach für das Ortsbild keine Rolle. Dagegen zeigen sich bei der Frage nach den Elementen, die für die optischen Aspekte von Ortsbild und Stadtgestalt verantwortlich sind, erhebliche Überschneidungen. Sowohl beim Ortsbild als auch bei der Stadtgestalt sollen der Grundriss, die Gebäudehöhe, die Stellung der Gebäude zueinander sowie die Gestaltungselemente an den einzelnen Gebäudefassaden von Bedeutung sein.[48] Insofern läuft der optisch-ästhetische Aspekt der Stadtgestalt mit dem des Ortsbildes gleich.[49]

4. Städtebauliche Gestalt

Die städtebauliche Gestalt wird im unmittelbaren Zusammenhang mit dem Ortsbild nur in § 1 Abs. 5 S. 2 BauGB sowie mittelbar in § 172 Abs. 1 S. 1 Nr. 1 und Abs. 3 S. 2 BauGB verwendet. Der Begriff der städtebaulichen Gestalt wird, soweit eine nähere Beschäftigung mit ihm überhaupt stattfindet, als äußere Erscheinungsform der gesamten Bebauung bezeichnet.[50] In Teilen

---

erfasst demnach alle Orte im bebauten Gebiet einer Siedlung. Insofern überschneidet sich der von Ortsbild und Stadtgestalt erfasste Raum zwangsläufig. Offen bleibt dann noch die Frage, ob bei kleinen Siedlungen der räumlich erfasste Bereich von Ort und Stadt identisch sein kann.

46 Siehe hierzu die Nachweise in Fußnote 40.
47 Eine andere Auffassung vertritt *Söfker*. Nach dessen Ansicht handelt es sich bei Orts- und Landschaftsbild auch um eine funktionale Zuordnung von Ort und Landschaft, *Söfker/Runkel* in *Ernst/Zinkahn/Bielenberg*, § 1 Rn. 137.
48 *Möller* in *Schrödter*, § 172 Rn. 75; *Stock* in *Ernst/Zinkahn/Bielenberg*, § 172 Rn. 149; BVerwG, Urteil vom 04.12.2014, - 4 CN 7/13 -, NVwZ 2015, S. 901 (902 f.); *Hönes*, DÖV 2021, S. 122 (125). Dagegen verweist *Oehmen* in *Spannowsky/Uechtritz*, § 172 Rn. 24 allein auf Grundrisse und Struktur der gesamten Stadt und lässt die Gestaltung einzelner Gebäude außen vor. Diese Vorgehensweise ist mit Blick auf den Fokus der Stadtgestalt auf Funktion und Struktur sowie die Abgrenzung vom Ortsbild vorzugswürdig. Zu den beim Ortsbild relevanten baulichen Elementen siehe die Nachweise in Fußnote 28.
49 *Stock* in *Ernst/Zinkahn/Bielenberg*, § 172 Rn. 149; BVerwG, Urteil vom 04.12.2014, - 4 CN 7/13 -, NVwZ 2015, S. 901 (902).
50 *Hönes*, DÖV 2021, S. 122 (123).

Kapitel 1 Das Ortsbild

wird vertreten, dass die städtebauliche Gestalt durch das in § 172 Abs. 3 S. 1 BauGB genannte Orts- beziehungsweise Landschaftsbild sowie die Stadtgestalt bestimmt sei,[51] *Stock* verweist sogar darauf, dass sich die städtebauliche Gestalt ohne Rückgriff auf Abs. 3 S. 1 überhaupt nicht erschließe.[52] Für *Oehmen* läuft die städtebauliche Gestalt mit dem Ortsbild inhaltlich gleich.[53] *Hönes* vertritt die Auffassung, dass sich die Begriffe Stadtgestalt und städtebauliche Gestalt entsprechen.[54] Dies ist zwar sprachlich naheliegend, allerdings umschreibt § 172 Abs. 3 S. 1 BauGB die städtebauliche Gestalt gerade auch mit der Stadtgestalt, was stark dafür spricht, dass städtebauliche Gestalt und Stadtgestalt gerade nicht inhaltsgleich sind. Ein einheitliches Verständnis des Begriffs besteht insofern nicht. Eine Abgrenzung des Ortsbildes von der städtebaulichen Gestalt zur Schärfung des Ortsbildbegriffs ist auf dieser Grundlage nicht möglich.

5. Baukultur

Ähnlich schwer zu erfassen wie der Begriff der städtebaulichen Gestalt ist der Terminus Baukultur.[55] Nach der Begründung des Entwurfs des Gesetzes zur Schaffung einer „Bundesstiftung Baukultur" ist Baukultur „die Qualität der Herstellung von gebauter Umwelt".[56] In Teilen wird Baukultur auch verstanden als „die Herstellung von gebauter Umwelt und den Umgang damit".[57] *Volkert* stellt daneben die interdisziplinäre Kommunikation der an der Bebauung Beteiligten heraus.[58] Nach anderer Auffassung ist ein gebäudebezogener Ansatz zu wählen. Baukulturell bedeutsam sind hiernach nur Gebäude, die sich aufgrund ihrer „geistig-schöpferischen Leis-

---

51 *Stock* in *Ernst/Zinkahn/Bielenberg*, § 172 Rn. 39; *Wurster*, Kapitel D Denkmalschutz und Erhaltung in *Hoppenberg/de Witt*, Handbuch des öffentlichen Baurechts Band 2 Rn. 432; *Hönes*, DÖV 2021, S. 122 (123).
52 *Stock* in *Ernst/Zinkahn/Bielenberg*, § 172 Rn. 29.
53 *Oehmen* in *Spannowsky/Uechtritz*, § 172 Rn. 7.
54 *Hönes*, UPR 2016, S. 11 (21).
55 Ausführlich zu verschiedenen Bestimmungen und Verständnismöglichkeiten des Begriffs der Baukultur *Battis*, DÖV 2015, S. 508 (508 ff.). Eine zusammenfassende Betrachtung unterschiedlicher Beschäftigungen mit dem Begriff der Baukultur findet sich bei *Schulte*, Baukultur und Klimaschutz S. 57 ff.
56 Entwurf eines Gesetzes zur Errichtung einer „Bundesstiftung Baukultur", BT-Drs 16/1945 S. 7.
57 *Dirnberger* in *Spannowsky/Uechtritz*, § 1 Rn. 98.3. Ähnlich der Bericht der Bundesregierung – Initiative Architektur und Baukultur, BT-Drs. 14/8966 S. 2.
58 *Volkert*, Baukultur S. 127 ff., 146 f.

A. Der Ortsbildbegriff im Baugesetzbuch und in den Landesbauordnungen

tung", also wegen ihrer „geschichtlichen, künstlerischen, wissenschaftlichen, bauarchitektonischen oder städtebaulichen Bedeutung" hervorheben.[59] Die Baukultur soll neben rein ästhetischen Aspekten auch handwerkliche, gestalterische und technische Elemente des Bauens beinhalten.[60] Es soll dabei insgesamt um „städtebauliche Qualität" gehen.[61] Wodurch sich diese Qualität im Detail ergibt, ist unklar.[62] Mit Blick auf diese Unbestimmtheit kann der Äußerung *Gierkes*, der Begriff der Baukultur habe „keinen materiellen Inhalt",[63] wenig entgegengesetzt werden.[64] Insofern ist auch hier aufgrund der weitgehenden Unbestimmtheit des Begriffs Baukultur eine zweckdienliche Abgrenzung zum Ortsbildbegriff nicht möglich.[65]

---

59 *Schulte*, Baukultur und Klimaschutz S. 61.
60 *Battis* in *Battis/Krautzberger/Löhr*, § 1 Rn. 62; *Spangenberger*, UPR 2013, S. 170 (171).
61 Entwurf eines Gesetzes zur Anpassung des Baugesetzbuchs an EU-Richtlinien, BT-Drs 15/2250 S. 37. Der Verweis auf eine irgendwie geartete Qualität findet sich auch bei *Battis* in *Battis/Krautzberger/Löhr*, § 1 Rn. 46b; *Söfker/Runkel* in *Ernst/Zinkahn/Bielenberg*, § 1 Rn. 107g.
62 Zur Umschreibung als städtebauliche Qualität ebenfalls kritisch *Streiff*, Baukultur als regulative Idee einer juristischen Prägung des architektonischen Raums S. 55.
63 *Gierke* in *Brügelmann*, § 1 Rn. 647 ff., ähnlich *Streiff*, Baukultur als regulative Idee einer juristischen Prägung des architektonischen Raums S. 55 ff. Etwas Vergleichbares ergibt sich auch aus der Äußerung von *Hackenberg*, es handle sich bei Baukultur vielmehr um eine „Haltung im Handeln", *Hackenberg*, Baukultur in der kommunalen Praxis S. 3 f. Hinsichtlich der Unbestimmtheit des Begriffs zutreffend auch die Feststellung von *Trapp*, JZ 2013, S. 540 (542): „Der Anspruch, Baukultur als unbestimmten Rechtsbegriff zu definieren, scheitert einstweilen an der Universalität des Fachbegriffs."
64 Ebenso kritisch zum Begriff der Baukultur *Schulte*, Baukultur und Klimaschutz S. 60.
65 Trotz oder gerade aufgrund des äußerst weiten Begriffsverständnisses wird angenommen, dass die Baukultur in einem engen, über die Gesetzessystematik hinausgehenden inneren Zusammenhang mit den Belangen des Orts- und Landschaftsbildes und des Denkmalschutzes steht, *Schrödter/Wahlhäuser* in *Schrödter*, § 1 Rn. 223; *Söfker/Runkel* in *Ernst/Zinkahn/Bielenberg*, § 1 Rn. 132. *Hackenberg* sieht darüber hinaus auch die Stadtgestalt in engem Zusammenhang mit der Baukultur, die Stadtgestalt gehe aus der Baukultur als Interaktionsprozess hervor, *Hackenberg*, Baukultur in der kommunalen Praxis S. 14 f. Der Zusammenhang der genannten Begriffe ist nicht von der Hand zu weisen, schließlich beziehen sie sich alle auf ästhetische Aspekte von Bebauung. Darüber hinaus haben sowohl das Ortsbild als auch die Baukultur einen starken Bezug zur städtebaulichen Vergangenheit, da sie immer Teil eines städtebaulichen Entwicklungsprozesses sind. Diese Überschneidungen erschweren eine Abgrenzung zur Schärfung der Konturen des Ortsbildbegriffs noch weiter.

Kapitel 1 Das Ortsbild

6. Ergebnis

Eine Abgrenzung der Begriffe gelingt allein mit dem Begriff Landschaftsbild sowie in Teilen mit dem Begriff der Stadtgestalt. Hieraus ergibt sich, dass das Ortsbild nur solche Bereiche erfasst, die überwiegend bebaut sind. Darüber hinaus lässt sich festhalten, dass das Ortsbild nur optisch-ästhetische Elemente der Bebauung erfasst. Bemerkenswert ist auch, dass bei allen Begriffen, die ein Bild schützen wollen, sei es das Landschafts-, Straßen- oder eben Ortsbild, die Frage, was das Bild eigentlich ist und wodurch es entsteht, erhebliche Schwierigkeiten aufwirft. Mit Blick auf das Ortsbild scheinen darüber hinaus auch Probleme bei der Ermittlung des Ortes als räumlich erfassten Bereich zu bestehen. Darauf deuten wenigstens die wenigen Auseinandersetzungen mit dem Begriff Straßenbild hin, die die Straße als Raum trennscharf zu identifizieren zu versuchen, während dies beim Ort des Ortsbildes selten der Fall ist.

Daneben konnte festgestellt werden, dass – mit Ausnahme des Landschaftsbildes – die im Kontext mit dem Ortsbild verwendeten Begriffe erhebliche Überschneidungen aufweisen, was nicht zuletzt auf den weitgehend unklaren Inhalt insbesondere der Begriffe Baukultur, Stadtgestalt und städtebauliche Gestalt zurückzuführen ist. Diese Unklarheiten und Überschneidungen veranlassen einige Autoren sogar dazu, eine trennscharfe Abgrenzung der Begrifflichkeiten mit dem Hinweis zu verweigern, dass aufgrund der gruppenweisen Verwendung einer der Begriffe ohnehin einschlägig sei.[66] Eine solche Vorgehensweise ist insbesondere mit Blick auf äußerst eingriffsintensive Maßnahmen wie der Versagung einer Genehmigung nach § 172 Abs. 1 S. 1 Nr. 1 i.V.m. Abs. 3 BauGB abzulehnen. Hier ist zur grundrechtskonformen Anwendung der Normen eine klare Definition der Begrifflichkeiten zu fordern.

---

66 *Bank* in *Brügelmann*, § 172 Rn. 65; *Schlotterbeck* in *Schlotterbeck/Hager/Busch/Gammerl*, § 11 Rn. 23; *Wurster*, Kapitel D Denkmalschutz und Erhaltung in *Hoppenberg/de Witt*, Handbuch des öffentlichen Baurechts Band 2 Rn. 431; OVG Lüneburg, Urteil vom 27.04.1983, - 1 C 1/82 -, NJW 1984, S. 2905 (2909). Ähnlich *Stich*, ZfBR 1983, S. 61 (63), der zwar zu Recht erkennt, dass die erheblichen Überschneidungen in der Anwendung verfassungsrechtlich außergewöhnlich sind, den so geschaffenen Überschneidungsbereich aber nicht als bedenklich erachtet.

B. Herleitung eines eigenen Ortsbildbegriffs

Auf Grundlage der obigen Abgrenzungsversuche können für die weitere Untersuchung des Ortsbildbegriffs zwei Fragen formuliert werden. Zum einen ist, wie sich mit Blick auf die Abgrenzung zu den Begriffen Landschaftsbild, Straßenbild und Stadtgestalt ergibt, zu ermitteln, wie der vom Ortsbild erfasste räumliche Bereich, der Ort, zu bestimmen ist.[67] Darüber hinaus gilt es herauszuarbeiten, woraus sich das Bild des Ortes ergibt und welche Elemente es erfasst.

I. Keine kompetenzrechtlichen Bedenken gegen die Bildung eines einheitlichen Ortsbildbegriffs

Mit Blick auf die Verwendung des Ortsbildbegriffs in unterschiedlichen Normen, die von verschiedenen Kompetenzträgern erlassen wurden, stellt sich zunächst die Frage, ob es in einem derartigen Fall überhaupt möglich ist, eine einheitliche, kompetenzübergreifende Begriffsbestimmung zu finden. Dies ist zu bejahen. Kommen bei der Auslegung eines Rechtsbegriffs mehrere Auslegungsvarianten in Frage und ist eine der gefundenen Auslegungsvarianten mangels entsprechender Gesetzgebungskompetenz des Normgebers rechtswidrig, so ist im Rahmen der systematischen beziehungsweise der verfassungskonformen Auslegung[68] diejenige Auslegungsvariante vorzuziehen, bei der die Norm nicht kompetenzwidrig ist.[69] Das bedeutet, dass in den Landesbauordnungen der Ortsbildbegriff nur so ausgelegt werden kann, dass die Norm, in der er verwendet wird, von der

---

67 Zur Relevanz der Maßstabsbildung, insbesondere vor dem kompetenzrechtlichen Hintergrund *Söfker* in *Ernst/Zinkahn/Bielenberg*, § 34 Rn. 68.
68 Zur Frage, ob die verfassungskonforme Auslegung der systematischen Auslegung zuzuordnen ist oder eine eigene Auslegungsmethode darstellt ausführlich und mit weiteren Nachweisen *Canaris*, Die verfassungskonforme Auslegung und Rechtsfortbildung im System der juristischen Methodenlehre in *Honsell/Zäch/Hasenböhler/Harrer/Rhinow*, Privatrecht und Methode Festschrift für Ernst A. Kramer S. 142 ff.
69 *Canaris*, Die verfassungskonforme Auslegung und Rechtsfortbildung im System der juristischen Methodenlehre in *Honsell/Zäch/Hasenböhler/Harrer/Rhinow*, Privatrecht und Methode Festschrift für Ernst A. Kramer S. 143; BVerfG, Beschluss vom 08.03.1972, - 2 BvR 28/71 -, BVerfGE 32, S. 373 (383 f.); *Voßkuhle*, AöR 125, S. 177 (180 f.) m.w.N.

Kapitel 1 Das Ortsbild

Gesetzgebungskompetenz des Landes gedeckt ist.[70] Gleiches gilt für die Verwendung des Ortsbildbegriffs in bundesrechtlichen Normen. Hieraus folgt, dass bei der Auslegung des Ortsbildbegriffs die einschlägige Gesetzgebungskompetenz zu beachten ist, nicht allerdings, dass grundsätzlich von zwei verschiedenen Ortsbildbegriffen auszugehen ist.

Neben dieser Auslegung des Ortsbildbegriffs unter Beachtung der Gesetzgebungskompetenz sind bei der Auslegung des Begriffs, wie auch sonst, die Normgeschichte, die Systematik und der Telos der konkreten Norm im konkreten Fall zu beachten.[71] Daraus folgt, dass der Ortsbildbegriff nicht nur aufgrund der Zugehörigkeit zu Landes- oder Bundesrecht in den einzelnen Normen verschieden ausgelegt werden muss, sondern auch in ein und demselben Gesetz, je nach Verwendung in der konkreten Norm, variieren kann. Der Ortsbildbegriff kann und muss damit, seine Kompetenzzugehörigkeit außen vorgelassen, im Falle der Festsetzung geschützter Landschaftsteile nach § 29 Abs. 1 S. 1 Nr. 2 BNatSchG, bei der Bedeutung als berücksichtigungsbedürftiger Belang in der Bauleitplanung nach § 1 Abs. 6 Nr. 5 BauGB, bei der Versagung einer Genehmigung im Erhaltungsgebiet nach § 172 Abs. 3 S. 1 BauGB oder beim Verunstaltungsverbot des § 11 Abs. 1 S. 1 BW LBO jeweils gesondert ausgelegt werden.[72]

Dieser Vorgehensweise kann auch der Gedanke der Einheit der Rechtsordnung nicht entgegengehalten werden.[73] Denn auch nach diesem Gedanken sind nur solche Begriffe gleich auszulegen, die auch inhaltlich gleichlaufen sollen.[74] Davon ist aber bei der Verwendung des Begriffs des Ortsbildes in verschiedenen Gesetzen, die aufgrund unterschiedlicher Gesetzgebungskompetenzen erlassen wurden oder sich in ein und demselben Gesetz in verschiedenen Normkomplexen befinden und gegebenenfalls verschiedene Ziele verfolgen, wie beispielsweise § 1 Abs. 6 Nr. 5 BauGB und § 172 Abs. 3 S. 1 BauGB, nicht auszugehen.

Aus alldem folgt, dass es nicht zwingend notwendig ist, schon im Grundsatz einen bauplanungsrechtlichen von einem bauordnungsrechtlichen Be-

---

70 *Möllers*, Juristische Methodenlehre S. 381. Speziell zur kompetenzkonformen Auslegung *Lechner/Zuck* Vor § 1 Rn. 100; *Rüthers/Fischer/Birk*, Rechtstheorie S. 475 ff.
71 Instruktiv *Schäfers*, JuS 2015, S. 875 (876 ff.).
72 Ebenso *Henke*, Stadterhaltung als kommunale Aufgabe S. 101.
73 Zur Einheit der Rechtsordnung: *Lembke*, Einheit aus Erkenntnis? S. 82 ff. Nach Ansicht von *Möllers*, Juristische Methodenlehre S. 134 f. handelt es sich dagegen um eine „systemkonforme Auslegung".
74 *Engisch*, Einführung in das juristische Denken S. 116; *Möllers*, Juristische Methodenlehre S. 209. Zur Relativität der Begriffe erstmals und mit zahlreichen Beispielen *Müller-Erzbach*, JhJ 61 (1912), S. 343 (343 ff.).

B. Herleitung eines eigenen Ortsbildbegriffs

griff zu trennen. Vielmehr ist der Ortsbildbegriff im Einzelfall, insbesondere unter Berücksichtigung der Gesetzgebungskompetenz des Normgebers, auszulegen.

II. Der Ort

Der Ort ist derjenige Bereich, dessen bauliche Anlagen das Bild des Ortes erzeugen. Anlagen außerhalb dieses Ortes können das Bild des Ortes möglicherweise beeinträchtigen, sind aber für das Bild als solches ohne Bedeutung.

1. Begriff

Der Ort, der dem Ortsbild zugrunde liegt, kann sprachlich sowohl im Sinne eines lokalisierbaren, oft auch im Hinblick auf seine Beschaffenheit bestimmbaren Platzes, als auch als im Sinne einer kleinen bis mittelgroßen Siedlung, einer Ortschaft, verstanden werden.[75] Sowohl die Stellungnahmen zum Ortsbildbegriff als auch die einschlägigen Normtexte setzen sich mit diesen beiden möglichen Begriffsverständnissen weitestgehend nicht auseinander.[76]

Ein Blick in die Terminologie der Landesgesetze legt im ersten Zugriff den Schluss nahe, dass die Landesgesetzgeber den Begriff Ortschaft im Sinne einer Siedlung verstehen. So wird in den meisten Landesdenkmalschutzgesetzen der Flächenländer, mit Ausnahme von Brandenburg, Hessen und Niedersachsen, der Begriff des Ortsbildes verwendet, während dies in keinem Denkmalschutzgesetz der Stadtstaaten der Fall ist.[77] Vielmehr verwendet der hamburgische Gesetzgeber in einem ähnlichen Zusammenhang den Begriff des Stadtbildes, § 4 Abs. 2 HH DSchG. Dies spricht dafür, dass der hamburgische Landesgesetzgeber das Stadtbild als großflächiges

---

75 Duden "Ort".
76 Eine differenzierte Sichtweise findet sich bei *Dürr* in *Brügelmann*, § 34 Rn. 108, der davon ausgeht, dass der maßgebliche Bereich bei kleineren Ortschaften den gesamten Ort erfasse, bei größeren Gemeinden jedenfalls ganze Stadtbezirke. Im Ergebnis entspricht dies der Auslegung des Begriffs im Sinne einer Ortschaft. *Hönes*, UPR 2016, S. 11 (20) geht davon aus, dass der maßgebliche Bezugspunkt gerade nicht der gesamte Ort oder die gesamte Stadt sein muss, freilich ohne dabei auf die zwei grundsätzlich verschiedenen Bedeutungen des Ortsbegriffs einzugehen.
77 Siehe hierzu die Nachweise in Fußnote 5.

Kapitel 1 Das Ortsbild

Gegenstück zum Ortsbild versteht und die Stadt Hamburg als Großstadt eben kein Ortsbild, sondern ein Stadtbild aufweist.[78] Aber auch an anderen Stellen findet sich ein Austausch des Wortes Ort durch Stadt, was für das Verständnis des Ortes als Ortschaft spricht. So meint das Oberverwaltungsgericht Münster in einem Urteil vom 26.02.2009, die Verfolgung auch stadtbildgestaltender Zielsetzungen in einem Bebauungsplan sei von § 1 Abs. 6 Nr. 5 BauGB gedeckt und ersetzt damit das Orts- durch das Stadtbild.[79]

Dem Verständnis des Ortsbildes als Bild einer gesamten Ortschaft stehen jedoch erhebliche, insbesondere systematische Bedenken entgegen. So können beispielsweise nach § 172 Abs. 1 BauGB gewisse Gebiete als Erhaltungsgebiete festgesetzt werden und kann nach § 172 Abs. 3 S. 1 BauGB die Genehmigung für den Rückbau, die Änderung oder die Nutzungsänderung versagt werden, wenn die in Frage stehende Anlage das Ortsbild prägt. Es wäre systemwidrig, wenn der für das Ortsbild relevante Ort über den „Bereich" der Satzung nach Abs. 1 hinausgehen würde, soll doch gerade dieses aus gewissen Gründen besonders schutzwürdige Gebiet erhalten werden. Etwas Ähnliches gilt auch für die landesrechtlichen Verunstaltungsverbote. Wenn das Ortsbild sich hier nur auf vollständige Siedlungszusammenhänge beziehen würde, dann hieße dies, dass in Großstädten entweder keine Ortsbilder verunstaltet werden könnten, weil es sich bei den genannten Städten keinesfalls um „Ortschaften" handelt, oder dass das Bild der ge-

---

78 Überraschend ist dann, dass der hamburgische Gesetzgeber in seiner Bauordnung im Rahmen des bauordnungsrechtlichen Verunstaltungsverbots, § 12 Abs. 1 S. 1 HH LBO, den Begriff „Ortsbild" verwendet. Dies verwundert vor allem deshalb, weil im Denkmalschutzgesetz das Stadtbild gerade anstatt des Wortes Ortsbild genutzt wurde. Damit widersprechen sich die Begriffsverständnisse des hamburgischen Landesgesetzgebers. Es wird nicht klar, ob der Ort nun im Sinne der Gesamtstadt oder eben doch als Platz oder Bereich in der Stadt gemeint ist.

79 OVG Münster, Urteil vom 26.02.2009, - 10 D 31/07.NE -. Eine ähnliche Auffassung scheint auch *Mitschang* zu vertreten, der bei dem Begriffspaar Orts- und Landschaftsbild meint, das Ortsbild beziehe sich hier als Gegenstück zum Landschaftsbild auf die gesamte Ortschaft, *Mitschang*, ZfBR 2000, S. 379 (380). Eine Vermischung beider Begriffsverständnisse nimmt *Wurster*, Kapitel D Denkmalschutz und Erhaltung in *Hoppenberg/de Witt*, Handbuch des öffentlichen Baurechts Band 2 Rn. 463 vor. Dieser ergänzt den Gesetzeswortlaut von § 172 Abs. 3 S. 1 BauGB zunächst um den Begriff des Stadtbildes und stellt diesen dem Ortsbild gleich, stellt aber gleichzeitig fest, dass weder das Stadt- noch das Ortsbild den gesamten Bebauungszusammenhang umfassen müsse, sondern auch einzelne Teile einer Stadt oder eines Ortes ein Ortsbild haben könnten. Anders als die o.G. aber das BVerwG, Urteil vom 04.12.2014, - 4 CN 7/13 -, NVwZ 2015, S. 901 (902), das bei der Ermittlung des relevanten Ortes auf „Gegenden" oder „Ortsteile" abstellt.

B. Herleitung eines eigenen Ortsbildbegriffs

samten Stadt gemeint ist, was mangels Homogenität der Bebauung und der Geringfügigkeit einzelner Bauten hierfür die Norm fast bedeutungslos werden ließe.[80] Die Annahme, dass der Ort sich nicht auf den kompletten Siedlungszusammenhang bezieht, entspricht im Übrigen auch der aus der Abgrenzung mit dem Begriff der Stadtgestalt gewonnenen Erkenntnis, wonach das Ortsbild gerade nicht das Pendant zur Stadtgestalt in kleineren Siedlungen darstellt. Insofern ist die Ansicht des Oberverwaltungsgerichts Hamburg zutreffend, dass der für das Ortsbild nach § 172 Abs. 3 S. 1 BauGB maßgebliche Ort neben einem Platz oder Straßenzug auch jeder sonstige Bebauungszusammenhang sein kann.[81] Damit stellt sich die Frage, wodurch dieser Bebauungszusammenhang entsteht.[82]

2. Bestimmungsmerkmale

Der dem Ortsbild zugrundeliegende Ort als Bebauungszusammenhang muss, um dazu geeignet zu sein ein Bild zu erzeugen, optisch wahrnehmbar sein.[83] Im Folgenden wird zwischen einem äußeren, räumlichen Zusam-

---

80 Zur mangelnden Ablesbarkeit einer „Stadtgestalt" im Sinne des Ortsbilds bei großen Städten *Albers/Wékel*, Stadtplanung S. 148. Die Autoren verweisen hingegen darauf, dass einzelne Bereiche einer Stadt, die als besonders charakteristisch geltend, oft als sinnbildlich für die ganze Stadt verstanden werden.
81 So im Ergebnis auch OVG Hamburg, Urteil vom 12.12.2007, - 2 Bf 10/02 -, ZfBR 2008, S. 383 (383); VG München, Urteil vom 12.06.2007, - M 1 K 06.4217 -.
82 Unklarheiten bezüglich des Ortsbegriffs bestehen im Übrigen nicht nur im juristischen Bereich, verschiedene Begriffsverständnisse finden sich auch in der architekturwissenschaftlichen Literatur. Beispielsweise geht *Wyss*, Zuhause im Quartier - Die räumliche Gestaltung der Umwelt zwecks Förderung der Ortsverbundenheit S. 22 davon aus, dass es sich bei einem Ort um eine „Stelle, Platz, Gegend" handelt, während *Trieb/Schmidt/Paetow/Buch/Strobel*, Erhaltung und Gestaltung des Ortsbildes S. 14 meinen, bei dem Ort, der dem Ortsbild zugrunde liegt, handle es sich um eine kleine Siedlung beziehungsweise ein Dorf. Auch das Bundesinventar der schützenswerten Ortsbilder der Schweiz von nationaler Bedeutung (ISOS) erfasst unter Orten ganze Siedlungen, Art. 3 Abs. 2 der Weisungen über das Bundesinventar der schützenswerten Ortsbilder der Schweiz von nationaler Bedeutung (WISOS). Dagegen können die im ISOS erfassten Ortsbildteile, also eingrenzbare Bereiche innerhalb eines Ortsbilds, die bebaute oder nicht bebaute Bereiche, einzelne Bauten oder Teile von Bauten umfassen, Art. 3 Abs. 3 WISOS, Orte im Sinne eines Platzes darstellen. Eine Übersicht über sonstige Verständnisse des Ortsbegriffs findet sich bei *Curdes*, Stadtstruktur und Stadtgestaltung S. 152 f. Dabei werden aber weniger räumlich-ästhetische, sondern vielmehr psychologisch-emotionale Aspekte in den Blick genommen.
83 *Gierke* in *Brügelmann*, § 1 Rn. 696; *Petz* in *Schlichter/Stich/Driehaus/Paetow*, § 172 Rn. 28; *Schlotterbeck* in *Schlotterbeck/Hager/Busch/Gammerl*, § 11 Rn. 24; *Schrödter/*

menhang und einem inneren, baugestalterischen Zusammenhang unterschieden. Bei der Ermittlung der Bestimmungsmerkmale des Bebauungszusammenhangs soll dabei insbesondere deren Funktion berücksichtigt werden, den Ort von anderer Bebauung trennscharf abgrenzen zu können.[84]

a) Äußerer, räumlicher Zusammenhang

Grundlage für jeden Ort ist ein äußerer Zusammenhang im Sinne einer räumlichen Nähe der Bebauung, also ein Bebauungszusammenhang.[85] Ein solcher Bebauungszusammenhang entsteht durch das ungetrennte räumliche Nebeneinander baulicher Anlagen. Zwei bauliche Anlagen, die ähnliche bauliche Merkmale aufweisen, können also nicht Teil eines gemeinsamen Ortes sein, wenn sie räumlich voneinander entfernt sind und nicht durch eine vergleichbare Bebauung „zusammengehalten" werden. Als trennende Elemente, die einen Bebauungszusammenhang unterbrechen, kommen insbesondere Verkehrswege wie größere Straßen und Gleise, geographische

---

Wahlhäuser in *Schrödter*, § 1 Rn. 381; *Söfker/Runkel* in *Ernst/Zinkahn/Bielenberg*, § 1 Rn. 137; *Henke*, Stadterhaltung als kommunale Aufgabe S. 105; OVG Hamburg, Urteil vom 12.12.2007, - 2 Bf 10/02 -, ZfBR 2008, S. 383 (383); *Mitschang*, ZfBR 2000, S. 379 (380). Unzutreffend ist damit die Ansicht von *Mitschang/Reidt* in *Battis/Krautzberger/Löhr*, § 34 Rn. 40, die davon ausgehen, die Beeinträchtigung des Ortsbildes nach § 34 Abs. 1 S. 2 BauGB erfasse nur städtebauliche und keine ästhetischen Auswirkungen der Anlage. Zum einen schließen sich ästhetische und städtebauliche Auswirkungen nicht gegenseitig aus, zum anderen nimmt das Bild des Ortes allein optisch-ästhetische Aspekte in den Blick. Siehe hierzu auch die Abgrenzung der Begriffe Ortsbild und Stadtgestalt oben.

84 Zur Notwendigkeit einer Abgrenzung des geschützten Bereichs bei einer örtlichen Gestaltungssatzung VG München, Urteil vom 12.06.2007, - M 1 K 06.4217 -. *Curdes*, Stadtstruktur und Stadtgestaltung S. 153 nennt „die Möglichkeit der Abgrenzung als grundlegende Voraussetzung für das Bestehen eines Ortes". *Eidloth*, DPflBW 2004, S. 131 (133) und *Strobel*, DPflBW 1985, S. 21 (24 f.) bezeichnen die Abgrenzbarkeit als Grundvoraussetzung für das Vorliegen einer denkmalgeschützten Gesamtanlage nach § 19 BW DSchG.

85 Zur Bedeutung des räumlichen Zusammenhangs bei der Ermittlung von Orten beziehungsweise im selben Kontext bei der Ermittlung von sogenannten Ortsbildteilen s. Art. 21 Abs. 1 lit. a WISOS. Der Ort als Bebauungszusammenhang stellt nicht zwangsläufig einen Bebauungszusammenhang nach § 34 Abs. 1 S. 1 BauGB dar, *Dirnberger* in *Busse/Kraus*, Art. 8 Rn. 39; *Möller* in *Schrödter*, § 172 Rn. 72; *Schrödter/Wahlhäuser* in *Schrödter*, § 1 Rn. 75. Dies folgt zum einen aus der Zugehörigkeit des § 34 Abs. 1 S. 1 BauGB zum Bauplanungs- und damit Bundesrecht und zum anderen aus seiner spezifischen Funktion der Abgrenzung des Innen- vom Außenbereichs, *Söfker* in *Ernst/Zinkahn/Bielenberg*, § 34 Rn. 13.

B. Herleitung eines eigenen Ortsbildbegriffs

Gegebenheiten wie Flüsse, Hügel und Wälder, sowie städtebauliche Elemente wie Parkanlagen oder Ähnliches in Betracht.[86] Diese trennenden Merkmale dienen in erhöhtem Maße der Abgrenzung von Bebauungszusammenhängen zueinander.

b) Bedürfnis eines inneren Zusammenhangs

Hieraus folgt allerdings nicht, dass Bereiche, die auf Grundlage derartiger trennender Merkmale aus einem Stadtgefüge klar herausgelöst werden können, zwangsläufig einen Ort bilden, vielmehr bedarf es zur Feststellung eines Ortes ergänzender Bestimmungsmerkmale. Schließlich setzt das Ortsbild, dies folgt schon aus dem Wortlaut, nicht nur eine zusammenhängende Bebauung, sondern auch ein einziges, zusammenhängendes Bild voraus.[87] Dies kann in Bereichen, die nach außen räumlich klar abgrenzbar sind, der Fall sein, muss es aber nicht.

Einen Fall, in dem ein äußerer nicht mit einem inneren Zusammenhang korreliert, stellt beispielsweise die Bebauung im Karlsruher Stadtteil Beiertheim, eingegrenzt von der Brauerstraße im Westen, der Ebertstraße im Norden, dem Albtalbahnhof samt Bahngleisen im Osten und der Alb im Süden dar, Abbildung 1. Diese Bebauung ist aufgrund geographischer und verkehrstechnischer Gegebenheiten klar aus der Gesamtstadt heraustrennbar. Allerdings ist die Bebauung innerhalb dieses Bereichs äußerst heterogen. Sie reicht von mehrstöckigen Flachdachgebäuden aus der Zeit Ende des 20. Jahrhunderts im Nordwesten und Südosten, über Wohnhäuser der Gründerzeit entlang der Gebhardstraße und alten Fachwerkgebäuden entlang der Breiten Straße bis hin zu einem Umspannwerk am westlichen Rand des Stadtteils, Abbildungen 2 bis 5. Dieser Bereich weist kein einheit-

---

86 *Curdes*, Stadtstruktur und Stadtgestaltung S. 63 bezeichnet diese als „raumformende Elemente", *Haase* fasst sie unter dem Begriff „städtebauliche Brüche" zusammen, *Haase*, Phänomene städtischer Veränderungsprozesse in *Curdes/Haase/Rodriguez-Lores*, Stadtstruktur, Stabilität und Wandel: Beiträge zur stadtmorphologischen Diskussion S. 38 ff. Zur Frage der trennenden Wirkung derartiger Elemente bei der Bestimmung der näheren Umgebung nach § 34 Abs. 1 S. 1 BauGB siehe *Dürr* in *Brügelmann*, § 34 Rn. 34 ff.; *Rieger* in *Schrödter*, § 34 Rn. 30 ff. Ebenfalls zu § 34 Abs. 1 S. 1 BauGB und speziell zur trennenden Wirkung topographischer Gegebenheiten, hier eines bewachsenen Steilhangs BVerwG, Beschluss vom 20.08.1998, - 4 B 79/98 -, BauR 1999, S. 32 (33). Zur trennenden Wirkung einer Bahnlinie VG Augsburg, Urteil vom 07.11.2012, - Au 4 K 12.1024 -.
87 Siehe hierzu bereits § 2 B. II.

Kapitel 1 Das Ortsbild

liches Bild auf, er stellt damit trotz seiner klaren äußeren Abgrenzbarkeit keinen Ort im Sinne des Ortsbildes dar. Als prominente Beispiele einer Bebauung, die sowohl eine klare räumliche Abgrenzbarkeit als auch einen starken inneren Zusammenhang aufweisen, lassen sich die beiden Inseln Île Saint-Louis und Île de la Cité in der Pariser Innenstadt nennen, Abbildungen 6 und 7.

Neben diesem aus dem Telos und dem Wortlaut des Ortsbildschutzes resultierenden Bedürfnis eines inneren Zusammenhangs spricht auch die mangelnde Eindeutigkeit geographischer Näheverhältnisse und Abgrenzungsmöglichkeiten für das Bedürfnis eines darüberhinausgehenden inneren Zusammenhangs. Je nach konkreter baulicher Situation können mehrere trennende Elemente in Frage kommen. Dabei besteht die Möglichkeit, dass abhängig von der Auswahl der jeweiligen Trennungselemente in Größe und Form sehr unterschiedliche Bereiche gebildet werden können.[88] Der in Frage stehende räumliche Bebauungszusammenhang benötigt folglich einen weiteren, inneren Zusammenhang, um einen Ort zu bilden.[89]

---

88 Als Beispiel für eine solche Situation mit verschiedenen räumlichen Bestimmungsmöglichkeiten kann der Bereich um das Freiburger Münster herangezogen werden, Abbildung 8. Hier kann zunächst vertreten werden, der Münsterplatz an sich stelle bereits eine ausreichende räumliche Abgrenzung dar, das Münster mit den ihm zugewandten Fassaden wäre ein Ort (in Abbildung 8 grün markiert). Genauso gut kann die Abgrenzung unter Heranziehung von verkehrsbedingten Trennungselemente im Bereich Rotteckring und Salzstraße (jeweils Straßenbahngleise) sowie Leopold- und Schlossbergring (jeweils Hauptverkehrsstraßen) vorgenommen werden (in Abbildung 8 rot markiert). Zuletzt kommt auch eine Verortung im noch großflächigeren Bereich zwischen den Bahngleisen im Westen, der Friedrichstraße im Norden, dem Schlossbergring im Westen und der Dreisam mit der beidseitig angrenzenden Bundesstraße im Süden in Frage (in Abbildung 8 gelb markiert). Jede dieser Bereichsbildungen beruht allein auf Grundlage der oben genannten, trennenden baulichen Elemente. Ob es sich bei den drei oben festgestellten Bereichen auch um Orte im Sinne des Ortsbildes handelt, ist damit aber nicht gesagt und aufgrund der deutlichen Größenunterschiede der Bereiche auch fraglich.

89 Hinsichtlich des Bedürfnisses eines inneren Bebauungszusammenhangs ist daher die Auffassung *Möllers* unzutreffend, für das Vorliegen eines Ortes genüge jede beliebige Bebauung, *Möller* in *Schrödter*, § 172 Rn. 72. Zur Bedeutung des inneren Zusammenhangs der Bebauung beim schweizerischen ISOS s. Art. 12 WISOS. Bei der Ermittlung eines denkmalrechtlichen Ensembles wird ein solcher innerer Zusammenhang der Bebauung teilweise als „übersummativer Aussagegehalt" bezeichnet, *Martin*, Teil C IV. 5. Ensembles, Sammlungen und andere Sachgesamtheiten in *Martin/Krautzberger*, Handbuch Denkmalschutz und Denkmalpflege Rn. 178; *Leidinger*, BauR 1994, S. 1 (2).

c) Innerer Zusammenhang und Einheitlichkeit

Der innere Zusammenhang ist der sichtbare baugestalterische Zusammenhang der Bebauung. Dieser entsteht durch bauliche Merkmale, die die Bebauung als Einheit und damit zusammenhängend sowie nach außen abgrenzbar erkennen lassen.[90] Um hierzu dienen zu können, dürfen die Merkmale nur in einem bestimmten Bereich vorkommen und müssen unter gestalterischen Gesichtspunkten qualitativ und/oder quantitativ von einigem Gewicht sein.

Die in Frage kommenden Merkmale können dabei vielfältig sein, sich gegenseitig ergänzen und zusammenwirken.[91] Merkmale können unter anderem das Alter der Bebauung und die damit zusammenhängenden spezifischen Gestaltungsmerkmale wie Fachwerk oder Stuck an Gebäuden der Gründerzeit, eine in besonderem Maße systematische Straßenführung, beispielsweise die Mannheimer Quadratstadt, die Dachform, beispielsweise bei Bungalowsiedlungen, sowie die Baumasse und die Proportionen der Gebäude und deren Bestandteile zueinander sowie die Verwendung spe-

---

90 Zur Bedeutung des einheitlichen Vorkommens von Gestaltungselementen für das Ortsbild aus der Rechtsprechung: BVerwG, Urteil vom 22.02.1980, - 4 C 44/76 -, DÖV 1980, S. 521 (521 f.); OVG Koblenz, Urteil vom 15.06.2011, - 8 C 10364/11 -, NVwZ-RR 2011, S. 928 (930); VGH Kassel, Urteil vom 24.11.1995, - 4 UE 1290/92 -, BBauBl 1997, S. 138 (138). Zur besonderen Bedeutung des Vorliegens einheitlicher Gestaltungsmerkmale bei der Ermittlung von denkmalgeschützten Ensembles ausführlich *Martin*, Teil C IV. 5. Ensembles, Sammlungen und andere Sachgesamtheiten in *Martin/Krautzberger*, Handbuch Denkmalschutz und Denkmalpflege Rn. 178 f. Bei der Übertragung der Wertungen des Denkmalschutzes auf die des Ortsbildschutzes gilt es allerdings zu beachten, dass, trotz gewisser Überschneidungen, die Schutzrichtungen von Ortsbild- und Denkmalschutz verschieden sind. Während der Ortsbildschutz allein optische Aspekte in den Blick nimmt, verfolgt der Denkmalschutz das Ziel Sachen, Sachgesamtheiten und Teile von Sachgesamtheiten zu erhalten, an denen aus wissenschaftlichen, künstlerischen oder heimatgeschichtlichen Gründen ein öffentliches Interesse besteht, vgl. § 2 BW DSchG. Die von *Martin* a.a.O. genannten Aspekte der „einheitlichen Konzeption oder Planung" und „einheitsstiftender Merkmale" können damit für die Ortsermittlung nur insoweit herangezogen werden, als sie optisch wahrnehmbare Bebauungsteile betreffen.
91 Zur Wechselwirkung einzelner baulicher Elemente, insbesondere unter Beachtung von deren Maßstäblichkeit *Malfroy*, Eine Einführung in die Terminologie der Muratori-Schule unter besonderer Berücksichtigung der methodologischen Arbeiten von Gianfranco Caniggia in *Malfroy/Caniggia*, Die morphologische Betrachtungsweise von Stadt und Territorium S. 132 f.

Kapitel 1 Das Ortsbild

zieller Materialien beispielsweise bei Klinker- oder Holzbauweise sein.[92] Auch bestimmte Gestaltungselemente wie Sprossenfenster oder Fensterläden, die Ausbildung von Gebäudesockeln und Kniestöcken oder auch die Maßstäblichkeit von Dachaufbauten können, gegebenenfalls gemeinsam mit anderen baulichen Elementen, solche ortsbildende Merkmale darstellen.[93]

Ob ein Zusammenhang aufgrund der oben genannten Merkmale besteht, ist nach objektiven Maßstäben zu ermitteln. Die in Frage stehenden Merkmale müssen jeweils beim weit überwiegenden Teil der Bebauung vorliegen. Ob für die Annahme eines Zusammenhangs bereits ein Merkmal genügt oder eine Vielzahl verschiedener Merkmale erforderlich ist, hängt von der Qualität, also der Sichtbarkeit und Wahrnehmbarkeit, der Merkmale ab. So kann beispielsweise das weit überwiegende Vorliegen von Fachwerk bereits für einen Bebauungszusammenhang genügen, während dies beim Vorliegen einheitlicher Gebäudesockel und Kniestöcke im selben Gebiet noch nicht zwingend der Fall ist, wenn nicht zusätzliche Merkmale wie die Verwendung ähnlicher Baumaterialien oder vergleichbares hinzukommen.

Die in Frage stehenden Merkmale müssen aber nicht bei jedem Gebäude innerhalb des räumlichen Bebauungszusammenhangs vorliegen. Anlagen, die innerhalb des Bebauungszusammenhangs liegen und die in Frage stehenden Merkmale nicht aufweisen, sind dennoch Teil des Ortes. Auch einzelne optische Fremdkörper bleiben bei der Bestimmung des Ortes außer Betracht, solange sie nicht qualitativ oder quantitativ derart bedeutend sind, dass die restliche Bebauung nicht mehr als zusammenhängend erscheint.[94]

---

92 Weitere Bespiele für besondere Bebauungszusammenhänge bei *Bank* in *Brügelmann*, § 172 Rn. 21. Für das Entstehen sog. Gesamtanlagen im Denkmalschutzrecht *Strobl* in *Strobl/Sieche/Kemper/Rothemund*, § 19 Rn. 3; *Martin*, Teil C IV. 5. Ensembles, Sammlungen und andere Sachgesamtheiten in *Martin/Krautzberger*, Handbuch Denkmalschutz und Denkmalpflege Rn. 186. Mit besonderem Blick auf Altstädte und zahlreichen Beispielen aus dem süddeutschen Raum *Eidloth*, DPflBW 2004, S. 131 (133 ff.).

93 Zu weiteren eher kleinmaßstäblichen baulichen Merkmalen, die bei entsprechender Quantität und Qualität einen inneren Bebauungszusammenhang begründen sehr illustrativ *Trieb/Schmidt/Paetow/Buch/Strobl*, Erhaltung und Gestaltung des Ortsbildes S. 25 ff. Mit besonderem Verweis auf die Proportionalität der Merkmale *Albers/Wékel*, Stadtplanung S. 149.

94 Vgl. zur Außerachtlassung von Fremdkörpern bei der Beurteilung der Eigenart der näheren Umgebung nach § 34 Abs. 1 S. 1 BauGB *Dürr* in *Brügelmann*, § 34 Rn. 41 f. m.w.N.; *Mitschang/Reidt* in *Battis/Krautzberger/Löhr*, § 34 Rn. 22; *Söfker* in *Ernst/*

B. Herleitung eines eigenen Ortsbildbegriffs

d) Ergebnis

Damit kann der dem Ortsbildbegriff zugrundeliegenden Ort im Ergebnis definiert werden als eine Bebauung, die aufgrund ihrer räumlichen Struktur und ihrer baulichen Eigenheiten zusammenhängt und sich dadurch von anderer, umliegender Bebauung eindeutig abgrenzen lässt.

III. Das „Bild" des Ortes

Nachdem Möglichkeiten zur Feststellung des Ortes gefunden wurden, ist im Folgenden zu ermitteln, woraus sich das Bild dieses Ortes ergibt. Dazu wird zunächst festgehalten, welche Aspekte im Zusammenhang mit der Bebauung im weiteren Sinne keinen Einfluss auf das Ortsbild nehmen können. Anschließend werden diejenigen Elemente, aus denen sich das Ortsbild ergibt, ermittelt.

1. Abgrenzung

Insbesondere aus der Abgrenzung des herkömmlichen Ortsbildverständnisses zum Begriff der Stadtgestalt hat sich ergeben, dass sich das Bild des Ortes allein auf optische Aspekte der Bebauung bezieht.[95] Hieraus ergeben sich mit Blick auf die für das Ortsbild relevanten baulichen Merkmale einige Einschränkungen.

Zinkahn/Bielenberg, § 34 Rn. 37; BVerwG, Urteil vom 15.02.1990, - 4 C 23/86 -, BauR 1990, S. 328 (329 f.) Darüber hinaus ist in der Rechtsprechung anerkannt, dass bei der Festlegung des Gebiets einer Fremdenverkehrsgebietssatzung auch Gemeinbedarfsflächen und Flächen öffentlicher Nutzung miterfasst werden können, soweit sie keine „prägende städtebauliche Kraft" entfalten, BVerwG, Urteil vom 15.05.1997, - 4 C 9/96 -, BauR 2020, S. 815 (817). Dieser Gedanke soll auf Erhaltungssatzungen nach § 172 Abs. 1 S. 1 Nr. 1, Abs. 3 BauGB zum Schutze des Ortsbildes und damit auf die Ermittlung des Ortsbildes als solche übertragen werden können, *Stock* in *Ernst/Zinkahn/Bielenberg*, § 172 Rn. 63.
95 Siehe hierzu S. 27 ff. m.w.N.

a) Die Unterscheidung von „außen" und „innen"

Keine Bedeutung für das Ortsbild haben Bestandteile baulicher Anlagen, die von außerhalb der Bebauung nicht sichtbar sind, beispielsweise die Raumaufteilung, die Einrichtung und sonstige Details innerhalb der baulichen Anlagen.[96] Erfasst ist somit nur die bauliche Hülle, allein diese vermittelt ein Bild.[97] Dasselbe gilt auch für außenliegende Bestandteile baulicher Anlagen, die nicht vom öffentlichen Raum aus eingesehen werden können, beispielsweise private Gartenbereiche oder die Bebauung auf Hinterliegergrundstücken.[98] Gegen die Einbeziehung von Bestandteilen, die nicht öffentlich einsehbar sind, und zwar weder von der öffentlichen Verkehrsfläche noch von anderen öffentlich zugänglichen Bereichen wie beispielsweise Blickwinkel von höherliegendem Gelände, spricht insbesondere der Zweck des Ortsbildschutzes, gewisse optische Situationen zu schützen. Dieser Schutz erfolgt allein im öffentlichen Interesse.[99] Ein öffentliches Interesse

---

96 Explizit zur Irrelevanz der Anzahl der Wohnungen in einem Gebäude für das Ortsbild OVG Bremen, Urteil vom 16.04.1991, - 1 BA 43/90 -.
97 Auch das Bundesinventar der schützenswerten Ortsbilder der Schweiz von nationaler Bedeutung (ISOS) erfasst ausweislich seiner gesetzlichen Grundlage nicht das Gebäudeinnere, Art. 10 WISOS.
98 Ob öffentlich nicht einsehbare Grundstücksteile vom Ortsbildbegriff erfasst werden, ist umstritten. Die Frage nach der Ortsbildrelevanz öffentlich nicht einsehbarer Grundstücksteile wird dabei zumeist unter dem Aspekt der vom Ortsbild erfassten Blickwinkel behandelt. *Möller* in *Schrödter*, § 172 Rn. 72 verlangt zwar nicht die öffentliche Zugänglichkeit, zumindest aber die öffentliche Wahrnehmbarkeit. Nach seiner Ansicht kommen danach öffentlichen Verkehrsflächen eine größere Bedeutung für das Ortsbild zu. Nach Ansicht von *Hönes*, UPR 2016, S. 11 (20) sind dagegen alle Standorte ortsbildrelevant, egal ob sie öffentlich zugänglich sind. Daraus folgert er, dass es auch unerheblich ist, ob die Anlage öffentlich einsehbar ist oder nicht. Ebenso argumentieren *Mitschang* in *Battis/Krautzberger/Löhr*, § 172 Rn. 79 und das OVG Hamburg, Urteil vom 12.12.2007, - 2 Bf 10/02 -, ZfBR 2008, S. 383 (383). Für *Henke* stellt die Frage nach dem für das Ortsbild relevanten Blickwinkel sogar die wesentliche Unterscheidung zwischen einem bundes- und einem landesrechtlichem Ortsbildbegriff dar, *Henke*, Stadterhaltung als kommunale Aufgabe S. 103 f. Nach Henke erfasst der bauplanungsrechtliche Ortsbildbegriff alle möglichen Blickwinkel, während der bauordnungsrechtliche Begriff nur Blickwinkel vom öffentlich zugänglichen Verkehrsraum aus erfasst. Dies ergibt sich nach seiner Auffassung aus der „ordnungsrechtliche(n) Komponente des landeseigenen Baugestaltungsrechts".
99 *Dirnberger* in *Busse/Kraus*, Art. 8 Rn. 283; Schlotterbeck in *Schlotterbeck/Hager/Busch/Gammerl*, § 11 Rn. 51; Hornmann § 9 Rn. 45; *Dürr*, KommJur 2005, S. 201 (202); *Schröer*, NZBau 2008, S. 759 (760 f.). Zum Ortsbildschutz durch Festsetzungen in einem Bebauungsplan OVG Bremen, Urteil vom 16.04.1991, - 1 BA 43/90 -. Zum Ortsbildschutz nach § 34 Abs. 1 S. 2 BauGB BVerwG, Beschluss vom 13.11.1997, - 4

am Schutz der Ästhetik von öffentlich nicht einsehbaren Flächen besteht nicht. Im Übrigen ließen sich auch die mit den Ortsbildschutzmaßnahmen verbundenen Grundrechtseingriffe im Falle von für die Allgemeinheit nicht einsehbaren Flächen nicht rechtfertigen.

b) Die Unterscheidung von Bild und Funktion

Neben öffentlich nicht einsehbaren Flächen sind für das Ortsbild die in dem Ort ausgeübten Nutzungen, soweit diese nicht in der Gestaltung oder der sonstigen Ausprägung der Gebäude zueinander sichtbar werden, nicht von Bedeutung. Auch das ergibt sich aus der Beschränkung des Ortsbildes auf optische Eindrücke und der Abgrenzung von Ortsbild und Stadtgestalt.[100] Die Nutzungen, die am jeweiligen Ort ausgeübt werden, haben damit nur mittelbaren Einfluss auf das Ortsbild, indem sie spezifische Bedingungen an die Gebäudegestaltung setzen, die sich wiederum im Bild der Bebauung niederschlagen. So haben Wohnhäuser und Wohngebiete schon funktionsbedingt üblicherweise eine andere Erscheinung als Geschäftshäuser, Produktionsgebäude oder Industriegebiete. Ortsbildrelevant sind aber weiterhin nur die optisch wahrnehmbaren Elemente der Bebauung und nicht die Nutzung als solche.

2. Das Ortsbild als Ergebnis der Summe aller ortsbildenden Merkmale

Das Ortsbild ergibt sich damit aus der äußeren, öffentlich sichtbaren Erscheinung seiner Bebauung. Damit ist aber noch nicht gesagt, welche konkreten baulichen Bestandteile auf welche Art das Ortsbild bilden können. Bei dieser Frage nach der Einflussnahme von Bebauung und baulichen Bestandteilen auf das Ortsbild wird häufig von der Prägung des Ortsbildes durch eine gewisse Bebauung gesprochen.[101] § 172 Abs. 3 BauGB regelt so-

---

B 195/97 -, ZfBR 1998, S. 166 (166). Zum Ortsbildschutz mittels Erhaltungssatzung nach § 172 Abs. 1 Nr. 1, Abs. 3 BauGB OVG Hamburg, Beschluss vom 18.06.2015, - 2 Bs 99/15 - 2. Leitsatz. Zum Ortsbildschutz durch landesrechtliche Verunstaltungsverbote VGH München, Beschluss vom 22.10.2010, - 9 ZB 08.319 -. Zum Ortsbildschutz durch landesrechtliche Gestaltungssatzung OVG Saarlouis, Urteil vom 21.10.1991, - 2 R 56/88 -.

100 Siehe hierzu S. 27 ff. mit weiteren Nachweisen.
101 Beispielsweise verlangen *Mitschang/Reidt* in *Battis/Krautzberger/Löhr*, § 34 Rn. 40 eine aus dem Üblichen herausragende Prägung des Ortsbildes, damit dieses nach

Kapitel 1 Das Ortsbild

gar, dass im Bereich einer Erhaltungssatzung nach § 172 Abs. 1 S. 1 Nr. 1 BauGB die Genehmigung für eine Maßnahme nach Abs. 1 S. 1 nur dann versagt werden darf, wenn die Anlage unter anderem das Ortsbild prägt.[102] Mit dem Ausdruck des Prägens ist gemeint, dass die in Frage stehende bauliche Anlage eine wesentliche Bedeutung für das Ortsbild hat.[103] Die bauliche Anlage muss damit den Ort nicht nur unwesentlich gestalterisch beeinflussen.[104] Damit wird zutreffender Weise zum Ausdruck gebracht, dass nicht jede Anlage in gleichem Maße relevant für die Erscheinung des Ortes ist.[105] Das Bild des Ortes ergibt sich damit nicht aus der Zusammenschau aller baulichen Anlagen, sondern nur der ihn optisch prägenden Anlagen. Eine Prägung erfährt das Bild des Ortes durch diejenigen Anlagen, die seine optisch wahrnehmbare Charakteristik, seine Eigenart ausmachen.[106] Die optische, bauliche Eigenart eines Ortes ergibt sich, bereits sprachlich, daraus, dass er anders ist als andere Orte und damit von ihnen abgrenzbar ist. Eben diese Möglichkeit der optischen Abgrenzbarkeit war bereits auf der Ebene der Ermittlung des inneren Zusammenhangs des Ortes relevant. Daraus folgt, dass diejenigen baulichen Elemente, die aus qualitativen oder quantitativen Gründen den inneren Zusammenhang der Bebauung darstellen und ihn von anderer Bebauung abgrenzbar machen, diesen Ort auch optisch prägen. Sie machen damit seine Eigenart aus und stellen damit im Ergebnis die maßgeblichen Elemente dar, die das Bild des Ortes ausmachen. Damit ergibt sich das Bild des Ortes aus der Summe und dem Zusammenspiel aller optisch wahrnehmbaren Merkmale, die den inneren Zusammenhang des Ortes begründen.

---

§ 34 Abs. 1 S. 2 BauGB beeinträchtigungsfähig ist. Zur Bedeutung ortsbildprägender Anlagen sowohl in Bezug auf eine Ortsbildbeeinträchtigung nach § 34 Abs. 1 S. 2 BauGB als auch hinsichtlich des bauordnungsrechtlichen Ortsbildverunstaltungsverbots VG Würzburg, Urteil vom 16.02.2006, - W 5 K 05.530 -.

102 Siehe hierzu ausführlich *Henke*, Stadterhaltung als kommunale Aufgabe S. 107 ff.
103 *Oehmen* in *Spannowsky/Uechtritz*, § 172 Rn. 26; *Stock* in *Ernst/Zinkahn/Bielenberg*, § 172 Rn. 154; *Henke*, Stadterhaltung als kommunale Aufgabe S. 107 f.; OVG Hamburg, Urteil vom 12.12.2007, - 2 Bf 10/02 -, ZfBR 2008, S. 383 (383).
104 *Stock* in *Ernst/Zinkahn/Bielenberg*, § 172 Rn. 154; OVG Hamburg, Urteil vom 12.12.2007, - 2 Bf 10/02 -, ZfBR 2008, S. 383 (383).
105 Ebenso *Henke*, Stadterhaltung als kommunale Aufgabe S. 109, der hier von einem Über- Unterordnungsverhältnis der Bebauungsbestandteile spricht.
106 *Bank* in *Brügelmann*, § 172 Rn. 70; *Wurster*, Kapitel D Denkmalschutz und Erhaltung in *Hoppenberg/de Witt*, Handbuch des öffentlichen Baurechts Band 2 Rn. 464; *Henke*, Stadterhaltung als kommunale Aufgabe S. 109; BVerwG, Urteil vom 04.12.2014, - 4 CN 7/13 -, NVwZ 2015, S. 901 (902); *Henke*, DÖV 1983, S. 402 (409).

3. Besonderheiten im Ortsbild

Die ortsbildenden Merkmale beziehen sich auf den Zusammenhang mehrerer Anlagen, die gemeinsam den Ort bilden. Das Herunterbrechen des Ortsbildes allein auf diejenigen Merkmale, die in einer gewissen Vielzahl auftreten und damit eine optisch wahrnehmbare Einheitlichkeit der Bebauung begründen, wird aber solchen Anlagen nicht gerecht, die aus baulichen Gesichtspunkten qualitativ vollständig aus dem ortstypischen Rahmen ausbrechen und im Ort dadurch eine herausragende Stellung einnehmen.[107] Solche Anlagen können erheblichen Einfluss auf die Optik eines Ortes nehmen, ohne dass bei ihnen die obigen Merkmale vorliegen. Als Beispiele für derartige städtebauliche „Sonderbausteine" können unter anderem größere Kirchen, Museen, Theater, Wolkenkratzer und ähnliches genannt werden.[108] Diese Gebäude wirken sich aufgrund ihrer besonderen optischen Erscheinung in erhöhtem Maße auf ein Ortsbild aus und sind damit ungeachtet der obigen Kriterien bei der Ermittlung des Ortsbildes gesondert zu beachten.

IV. Ergebnis zum übergeordneten Ortsbildbegriff

Zusammenfassend ergibt sich für den übergeordneten Ortsbildbegriff das Folgende. Der Ort, der dem Ortsbildbegriff zugrundliegt, stellt einen Bebauungszusammenhang dar, der sich aus einem äußeren, räumlichen und einem inneren, gestalterischen Zusammenhang zusammensetzt. Dabei entsteht der innere Zusammenhang durch bauliche Merkmale, die aufgrund ihrer Quantität oder Qualität die Bebauung als Einheit erscheinen lassen. Ein Ort ist damit eine Bebauung, die aufgrund ihrer räumlichen Verbindung und ihrer baulichen Eigenheiten zusammenhängt und sich dadurch von anderer, umliegender Bebauung eindeutig abgrenzen lässt. Das Bild des Ortes ist die optische Erscheinung der Bebauung des in Frage stehenden Bebauungszusammenhangs. Das Bild ergibt sich maßgeblich aus denje-

---

107 So auch *Henke*, Stadterhaltung als kommunale Aufgabe S. 108. Ausführlich *Eidloth*, DPflBW 2004, S. 131 (137 ff.) zum Einfluss derartiger Gebäude auf ein Ortsbild.
108 *Bott*, Stadtbau und Gebäudetypologie im Entwurf in *Bott/Jessen/Pesch*, Lehrbausteine Städtebau S. 145. Diesen Sonderbausteinen stehen – aus städtebaulicher Sicht – die Regelbausteine entgegen, welche aufgrund der Wiederholung ortsbildender Merkmale auf das Ortsbild einwirken. Ebenso *Eidloth*, DPflBW 2004, S. 131 (137) für besondere Gebäude in Altstädten, wobei er sich allein auf öffentliche Gebäude beschränkt.

nigen Merkmalen, die den inneren Bebauungszusammenhang begründen, und der Architektur von Sonderbauten, die aufgrund ihrer besonderen optischen Qualität einen erheblichen Einfluss auf die Erscheinung des Bebauungszusammenhangs haben. Im Ergebnis lässt sich das Ortsbild im Sinne des übergeordneten Ortsbildbegriffs definieren als die optische Erscheinung einer aus optisch-baulichen Gesichtspunkten zusammenhängenden Bebauung, die sich aus den Sonderbauten innerhalb der Bebauung sowie denjenigen Gestaltungsmerkmalen ergibt, die den Bebauungszusammenhang begründen.

Kapitel 2 Ortsbildschutz und Ortsbildgestaltung als Hauptanwendungsfeld kompetenzieller Abgrenzungsprobleme

A. Kompetenzprobleme aufgrund der Vielzahl an Regelungsmöglichkeiten

Ein wesentlicher Grund für die kompetenzrechtlichen Abgrenzungsprobleme ist darin zu sehen, dass Ermächtigungen zum Schutz und zur Gestaltung des Ortsbildes sowohl nach der in Literatur und Rechtsprechung als auch nach der hier vertretenen Auffassung ihrem Wortlaut zufolge zu einer Vielzahl an Regelungen ermächtigen. Dies ergibt sich daraus, dass ein Ortsbild durch das Zusammenwirken verschiedener Gestaltungsmerkmale entsteht. Die Bandbreite dieser Gestaltungsmerkmale ist dabei denkbar weit. Sie kann von sehr großflächigen Regelungen, beispielsweise über die Freihaltung von Grundstücken oder Festsetzung der Geschosszahl, bis hin zu kleinteiligen Regelungen, beispielsweise über Fensterarten oder Balkonverkleidungen, reichen. Zutreffender Weise wird aber erkannt, dass der Regelungsinhalt ortsbildschützender und ortsbildgestaltender Normen nur so weit gehen kann, wie es die Gesetzgebungskompetenz des jeweiligen Normgebers zulässt, da die Norm ansonsten rechtswidrig wäre.[109] Die kompetenzkonforme Anwendung wird durch Auslegung der Norm im konkreten Fall gewährleistet.[110] Mit Blick auf die gegenwärtige Aufteilung der Gesetzgebungskompetenz für das öffentliche Baurecht auf Bund und Länder erscheint es naheliegend, dass nicht alle der Bebauungsmerkmale, die Einfluss auf das Ortsbild nehmen, von nur einem Kompetenzträger geregelt werden können. Unter dem Gesichtspunkt der kompetenzkonformen Auslegung wäre also hinsichtlich der Rechtsfolgen der jeweiligen Norm zwischen den zu regelnden Bebauungsmerkmalen zu differenzieren. Dieses Ergebnis wird durch einen Blick in die Literatur zu ortsbildschützenden und ortsbildgestaltenden Regelungen gestützt. Hier wird der Ortsbildbegriff un-

---

109 *Battis* in *Battis/Krautzberger/Löhr*, § 1 Rn. 62; *Schrödter/Wahlhäuser* in *Schrödter*, § 1 Rn. 381; *Henke*, Stadterhaltung als kommunale Aufgabe S. 99; *Fickert/Fieseler* Rn. § 11 Rn. 25.6. Siehe hierzu bereits S. 33 ff.
110 *Söfker* in *Ernst/Zinkahn/Bielenberg*, § 34 Rn. 68; *Henke*, Stadterhaltung als kommunale Aufgabe S. 101.

Kapitel 2 Ortsbildschutz und Ortsbildgestaltung als Hauptanwendungsfeld

geachtet der Gesetzgebungskompetenz, auf die die in Frage stehende Norm gestützt wird, zunächst im Wesentlichen gleich definiert.[111] Mit Blick auf die jeweilige Gesetzgebungskompetenz wird aber in der Folge generalisierend auf einzelne Regelungsgegenstände verwiesen, die entweder auf landes- oder auf bundesrechtliche Grundlage gestützt werden können. Dies betrifft als städtebauliche Festsetzungsmöglichkeiten im Bebauungsplan etwa die Festsetzung von Grünflächen, die Höhe baulicher Anlagen und die Stellung der Baukörper. Bauordnungsrechtlich sollen dagegen Regelungen über die Dachform, Dachneigung, Baumaterialien und Farbgestaltung der Gebäude getroffen werden können.[112] Insofern ist zu konstatieren, dass ortsbildschützende Normen schon aufgrund der Vielzahl der von ihnen ermöglichten Rechtsfolgen zu kompetenzrechtlichen Problemen führen.

B. Kompetenzbedingte Unterscheidung von Ortsbildbegriffen

Neben diesen Problemen auf Rechtsfolgenseite werden vereinzelt auch auf Tatbestandsebene, namentlich bei der Auslegung des Ortsbildbegriffs, kompetenzbedingte Probleme gesehen. So differenziert das Bundesverwaltungsgericht in einem Urteil vom 11.05.2000, in dem es sich mit der Frage beschäftigt, ob eine im Verhältnis zur umliegenden Bebauung abweichende Dachform, hier ein einhüftiges Pultdach in einem Gebiet mit ausschließlich Satteldächern, das Ortsbild im Sinne von § 34 Abs. 1 S. 1 2. HS BauGB beeinträchtigen kann, zwischen verschiedenen Ortsbildern und unterscheidet ein Ortsbild im bauordnungsrechtlichen Sinne von einem Ortsbild im bauplanungsrechtlichen Sinne.[113] Dabei soll sich das Ortsbild im ordnungsrechtlichen Sinne auf die Gestaltung des Bauwerks an sich beziehen, während sich das Ortsbild im planungsrechtlichen Sinne auf einen größeren Bereich erstrecken soll. *Dirnberger* schließt daraus, dass das Bundesverwaltungsgericht grundsätzlich einen bauordnungsrechtlichen von einem bauplanungsrechtlichen Ortsbildbegriff unterscheidet.[114] Im Übrigen wird

---

111 Zu den einheitlichen Definitionen vgl. die Nachweise in Fußnote 28.
112 *Schrödter/Wahlhäuser* in *Schrödter*, § 1 Rn. 382. *Söfker/Runkel* in *Ernst/Zinkahn/Bielenberg*, § 1 Rn. 137 nennen als planungsrechtliche Möglichkeiten unter anderem Festsetzungen über die Bauweise, die überbaubare Grundstücksfläche, Grünflächen und Bepflanzungen.
113 BVerwG, Urteil vom 11.05.2000, - 4 C 14/98 -, NVwZ 2000, 1169.
114 *Dirnberger* in *Busse/Kraus*, Art. 8 Rn. 9. Ebenso wohl *Grünewald* in *Spannowsky/Mannssen*, Art. 81 Rn. 92; VGH München, Urteil vom 18.11.2010, - 2 B 09.1497 -,

auch an anderen Stellen die gesetzesübergreifend inhaltsgleiche Definition des Ortsbildbegriffes kritisch betrachtet.[115] Vor diesem Hintergrund ist es jedenfalls nicht auszuschließen, dass bei der kompetenzkonformen Auslegung ortsbildschützender und ortsbildgestaltender Regelungen auch die Tatbestandsseite in den Blick zu nehmen ist.

C. Weitere Untersuchung

Die bei der Anwendung ortsbildschützender und ortsbildgestaltender Regelungen bestehenden kompetenzrechtlichen Probleme resultieren im Wesentlichen daraus, dass diese Regelungen aufgrund ihrer Weite einer einschränkenden, kompetenzkonformen Auslegung bedürfen. Hierbei wird in Literatur und Rechtsprechung überwiegend die Rechtsfolgenseite unter dem Gesichtspunkt der zu regelnden Bebauungsmerkmale, teilweise aber auch die Tatbestandseite unter Auslegung des Ortsbildbegriffs in den Blick genommen.[116] Bei der Untersuchung der Abgrenzung der Bundes- von der Landeskompetenz für das öffentliche Baurecht ist damit im Ergebnis die Frage zu beantworten, anhand welcher Kriterien die kompetenzkonforme Auslegung baurechtlicher Normen sowohl auf Tatbestands- als auch auf Rechtsfolgenseite im Einzelfall vorzunehmen ist. Speziell für ortsbild-

---

BRS 76, S. 706 (706) und im Ergebnis *Söfker* in *Ernst/Zinkahn/Bielenberg*, § 34 Rn. 68. Einen Sonderweg hinsichtlich der Frage nach der Unterscheidung der Ortsbildbegriffe geht *Henke*, Stadterhaltung als kommunale Aufgabe S. 99 ff. Nach seiner Auffassung ist, ebenfalls durch Auslegung, je nach Gesetzgebungskompetenz im Grunde von einem bundesrechtlichen und einem landesrechtlichen Ortsbildbegriff auszugehen. Allerdings sollen sich diese Begriffe allein darin unterscheiden, dass der landesrechtliche Ortsbildbegriff nur öffentlich zugängliche Blickwinkel auf das Ortsbild erfasst, S. 103 f. Dieser Unterschied ist nach seiner Auffassung aber so graduell, dass im Ergebnis von einem einheitlichen Ortsbildbegriff gesprochen werden kann, S. 104.

115 Zur einheitlichen Begriffsverwendung vgl. VGH München, Urteil vom 30.05.2003, - 2 BV 02.689 -, BayVBl 2004, S. 369 (371) mit weiteren Nachweisen. Nach *Spieß* liegt der Ortsbildbegriff in einer „diffusen Gemengelage zwischen bauplanungsrechtlichem Einfügungsgebot einerseits, bauordnungsrechtlichem Verunstaltungsverbot andererseits", *Spieß* in *Jäde/Dirnberger/Weiß*, § 34 Rn. 112. Zum Ortsbildschutz zwischen Bauordnungs- und Bauplanungsrecht auch *Manssen*, NWVBl 1992, S. 381 (381 ff.).

116 Eine Prüfung der Gesetzgebungskompetenz sowohl auf Tatbestandsseite als auch auf Rechtsfolgenseite nehmen bspw. *Schlotterbeck* in *Schlotterbeck/Hager/Busch/Gammerl*, § 11 Rn. 23; *Schrödter/Wahlhäuser* in *Schrödter*, § 1 Rn. 381 f.; *Söfker* in *Ernst/Zinkahn/Bielenberg*, § 34 Rn. 68 vor.

schützende und ortsbildgestaltende Regelungen stellt sich die Frage, ob und inwiefern die grundgesetzliche Kompetenzverteilung Einfluss auf die Bestimmung des von der auszulegenden Norm erfasste Ortsbild nimmt. Außerdem ist die Frage zu stellen, welche Merkmale der Bebauung auf Grundlage welcher Gesetzgebungskompetenz gesteuert werden können. Hierzu ist im Folgenden die grundgesetzliche Kompetenzordnung für das Baurecht näher zu betrachten.

Teil 2
Kompetenzielle Qualifikation baurechtlicher Regelungen

Gerade im öffentlichen Baurecht stellt die Ermittlung der Gesetzgebungskompetenz, der eine Norm oder eine Regelung zuzuordnen ist, ein anspruchsvolles Unterfangen dar. Seit dem Baurechtsgutachten des Bundesverfassungsgerichts[117] aus dem Jahr 1954 gilt das öffentliche Baurecht hinsichtlich seiner Gesetzgebungskompetenz als zweigeteilt in ein bundesrechtliches Bauplanungsrecht und ein landesrechtliches Bauordnungsrecht. Wo exakt die Grenze zwischen diesen beiden Rechtsgebieten verläuft, ist nicht abschließend geklärt.[118] Der folgende Teil 3 soll aufzeigen, wie die trennscharfe Abgrenzung der Kompetenzbereiche und die Zuordnung einzelner Regelungen hierzu gelingen kann.

---

117 BVerfG, Gutachten vom 16.06.1954, - 1 PBvV 2/52 -, BVerfGE 3, S. 407.
118 Zu Zuordnungsfragen nur bei ortsbildgestalterischen Regelungen siehe die Nachweise in Fußnote 8.

Kapitel 3 Grundlagen des Kompetenzrechts

Einer Annäherung an die Gesetzgebungskompetenzen der Länder und des Bundes für das öffentliche Baurecht hat eine Beschäftigung mit den Grundlagen der Kompetenzverteilung des Grundgesetzes vorauszugehen. Dabei soll zunächst dargestellt werden, nach welchen Prinzipien das Grundgesetz Bund und Ländern die Gesetzgebungskompetenz zuweist. Hiervon ausgehend soll der Vorgang der kompetenziellen Qualifikation von Regelungen näher dargelegt werden, also die Subsumtion eines Rechtsakts unter einen bestimmten Kompetenztitel.

A. Die Kompetenzordnung des Grundgesetzes

I. Zum kompetenzrechtlichen Zuweisungsmechanismus

Art. 70 Abs. 1 GG weist die Gesetzgebungskompetenz als „Dreh- und Angelpunkt"[119] des grundgesetzlichen (Gesetzgebungs-) Kompetenzgefüges grundsätzlich den Ländern zu. Dem Bund steht die Gesetzgebungskompetenz nur dann zu, wenn sie ihm ausdrücklich als ausschließliche oder konkurrierende Gesetzgebungskompetenz zugewiesen ist, Art. 70 Abs. 2 GG.[120] Die Zuweisung von Gesetzgebungskompetenzen erfolgt durch das Grundgesetz mittels enumerativer Auflistung der Regelungsmaterien insbesondere in den Katalogen der Art. 73 und 74 GG. Dagegen steht den Ländern eine allgemeine Gesetzgebungskompetenz zu. Sie sind zur Gesetzgebung befugt, soweit die Gesetzgebungskompetenz nicht ausschließlich dem Bund zugewiesen ist oder dieser von seiner konkurrierenden Gesetzgebungskompetenz nicht (abschließend) Gebrauch gemacht hat.

---

119 *Seiler* in *Epping/Hillgruber*, Art. 70 Rn. 11.
120 Daneben geht die herrschende Auffassung davon aus, dass neben den geschriebenen Bundeskompetenzen auch sog. ungeschriebene Gesetzgebungskompetenzen treten können, *Broemel* in *v. Münch/Kunig*, Art. 70 Rn. 27 ff.; *Heintzen* in *Kahl/Waldhoff/ Walter*, Art. 70 Rn. 169 ff.; *Rozek* in *v. Mangoldt/Klein/Starck*, Art. 70 Rn. 38 ff.; *Sanwald* in *Hofmann/Henneke*, Art. 70 Rn. 36; *Seiler* in *Epping/Hillgruber*, Art. 70 Rn. 22 ff.; *Uhle* in *Dürig/Herzog/Scholz/Herdegen*, Art. 70 Rn. 62 ff. m.w.N.

Kapitel 3 Grundlagen des Kompetenzrechts

Die Residualkompetenz[121] der Länder besteht aus ungeschriebenen Kompetenztiteln. Sie wird im Wege der Substraktion ausgehend von der Gesetzgebungskompetenz des Bundes ermittelt.[122] Dabei ist auch zu berücksichtigen, inwieweit der Bund von seiner konkurrierenden Gesetzgebungskompetenz Gebrauch gemacht hat. Aus der Ausgestaltung der landesrechtlichen Kompetenz als Residualkompetenz folgt aber nicht, dass die landesrechtliche Kompetenz hinter der bundesrechtlichen Kompetenz qualitativ als bloßer Restbestand zurücksteht.[123] Genauso wenig, wie die Art. 30 und 70 Abs. 1 GG eine Vermutungswirkung der Gesetzgebungskompetenz zu Gunsten der Länder konstituieren,[124] bewirkt die Konstruktion als Residualkompetenz eine Schwächung der Länderkompetenz. Vielmehr stehen sich die Gesetzgebungskompetenzen von Bund und Ländern gleichrangig gegenüber.[125]

Die Zuweisung von Gesetzgebungskompetenzen erfolgt beidseitig an Bund und Länder.[126] Das bedeutet, dass die Materien, für die den Ländern die Gesetzgebungskompetenz zusteht, trotz der Ausgestaltung als Residu-

---

121 So auch *Degenhart* in *Sachs*, Art. 70 Rn. 7; *Uhle* in *Dürig/Herzog/Scholz/Herdegen*, Art. 70 Rn. 2; *Stephan*, Die Interpretation von Gesetzgebungskompetenzen S. 56 f. Gegen den Begriff der Residualkompetenz *Heintzen*, DVBl 1997, S. 689 (690 ff.), der hierin eine begriffsimmanente Abwertung der landesrechtlichen Kompetenz sieht. Ähnlich *Wagner*, Die Konkurrenzen der Gesetzgebungskompetenzen von Bund und Ländern S. 36.
122 *Broemel* in *v. Münch/Kunig*, Art. 70 Rn. 10; *Heintzen* in *Kahl/Waldhoff/Walter*, Art. 70 Rn. 46; *Seiler* in *Epping/Hillgruber*, Art. 70 Rn. 25; *Isensee*, § 133 Die bundesstaatliche Kompetenz in *Isensee/Kirchhof*, Handbuch des Staatsrechts Band 6 Rn. 88; *Heintzen*, DVBl 1997, S. 689 (690); *Pestalozza*, DÖV 1972, S. 181 (181).
123 *Heintzen* in *Kahl/Waldhoff/Walter*, Art. 70 Rn. 84, 126 f.; *Uhle* in *Dürig/Herzog/Scholz/Herdegen*, Art. 70 Rn. 2.
124 BVerfG, Beschluss vom 25.03.2021, - 2 BvF 1/20 -, NJW 2021, S. 1377 (1378), zustimmend *Uhle* in *Dürig/Herzog/Scholz/Herdegen*, Art. 70 Rn. 33; *Stephan*, Die Interpretation von Gesetzgebungskompetenzen S. 101 ff. Ebenso bereits ausführlich *Rinck*, Zur Abgrenzung und Auslegung der Gesetzgebungskompetenzen von Bund und Ländern in *Ritterspach/Geiger*, Festschrift für Gebhard Müller S. 290 f.; *Scholz*, Ausschließliche und konkurrierende Gesetzgebungskompetenz von Bund und Ländern in der Rechtsprechung des Bundesverfassungsgerichts in *Starck*, Bundesverfassungsgericht und Grundgesetz Zweiter Band S. 252 ff. Anders noch BVerfG, Beschluss vom 10.03.1976, BVerfGE 42, S. 20 (28).
125 *Heintzen* in *Kahl/Waldhoff/Walter*, Art. 70 Rn. 84; *Isensee*, § 133 Die bundesstaatliche Kompetenz in *Isensee/Kirchhof*, Handbuch des Staatsrechts Band 6 Rn. 89.
126 *Heintzen* in *Kahl/Waldhoff/Walter*, Art. 70 Rn. 74, 84; *Isensee*, § 133 Die bundesstaatliche Kompetenz in *Isensee/Kirchhof*, Handbuch des Staatsrechts Band 6 Rn. 88 ff. Ausführlich zum Grundsatz der Beidseitigkeit *Heintzen*, DVBl 1997, S. 689 und *Stephan*, Die Interpretation von Gesetzgebungskompetenzen S. 68 ff.

alkompetenz mittels negativer Abgrenzung von den Kompetenztitel der Art. 73, 74 GG klar bestimmbar sind.[127] Eindeutig bestimmt werden können diejenigen Materien, die in Art. 74 GG ausdrücklich von der Gesetzgebungskompetenz des Bundes ausgenommen sind. Dies betrifft beispielsweise das Recht der Untersuchungshaft, Art. 74 Abs. 1 Nr. 1 GG, das Heimrecht, Art. 74 Abs. 1 Nr. 7 GG, das Recht der Flurbereinigung, Art. 74 Abs. 1 Nr. 17 GG oder das Erschließungsbeitragsrecht, Art. 74 Abs. 1 Nr. 18 GG.[128] Alle anderen Gesetzgebungsmaterien, die den Ländern zustehen, können ausgehend von den geschriebenen Kompetenztiteln in Art. 73 und 74 GG negativ bestimmt werden.[129] Darüber hinaus steht den Länder die Befugnis zur Gesetzgebung zu, solange und soweit der Bund von seiner Gesetzgebungszuständigkeit nicht durch Gesetz Gebrauch gemacht hat, Art. 72 Abs. 1 GG.

Außerdem werden den Ländern teilweise auch noch weitere, ungeschriebene „Kompetenztitel" zugerechnet, die sich bei historischer Grundgesetzauslegung als traditionelle Länderkompetenzen erweisen sollen, beispielsweise das Polizeirecht, das Schulrecht, das Feiertagsrecht oder auch das Bauordnungsrecht.[130] Bei der Annahme einer solchen „traditionellen Länderkompetenz" darf aber nicht übersehen werden, dass auch in diesen Bereichen dem Bund eine Gesetzgebungszuständigkeit zustehen kann, soweit diese dem Bund in den Art. 73, 74 GG zugewiesen ist.[131] Auch für diese Bereiche ist der Verteilungsmechanismus des Art. 70 GG maßgeblich.

---

127 *Uhle* in *Dürig/Herzog/Scholz/Herdegen*, Art. 70 Rn. 84; *Heintzen*, DVBl 1997, S. 689 (691, 693).
128 Siehe *Wittreck* in *Dreier/Bauer/Britz*, Art. 70 Rn. 13 mit allen weiteren in Art. 74 Abs. 1 GG genannten Kompetenztiteln. Zu in anderen Normen des GG genannten Kompetenztiteln der Länder *Uhle* in *Dürig/Herzog/Scholz/Herdegen*, Art. 70 Rn. 81 ff.
129 Dabei ist es für die inhaltliche Reichweite der Gesetzgebungskompetenz(en) der Länder unerheblich, ob man wie *Heintzen*, DVBl 1997, S. 689 (691) „die negativen Kompetenz-Generalklauseln der Art. 30 und 70 Abs. 1 GG (…) in positive, sachverständliche und nach Staatsfunktionen gegliederte Kompetenztitel für die Länder umformuliert", oder nicht.
130 *Maurer*, Staatsrecht I § 17 Rn. 48b. Zu weiteren Kompetenztiteln, die aus einer systematischen Betrachtung des Kompetenzgefüges hergeleitet werden können *Wittreck* in *Dreier/Bauer/Britz*, Art. 70 Rn. 14.
131 *Degenhart* in *Sachs*, Art. 70 Rn. 13; *Stephan*, Die Interpretation von Gesetzgebungskompetenzen S. 64; *Baldus*, NVwZ 2004, S. 1278 (1279). Ebenso implizit bereits BVerfG, Gutachten vom 16.06.1954, - 1 PBvV 2/52 -, BVerfGE 3, S. 407 (432). Anders *Merten*, DVBl 1987, S. 395 (396), der eine „Primärzuständigkeit" der Länder für das Gefahrenabwehrrecht sieht.

Kapitel 3 Grundlagen des Kompetenzrechts

II. Grundsatz der Eindeutigkeit und Vollständigkeit

Nach der insbesondere aus Art. 30 und 70 Abs. 1 GG herleitbaren Konzeption der grundgesetzlichen Kompetenzverteilung verfolgt das Grundgesetz das Ziel, (Gesetzgebungs-) Kompetenzen eindeutig und vollständig zu verteilen.[132] Die Kompetenz zum Erlass eines Gesetzes[133] liegt danach immer entweder beim Bund oder bei den Ländern. Hieraus folgt insbesondere auch das Verbot von Doppelkompetenzen.[134] Nach dieser Verteilungskonzeption kann es weder zu dem Fall kommen, dass sowohl dem Bund als auch den Ländern die Kompetenz zum Erlass einer Norm zusteht (Grundsatz der Eindeutigkeit), noch zu dem Fall, dass die Kompetenz zum Erlass einer Norm weder beim Bund noch bei den Ländern liegt (Grundsatz der Vollständigkeit). Dieser Trennungs- und Vollständigkeitsgrundsatz und das hieraus abzuleitende Verbot von Doppelkompetenzen dient der Vermeidung von Kompetenzkonflikten und der Schaffung von Rechtssicherheit insbesondere durch Vermeidung sich widersprechender Normen auf Bundes- und Landesebene.[135]

---

132 *Broemel* in *v. Münch/Kunig*, Art. 70 Rn. 9, 10; *Heintzen* in *Kahl/Waldhoff/Walter*, Art. 70 Rn. 60, 75 ff.; *März* in *v. Mangoldt/Klein/Starck*, Art. 30 Rn. 16 ff.; *Rozek* in *v. Mangoldt/Klein/Starck*, Art. 70 Rn. 1; *Seiler* in *Epping/Hillgruber*, Art. 70 Rn. 1; *Isensee*, § 133 Die bundesstaatliche Kompetenz in *Isensee/Kirchhof*, Handbuch des Staatsrechts Band 6 Rn. 77 ff., 95 ff.; *Heintzen*, DVBl 1997, S. 689 (689), wobei die Terminologie bei den einzelnen Autoren divergiert. Zu den grundgesetzlichen Anforderungen an die Zuweisung öffentlich-rechtlicher Aufgaben an Behörden *Werner*, Rechtsquellen des deutschen öffentlichen Rechts S. 67 f.

133 Zu sonstigen Rechtssetzungskompetenzen ausführlich *Stern*, Das Staatsrecht der Bundesrepublik Deutschland Band II S. 579 ff.

134 *Heintzen* in *Kahl/Waldhoff/Walter*, Art. 70 Rn. 60, 77; *Isensee*, § 133 Die bundesstaatliche Kompetenz in *Isensee/Kirchhof*, Handbuch des Staatsrechts Band 6 Rn. 98; *Rengeling*, § 135 Gesetzgebungszuständigkeit in *Isensee/Kirchhof*, Handbuch des Staatsrechts Band 6 Rn. 41; *Stephan*, Die Interpretation von Gesetzgebungskompetenzen S. 64 ff.; BVerfG, Beschluss vom 25.03.2021, - 2 BvF 1/20 -, NJW 2021, S. 1377 (1378). Teilweise wird allerdings auch die Auffassung vertreten, Doppelkompetenzen seien zulässig, bspw. *Scholz*, Ausschließliche und konkurrierende Gesetzgebungskompetenz von Bund und Ländern in der Rechtsprechung des Bundesverfassungsgerichts in *Starck*, Bundesverfassungsgericht und Grundgesetz Zweiter Band S. 256; *Pestalozza*, DÖV 1972, S. 181 (189 ff.). Zu sog. Mehrfachzuständigkeiten bei der Zuweisung öffentlich-rechtlicher Aufgaben an Behörden m.w.N. *Werner*, Rechtsquellen des deutschen öffentlichen Rechts S. 64 f.

135 *Broemel* in *v. Münch/Kunig*, Art. 70 Rn. 10; *Wittreck* in *Dreier/Bauer/Britz*, Art. 30 Rn. 16; *Brohm*, DÖV 1983, S. 525 (525). Ähnlich *Werner*, Rechtsquellen des deutschen öffentlichen Rechts S. 70 mit Verweis auf das grundgesetzliche Gebot der Vorhersehbarkeit staatlichen Handelns.

B. Zur Methodik der kompetenziellen Qualifikation

Will der jeweilige Gesetzgeber die ihm zustehende Gesetzgebungskompetenz mit Leben füllen, stellt sich die Frage, welche Normen er auf Grundlage dieser Kompetenz erlassen kann. Dieselbe Frage stellt sich, wenn eine bereits erlassene Norm dahingehend überprüft wird, ob sie formell rechtmäßig und damit auch kompetenzkonform erlassen wurde. Die Frage, ob eine einfachgesetzliche Norm unter einen Kompetenztitel zu fassen ist, wird unter dem Topos der „kompetenziellen Qualifikation" behandelt.[136] Es handelt sich hierbei um einen zweigliedrigen Vorgang. Zunächst wird der Inhalt der Kompetenznorm und der von der einfachgesetzlichen Norm geregelte oder zu regelnde Sachverhalt definiert. In einem zweiten Schritt, der Zuordnung, wird dann der so ermittelte Sachverhalt unter die Kompetenznorm subsumiert.[137] Die Methodik dieses Vorgangs soll hier in Grundzügen geschildert werden; eine abschließende Betrachtung würde den Rahmen dieser Arbeit überschreiten.[138]

I. Auslegung von Kompetenztitel und einfachgesetzlicher Norm

Zunächst ist der Inhalt des in Frage kommenden Kompetenztitels mittels Auslegung zu definieren, wobei die Besonderheiten der Verfassungsauslegung zu beachten sind.[139] Auszugehen ist von den herkömmlichen Auslegungsmethoden.[140] Dabei genießt die historische Auslegung eine besondere

---

[136] So *Rozek* in *v. Mangoldt/Klein/Starck*, Art. 70 Rn. 49. Teilweise auch „kompetenzmäßige Qualifikation", *Degenhart* in *Sachs*, Art. 70 Rn. 50.

[137] *Degenhart* in *Sachs*, Art. 70 Rn. 50, 57; *Rozek* in *v. Mangoldt/Klein/Starck*, Art. 70 Rn. 49; *Drechsler*, Der Staat 2022, S. 261 (262 f.). Ausführlich *Wagner*, Die Konkurrenzen der Gesetzgebungskompetenzen von Bund und Ländern S. 24 ff.

[138] Zum Vorgang der kompetenziellen Qualifikation ausführlich *Heintzen* in *Kahl/Waldhoff/Walter*, Art. 70 Rn. 187 ff.; *Rengeling*, § 135 Gesetzgebungszuständigkeit in *Isensee/Kirchhof*, Handbuch des Staatsrechts Band 6 Rn. 31 ff.; *Wagner*, Die Konkurrenzen der Gesetzgebungskompetenzen von Bund und Ländern S. 22 ff.; *Drechsler*, Der Staat 2022, S. 261 (264 ff.).

[139] *Rengeling*, § 135 Gesetzgebungszuständigkeit in *Isensee/Kirchhof*, Handbuch des Staatsrechts Band 6 Rn. 32 ff. Ausführlich zur Auslegung *Schröder*, Kriterien und Grenzen der Gesetzgebungskompetenz kraft Sachzusammenhangs nach dem Grundgesetz S. 69 ff.; *Stephan*, Die Interpretation von Gesetzgebungskompetenzen S. 105 ff.; *Stettner*, Grundfragen einer Kompetenzlehre S. 383 ff.; *Drechsler*, Der Staat 2022, S. 261 (272 ff.); *Voßkuhle*, AöR 125, S. 177 ff.

[140] Hierzu *Rüthers/Fischer/Birk*, Rechtstheorie S. 430 ff.

Bedeutung.¹⁴¹ Darüber hinaus sind die bei der Verfassungsauslegung zu achtenden Prinzipien, namentlich die Einheit der Verfassung, die Harmonisierung in Spannung zueinanderstehender Verfassungsgrundsätze im Sinne der Konkordanz, die Integrationswirkung der Verfassung und die „interpretative Konkretisierung" von Verfassungsnormen heranzuziehen.¹⁴²

Ferner sind die Besonderheiten der Kompetenzkataloge der Art. 73, 74 GG und des oben¹⁴³ geschilderten Kompetenzverteilungsmechanismus bei der Auslegung zu beachten.¹⁴⁴ Bei den Kompetenztiteln des Grundgesetzes handelt es sich um äußerst abstrakte, in besonderem Maße auslegungsbedürftige Normen.¹⁴⁵ Aus dieser dem Konzept der enumerativen Zuweisung von Gesetzgebungskompetenzen an den Bund immanenten, begrifflichen Weite der einzelnen Kompetenztitel¹⁴⁶ resultiert allerdings keine inhaltliche Weite der einzelnen Kompetenztitel. Vielmehr ist bei der Ermittlung des Inhalts der Kompetenztitel auch die verbleibende Residualkompetenz der Länder zu berücksichtigen. Dies folgt nicht zuletzt aus dem Grundsatz der Beidseitigkeit der Kompetenzzuweisung.¹⁴⁷ Die Bundes- und die verbleibende Landeskompetenz sind damit bei der Auslegung der einzelnen Kompetenztitel miteinander in Einklang zu bringen.¹⁴⁸ Darüber hinaus ergeben sich bei der Auslegung der Kompetenztitel Besonderheiten daraus, dass die

---

141 *Heintzen* in *Kahl/Waldhoff/Walter*, Art. 70 Rn. 194; *Rozek* in *v. Mangoldt/Klein/Starck*, Art. 70 Rn. 49; *Seiler* in *Epping/Hillgruber*, Art. 70 Rn. 15. Zur historischen Auslegung umfassend *Stephan*, Die Interpretation von Gesetzgebungskompetenzen S. 110 ff.

142 *Rengeling*, § 135 Gesetzgebungszuständigkeit in *Isensee/Kirchhof*, Handbuch des Staatsrechts Band 6 Rn. 32 ff. Ausführlich *Stern*, Das Staatsrecht der Bundesrepublik Band I S. 131 ff.; *Wagner*, Die Konkurrenzen der Gesetzgebungskompetenzen von Bund und Ländern S. 91 ff. jeweils m.w.N. Kritisch zur Relevanz dieser Methoden bei der Auslegung von Kompetenznormen *Drechsler*, Der Staat 2022, S. 261 (280 f.).

143 Siehe hierzu S. 55 ff.

144 Hierzu ausführlich *Stephan*, Die Interpretation von Gesetzgebungskompetenzen S. 98 ff. Zu Problemen bei der Auslegung von Kompetenztitel mit rechtsvergleichendem Blick *Pestalozza*, DÖV 1972, S. 181 (181 ff.).

145 Hierzu *Stettner*, Grundfragen einer Kompetenzlehre S. 379 f. Zur Rechtfertigung derart weiter Kompetenztitel und der daraus entspringenden Problematik im Rahmen der Auslegung *Wagner*, Die Konkurrenzen der Gesetzgebungskompetenzen von Bund und Ländern S. 28 f. m.w.N.

146 Besonders weite Kompetenztitel bilden beispielsweise das bürgerliche Recht, Art. 74 Abs. 1 Nr. 1 GG oder das Recht der Wirtschaft, Art. 74 Abs. 1 Nr. 11 GG.

147 Zum Grundsatz der Beidseitigkeit siehe die Nachweise in Fußnote 126.

148 *Rengeling*, § 135 Gesetzgebungszuständigkeit in *Isensee/Kirchhof*, Handbuch des Staatsrechts Band 6 Rn. 34; *Rinck*, Zur Abgrenzung und Auslegung der Gesetzgebungskompetenzen von Bund und Ländern in *Ritterspach/Geiger*, Festschrift für

Kompetenztitel untereinander an unterschiedliche Aspekte anknüpfen. Die Kompetenztitel bezeichnen dabei einerseits einen Lebenssachverhalt, wie die Angelegenheiten der Flüchtlinge und Vertriebenen nach Art. 74 Abs. 1 Nr. 6 GG oder die Verhütung des Missbrauchs wirtschaftlicher Machtstellung nach Art. 74 Abs. 1 Nr. 16 GG, und andererseits ganze Normbereiche, beispielsweise das bürgerliche Recht nach Art. 74 Abs. 1 Nr. 1 GG und das Arbeitsrecht nach Art. 74 Abs. 1 Nr. 12 GG.[149] Der jeweilige Anknüpfungspunkt des Kompetenztitels ist bei dessen Auslegung herauszuarbeiten und entsprechend bei der Zuordnung zu beachten.

Neben dem Inhalt des Kompetenztitels ist auch der Inhalt der zu qualifizierenden Norm durch Auslegung zu ermitteln. Dabei soll insbesondere im Vordergrund stehen, den Sinn und Zweck der Norm zu ermitteln.[150] Es sind ebenfalls die üblichen Auslegungsmethoden heranzuziehen.

II. Zuordnung der einfachgesetzlichen Norm zu einem Kompetenztitel

Der Auslegung des Kompetenztitels und der zu qualifizierenden einfachgesetzlichen Norm folgt die Zuordnung der einfachgesetzlichen Norm zum Kompetenztitel. Die Zuordnung stellt die Subsumtion der Norm unter den in Frage kommenden Kompetenztitel dar.

Gebhard Müller S. 300. Ähnlich auch BVerfG, Beschluss vom 14.11.1962, - 1 BvL 18/61 -, BVerfGE 15, S. 121 (139).

149 *Heintzen* in *Kahl/Waldhoff/Walter*, Art. 70 Rn. 197; *Stettner*, Grundfragen einer Kompetenzlehre S. 412 f.; *Wagner*, Die Konkurrenzen der Gesetzgebungskompetenzen von Bund und Ländern S. 37 f.; *Erbguth*, DVBl 1988, S. 317 (319 f.). Zur Entstehungsgeschichte dieser verschiedenen Anknüpfungspunkte *Drechsler*, Der Staat 2022, S. 261 (268 ff.). Das Bundesverfassungsgericht unterscheidet grundsätzlich zwischen normativ-rezeptiven Kompetenznormen, die auf Normbereiche abstellen, und faktisch-deskriptiven Kompetenznormen, die auf bestimmte Lebensbereiche abzielen, BVerfG, Beschluss vom 10.02.2004, - 2 BvR 834, 1588/02 -, BVerfGE 109, S. 190 (218). Ebenso *Uhle*, Normativ-rezeptive Kompetenzzuweisung und Grundgesetz S. 13 ff. Kritisch gegenüber dieser Unterscheidung dagegen *Stephan*, Die Interpretation von Gesetzgebungskompetenzen S. 133 ff. *Drechsler*, Der Staat 2022, S. 261 (264 ff.) untergliedert in sachbereichsbezogene Kompetenztitel, denen er sowohl die normativ-rezeptiven als auch die faktisch-deskriptiven Kompetenznormen zuordnet, und zielbezogene Kompetenztitel. *Stern*, Das Staatsrecht der Bundesrepublik Deutschland Band II S. 609 konstatiert hinsichtlich der verschiedenen Anknüpfungspunkte eine „verfassungstextliche Inhomogenität".

150 *Wagner*, Die Konkurrenzen der Gesetzgebungskompetenzen von Bund und Ländern S. 63.

Kapitel 3 Grundlagen des Kompetenzrechts

1. Zuordnungskriterien

Dabei stellt sich insbesondere die Frage nach dem für die Zuordnung heranzuziehenden Anknüpfungspunkt. Hierzu werden in der Literatur und der Rechtsprechung des Bundesverfassungsgerichts zahlreiche Kriterien genannt.[151] Dies sind insbesondere der Zweck der Norm,[152] der (unmittelbare) Regelungsgegenstand,[153] das Thema,[154] die wesensmäßige Zugehörigkeit,[155] die Regelungswirkung[156] sowie der Normadressat[157]. Außerdem sollen der historische Zusammenhang in der deutschen Gesetzgebung, also das „herkömmliche" und „traditionelle" Verständnis der Rechtsmaterie, und die Staatspraxis von Bedeutung sein.[158] Darüber hinaus wird an den Gesamtzusammenhang der Regelung angeknüpft.[159] Soweit eine Regelung mehreren Kompetenztiteln zugeordnet werden kann, soll nach dem Schwerpunkt der einfachgesetzlichen Norm und dem Grundsatz der Spe-

---

151 Hierzu ausführlich *Heintzen* in *Kahl/Waldhoff/Walter*, Art. 70 Rn. 200 ff.; *Schröder*, Kriterien und Grenzen der Gesetzgebungskompetenz kraft Sachzusammenhangs nach dem Grundgesetz S. 88 ff.; *Stettner*, Grundfragen einer Kompetenzlehre S. 414 ff.; *Uhle*, Normativ-rezeptive Kompetenzzuweisung und Grundgesetz S. 128 ff. jeweils m.w.N.
152 *Degenhart* in *Sachs*, Art. 70 Rn. 57; *Rozek* in *v. Mangoldt/Klein/Starck*, Art. 70 Rn. 55; *Rengeling*, § 135 Gesetzgebungszuständigkeit in *Isensee/Kirchhof*, Handbuch des Staatsrechts Band 6 Rn. 42; BVerfG, Urteil vom 12.03.2008, - 2 BvF 4/03 -, BVerfGE 121, S. 30 (47).
153 *Degenhart* in *Sachs*, Art. 70 Rn. 57; *Rozek* in *v. Mangoldt/Klein/Starck*, Art. 70 Rn. 55; *Rengeling*, § 135 Gesetzgebungszuständigkeit in *Isensee/Kirchhof*, Handbuch des Staatsrechts Band 6 Rn. 42; BVerfG, Urteil vom 12.03.2008, - 2 BvF 4/03 -, BVerfGE 121, S. 30 (47).
154 *Degenhart* in *Sachs*, Art. 70 Rn. 57; *Rengeling*, § 135 Gesetzgebungszuständigkeit in *Isensee/Kirchhof*, Handbuch des Staatsrechts Band 6 Rn. 42.
155 BVerfG, Beschluss vom 04.06.1957, - 2 BvL 17/56 -, BVerfGE 7, S. 29 (40); BVerfG, Beschluss vom 28.11.1973, - 2 BvL 42/71 -, BVerfGE 36, S. 193 (203).
156 *Degenhart* in *Sachs*, Art. 70 Rn. 57; *Rozek* in *v. Mangoldt/Klein/Starck*, Art. 70 Rn. 55; *Rengeling*, § 135 Gesetzgebungszuständigkeit in *Isensee/Kirchhof*, Handbuch des Staatsrechts Band 6 S. 45; BVerfG, Urteil vom 12.03.2008, - 2 BvF 4/03 -, BVerfGE 121, S. 30 (47).
157 *Degenhart* in *Sachs*, Art. 70 Rn. 57; *Rozek* in *v. Mangoldt/Klein/Starck*, Art. 70 Rn. 55; BVerfG, Urteil vom 12.03.2008, - 2 BvF 4/03 -, BVerfGE 121, S. 30 S. (47).
158 BVerfG, Urteil vom 24.10.2002, - 2 BvF 1/01 -, BVerfGE 106, S. 62 (105) m.w.N. zu verfassungsgerichtlicher Rechtsprechung.
159 BVerfG, Beschluss vom 11.07.2006, - 1 BvL 4/00 -, BVerfGE 116, S. 202 (216) m.w.N. zu verfassungsgerichtlicher Rechtsprechung. Ebenso *Uhle*, Normativ-rezeptive Kompetenzzuweisung und Grundgesetz S. 128 m.w.N.

zialität zugeordnet werden.[160] Dagegen sollen der Anknüpfungspunkt der Norm[161], der äußere Regelungszusammenhang und der Wille des Gesetzgebers[162] nicht zuordnungsrelevant sein.[163] Das Bundesverfassungsgericht hat seinen Zuordnungsansatz in einer neueren Entscheidung zum hessischen Privatrundfunkgesetz dahingehend zusammengefasst, dass die kompetenzielle Zuordnung „anhand von unmittelbarem Regelungsgegenstand, Normzweck, Wirkung und Adressat der zuzuordnenden Norm sowie der Verfassungstradition"[164] ebenso wie anhand des Regelungszusammenhangs und des Regelungsschwerpunkts erfolge.[165]

2. Verhältnis der Zuordnungskriterien zueinander

Das Bundesverfassungsgericht knüpft bei der Behandlung kompetenzrechtlicher Fragen schwerpunktmäßig an den Gesetzeszweck[166] und den unmittelbaren Regelungsgegenstand[167] an. Dabei soll es auf den Haupt- und nicht auf den Nebenzweck[168] beziehungsweise auf den unmittelbaren und nicht den mittelbaren Zweck ankommen.[169] Der Gesetzeszweck ergibt sich

---

160 Rozek in v. Mangoldt/Klein/Starck, Art. 70 Rn. 55; Herbst, Gesetzgebungskompetenzen im Bundesstaat S. 112 f.; Uhle, Normativ-rezeptive Kompetenzzuweisung und Grundgesetz S. 129. Zum Grundsatz der Spezialität Heintzen in Kahl/Waldhoff/Walter, Art. 70 Rn. 191 mit Verweis auf BVerfG, Beschluss vom 04.06.1957, - 2 BvL 17/56 -, BVerfGE 7, S. 29 (44).
161 BVerfG, Beschluss vom 14.07.1981, - 1 BvL 24/78 -, BVerfGE 58, S. 137 (144).
162 BVerfG, Urteil vom 24.10.2002, - 2 BvF 1/01 -, BVerfGE 106, S. 62 (149).
163 Heintzen in Kahl/Waldhoff/Walter, Art. 70 Rn. 200; Rozek in v. Mangoldt/Klein/ Starck, Art. 70 Rn. 55.
164 BVerfG, Urteil vom 12.03.2008, - 2 BvF 4/03 -, BVerfGE 121, S. 30 (47), wiederholt in BVerfG, Beschluss vom 19.11.2021, - 1 BvR 781/21 -, NJW 2022, S. 139 (143).
165 BVerfG, Urteil vom 12.03.2008, - 2 BvF 4/03 -, BVerfGE 121, S. 30 (47 f.).
166 BVerfG, Teilurteil vom 10.05.1962, - 1 BvL 31/58 -, BVerfGE 14, S. 76 (99); BVerfG, Beschluss vom 31.01.1962, - 2 BvO 1/59 -, BVerfGE 13, S. 367 (370 f.); BVerfG, Beschluss vom 29.04.1958, - 2 BvO 3/56 -, BVerfGE 8, S. 143 (148, 150).
167 BVerfG, Beschluss vom 14.07.1981, - 1 BvL 24/78 -, BVerfGE 58, S. 137 (145); BVerfG, Beschluss vom 12.12.1984, - 1 BvR 1249/83 -, BVerfGE 68, S. 319 (327 f.); BVerfG, Beschluss vom 11.02.1992, - 1 BvR 890/84 -, BVerfGE 85, S. 226 (233 f.); BVerfG, Urteil vom 27.10.1998, - 1 BvR 2306/96 -, BVerfGE 98, S. 265 (300).
168 BVerfG, Beschluss vom 30.10.1961, - 1 BvR 833/59 -, BVerfGE 13, S. 181 (196); BVerfG, Teilurteil vom 10.05.1962, - 1 BvL 31/58 -, BVerfGE 14, S. 76 (99).
169 Herbst, Gesetzgebungskompetenzen im Bundesstaat S. 111; BVerfG, Beschluss vom 29.04.1958, - 2 BvO 3/56 -, BVerfGE 8, S. 143 (150).

aus dem objektivierten Willen des Gesetzgebers.[170] Mit dem unmittelbaren Regelungsgegenstand ist wohl das aufgegebene Tun, Dulden oder Unterlassen, also die konkret vorgesehene Rechtsfolge gemeint. Inhaltlich ergänzen sich die Kriterien Regelungszweck und Regelungsgegenstand.[171] Sie dienen gemeinsam der Ermittlung, welche Materie aus den Art. 73, 74 GG durch die Norm speziell beziehungsweise sonderrechtlich geregelt wird.[172] Diese Vorgehensweise wird als funktionale Zuordnung bezeichnet.[173]

Eine eindeutige Rangfolge der sonstigen oben genannten Zuordnungskriterien untereinander lässt sich der Rechtsprechung des Bundesverfas-

---

170 *Scholz*, Ausschließliche und konkurrierende Gesetzgebungskompetenz von Bund und Ländern in der Rechtsprechung des Bundesverfassungsgerichts in *Starck*, Bundesverfassungsgericht und Grundgesetz Zweiter Band S. 268; BVerfG, Beschluss vom 25.03.2021, - 2 BvF 1/20 -, NJW 2021, S. 1377 (1381); BVerfG, Beschluss vom 19.11.2021, - 1 BvR 781/21 -, NJW 2022, S. 139 (143).

171 *Scholz*, Ausschließliche und konkurrierende Gesetzgebungskompetenz von Bund und Ländern in der Rechtsprechung des Bundesverfassungsgerichts in *Starck*, Bundesverfassungsgericht und Grundgesetz Zweiter Band S. 267 f. meint sogar, dass Regelungsgegenstand und Regelungszweck inhaltlich identische Kriterien seien. Teilweise vermischt das Bundesverfassungsgericht die Aspekte Regelungszweck und Regelungsgegenstand auch. So hat es unter anderem ausgeführt, der Zuordnung einer Regelung der Wirtschaft stünde es nicht entgegen, wenn der Gesetzgeber mit dieser Regelung auch kulturelle Zwecke verfolge, solange der „objektive Regelungsgegenstand in seinem Gesamtzusammenhang eine im Schwerpunkt wirtschaftsrechtlicher ist", BVerfG, Urteil vom 28.01.2014, - 2 BvR 1561/12 -, BVerfGE 135, S. 155 (196). Dagegen wird nach BVerfG, Urteil vom 14.07.1999, - 1 BvR 2226/94 -, BVerfGE 100, S. 313 (372) der Regelungsgegenstand durch den Primärzweck „bestimmt". Insofern zutreffend ist die Auffassung von *Scholz*, Ausschließliche und konkurrierende Gesetzgebungskompetenz von Bund und Ländern in der Rechtsprechung des Bundesverfassungsgerichts in *Starck*, Bundesverfassungsgericht und Grundgesetz Zweiter Band S. 267 und *Herbst*, Gesetzgebungskompetenzen im Bundesstaat S. 111, wonach die Terminologie des Bundesverfassungsgerichts hier nicht ohne Widerspruch ist.

172 *Scholz*, Ausschließliche und konkurrierende Gesetzgebungskompetenz von Bund und Ländern in der Rechtsprechung des Bundesverfassungsgerichts in *Starck*, Bundesverfassungsgericht und Grundgesetz Zweiter Band S. 268; *Stettner*, Grundfragen einer Kompetenzlehre S. 421; *Pestalozza*, DÖV 1972, S. 181 (182 ff.).

173 *Scholz*, Ausschließliche und konkurrierende Gesetzgebungskompetenz von Bund und Ländern in der Rechtsprechung des Bundesverfassungsgerichts in *Starck*, Bundesverfassungsgericht und Grundgesetz Zweiter Band S. 268; *Herbst*, Gesetzgebungskompetenzen im Bundesstaat S. 112. Dagegen erfolgt nach Auffassung von *Stephan* die Zuordnung allein anhand des Regelungszwecks. Die vom BVerfG ebenfalls herangezogenen Kriterien „unmittelbarer Regelungsgegenstand", „Normzweck", „Wirkung" und „Adressat der zuzuordnenden Norm" dienten dazu, den objektivierten Willen des Gesetzgebers zu ermitteln, *Stephan*, Die Interpretation von Gesetzgebungskompetenzen S. 286 ff.

sungsgerichts nicht entnehmen.[174] Ebenso wenig ist klar, ob einzelnen dieser Anknüpfungspunkte kompetenztitelspezifisch größere Bedeutung zukommt als anderen. Allerdings lässt sich eine Tendenz dahingehend feststellen, dass die historische Entwicklung einer Norm oder eines Rechtsgebiets als besonders bedeutsam erachtet wird.[175] Damit kommt den sonstigen Zuordnungskriterien neben denen des Normzwecks beziehungsweise der Spezialität und der historischen Entwicklung lediglich eine Indizwirkung im Einzelfall zu.[176] Dementsprechend erfolgt die Zuordnung einer Norm zu einem Kompetenztitel funktional und anhand ihrer historischen Entwicklung sowie unter Berücksichtigung der oben aufgezählten sonstigen Anknüpfungspunkte.

---

[174] *Stettner*, Grundfragen einer Kompetenzlehre S. 414 f. spricht insofern von einem „augenblicksbezogenen Pragmatismus". *Schröder*, Kriterien und Grenzen der Gesetzgebungskompetenz kraft Sachzusammenhangs nach dem Grundgesetz S. 63 konstatiert, die kompetenzrechtliche Rechtsprechung des Bundesverfassungsgerichts werde als „kasuistisch und unberechenbar" empfunden, ebenso *Herbst*, Gesetzgebungskompetenzen im Bundesstaat S. 2. Kritisch zur Vorgehensweise des Bundesverfassungsgerichts insbesondere mit Blick auf das unklare Verhältnis der Zuordnungskriterien zueinander *Drechsler*, Der Staat 2022, S. 261 (281 f.).
[175] *Degenhart* in *Sachs*, Art. 70 Rn. 57; *Kunig* in *v. Münch/Kunig*, Art. 70 Rn. 12 6. Auflage 2012; *Rozek* in *v. Mangoldt/Klein/Starck*, Art. 70 Rn. 55; *Stern*, Das Staatsrecht der Bundesrepublik Deutschland Band II S. 607; *Uhle*, Normativ-rezeptive Kompetenzzuweisung und Grundgesetz S. 130.
[176] *Heintzen* in *Kahl/Waldhoff/Walter*, Art. 70 Rn. 200.

Kapitel 4 Status quo der kompetenziellen Qualifikation baurechtlicher Regelungen

Auch baurechtliche Normen werden von Literatur und Rechtsprechung anhand der dargestellten Methodik, wenn auch nicht unter expliziter Bezugnahme hierauf, kompetenziell qualifiziert. Der aktuelle Meinungsstand dazu soll im Folgenden nachgezeichnet werden. Der Methodik der kompetenziellen Qualifikation entsprechend wird zunächst die herrschende Meinung zur Auslegung der in Frage kommenden Kompetenztitel und zur Abgrenzung der so entstehenden Kompetenzrahmen dargestellt. Anschließend werden die in Rechtsprechung und Literatur vertretenen Herangehensweisen zur kompetenziellen Zuordnung näher beleuchtet.

A. Herkömmliches Verständnis der Kompetenzverteilung im öffentlichen Baurecht

Das Baurecht gilt hinsichtlich seiner Gesetzgebungskompetenz klassischerweise als zweigeteilt. Diese Aufteilung geht auf das bereits erwähnte und sogleich zu betrachtende Baurechtsgutachten des Bundesverfassungsgerichts zurück. Bevor näher auf dieses Gutachten eingegangen wird, sollen, ausgehend vom Kompetenzverteilungsmechanismus des Art. 70 GG, zunächst diejenigen Titel in den Art. 73 und 74 GG in den Blick genommen werden, aus denen sich eine (konkurrierende) Kompetenz des Bundes für das gesamte oder zumindest Teile des Baurechts ergeben kann. Hieran anschließend wird der wesentliche Inhalt des Baurechtsgutachtens wiedergegeben und dessen Rezeption in Rechtsprechung und Literatur dargestellt.

I. In Betracht kommende Kompetenztitel

Das öffentliche Baurecht erfasst, je nach Definition, eine Vielzahl unterschiedlichster Regelungen. Entsprechend kommen zahlreiche Kompetenztitel in Betracht, die zumindest am Rande von baurechtlichen Normen berührt werden. Hier sind im Rahmen der konkurrierenden Gesetzgebungskompetenz insbesondere die Kompetenztitel für das bürgerliche Recht aus

Kapitel 4 *Status quo der kompetenziellen Qualifikation baurechtlicher Regelungen*

Art. 74 Abs. 1 Nr. 1 1. Alt. GG, für das Recht der Wirtschaft nach Nr. 11, für das Recht der Enteignung und der Überführung von Grund und Boden nach Nr. 15, 16, für das Recht des städtebaulichen Grundstücksverkehrs und des Bodenrechts ohne das Recht der Erschließungsbeiträge nach Nr. 18, für die Luftreinhaltung und die Lärmbekämpfung nach Nr. 24, für den Naturschutz und die Landschaftspflege nach Nr. 29, für die Bodenverteilung nach Nr. 30 und für die Raumordnung nach Nr. 31 zu nennen. Eine ausschließliche Gesetzgebungskompetenz kommt nach Art. 73 Abs. 1 Nr. 6 lit. a) GG für den Bau von Schienenwegen für die bundeseigene Bahn in Betracht.

Von dieser Fülle an Kompetenztiteln hat sich vor allem das „Bodenrecht" aus Art. 74 Abs. 1 Nr. 18 GG als besonders bedeutsam für die Begründung der Bundesgesetzgebungskompetenz im baurechtlichen Bereich erwiesen. Dies ist nicht zuletzt der begrifflichen Weite des Begriffs geschuldet, schließlich setzt das Bauen zwangsläufig die Inanspruchnahme von Grund und Boden voraus.

II. Das Baurechtsgutachten des Bundesverfassungsgerichts

Mit Blick auf diese begriffliche Weite verwundert es nicht, dass der Bund beim Versuch der Schaffung eines einheitlichen, allgemeinen (Bundes-)Baugesetzes Anfang der 50er Jahre seine Gesetzgebungskompetenz gerade auf den konkurrierenden Kompetenztitel für das Bodenrecht stützen wollte. Die Schaffung eines einheitlichen Baugesetzes war notwendig geworden, da die Verteilung öffentlichrechtlich baurechtlicher Normen in der Regel über das gesamte jeweilige Landesrecht hinweg zu einer erheblichen Unübersichtlichkeit geführt hatte.[177] Im Rahmen des Gesetzgebungsprozesses kam es mehrfach zu kompetenzrechtlichen Bedenken mit Blick auf die Kompetenz des Bunds für die Schaffung eines einheitlichen Baugesetzes. Zur Beseitigung dieser Bedenken ersuchten der Bundestag, der Bundesrat und die Bundesregierung in einem gemeinsamen Antrag nach § 97 Abs. 1, 3 BVerfGG in der Fassung vom 12.03.1951 das Bundesverfassungsgericht um die Erstattung eines Gutachtens über die Zuweisung der Gesetzgebungskompetenz an den Bund oder die Länder für das Recht der städtebaulichen Planung, das Recht der Baulandumlegung, das Recht der Zusammenlegung von Grundstücken, das Recht der Bodenbewertung, das

---

177 Werner, DVBl 1954, S. 481 (481).

A. Herkömmliches Verständnis der Kompetenzverteilung im öffentlichen Baurecht

Bodenverkehrsrecht, das Erschließungsrecht und das Baupolizeirecht im bisher gebräuchlichen Sinn.[178] Dabei vertrat die Bundesregierung die Auffassung, der Kompetenztitel für das Bodenrecht müsse „als die Summe der Bestimmungen definiert werden, welche die aus dem Interesse der Gemeinschaft sich ergebenden Notwendigkeiten in Bezug auf Grundstücksverkehr, Grundstücksform, Besitzverhältnisse und Nutzungsweise regeln."[179] Damit sei „begrifflich das ganze Baurecht eingeschlossen".[180]

Das Bundesverfassungsgericht verneinte die von der Bundesregierung angenommene einheitliche konkurrierende Kompetenz für das gesamte Baurecht auf Grundlage des Kompetenztitels „Bodenrecht". Es führte dazu insbesondere aus, dass der Begriff des Bodenrechts deswegen nicht weit verstanden werden könne, weil in Art. 74 Abs. 1 Nr. 18 GG auch die dem Bodenrecht nahestehenden Begriffe des Grundstücksverkehrs, des landwirtschaftlichen Pachtwesens, des Wohnungswesens sowie des Siedlungs- und Heimstättenwesens enthalten seien und den Begriff des Bodenrechts nicht, wie im Falle des Art. 74 Abs. 1 Nr. 12 GG den Begriff des Rechts der Wirtschaft, beispielhaft beschreiben würden. Vielmehr seien die Begriffe „gleichgewichtig nebeneinandergestellt".[181] Außerdem sei die konkurrierende Kompetenz für das Bodenrecht im Grundgesetz inhaltlich kongruent mit der Grundsatzkompetenz für das Bodenrecht in der Weimarer Reichsverfassung, die ebenfalls keine Kompetenz für das gesamte Baurecht dargestellt hätte. Hätte der Grundgesetzgeber eine Gesetzgebungskompetenz des Bundes für das gesamte öffentliche Baurecht schaffen wollen, hätte er dies auch ausdrücklich normieren müssen.[182] Eine Kompetenz für das gesamte öffentliche Baurecht ließe sich auch nicht aus der Kompetenz für das Siedlungswesen, der Kompetenz für Kriegsschäden und Wiedergutmachung oder aufgrund eines Sachzusammenhangs begründen.[183]

---

178 Zum Prozess der Gesetzgebung für das Baurecht nach Ende des 2. Weltkriegs und der Vorgeschichte des Gutachtens ausführlich *Krautzberger* in *Ernst/Zinkahn/Bielenberg*, Einl. Rn. 51 ff.
179 BVerfG, Gutachten vom 16.06.1954, - 1 PBvV 2/52 -, BVerfGE 3, S. 407 (413).
180 BVerfG, Gutachten vom 16.06.1954, - 1 PBvV 2/52 -, BVerfGE 3, S. 407 (413).
181 BVerfG, Gutachten vom 16.06.1954, - 1 PBvV 2/52 -, BVerfGE 3, S. 407 (414).
182 BVerfG, Gutachten vom 16.06.1954, - 1 PBvV 2/52 -, BVerfGE 3, S. 407 (415).
183 Die Kompetenz kraft Sachzusammenhangs wurde seitens der Bundesregierung äußerst plastisch wie folgt begründet: „Es liegt hier die Annahme nahe, daß dem Grundgesetzgeber eine kombinierte Gesamtmaterie vorgeschwebt hat, die er durch eine Mehrheit von unter sich nicht zu scheidenden, sondern nur zu addierenden Bezeichnungen identifizieren wollte. Bildhaft gesprochen würde das eine Mehrheit von sich teilweise überdeckenden Kreisen bedeuten, wobei die Überdeckungsflä-

Damit müssten auf dem Gebiet des öffentlichen Baurechts die Kompetenzen des Bundes einzeln nachgewiesen werden. Das Bundesverfassungsgericht erkannte eine konkurrierende Bundeskompetenz insbesondere für das Recht der städtebaulichen Planung an; dies folge aus dem Kompetenztitel für das Bodenrecht. Bodenrechtlich seien „solche Vorschriften, die den Grund und Boden unmittelbar zum Gegenstand rechtlicher Ordnung haben, also die rechtlichen Beziehungen des Menschen zum Grund und Boden regeln".[184] Soweit die in Frage stehenden Pläne verbindliche Regelungen über die Grundstücksnutzung, insbesondere hinsichtlich der Art der baulichen Nutzung, träfen, würden sie „die rechtliche Qualität des Bodens" regeln und seien entsprechend bodenrechtlich.[185] Etwas anderes gelte allerdings für übergeordnete Planungen, da diese Bindungswirkung nur gegenüber der Verwaltung entfalten würden, der Zusammenhang mit Grund und Boden sei hier nicht unmittelbar. Die überörtliche Planung unterfalle aber dem Kompetenztitel der Raumordnung.

Verneint wurde dagegen eine Bundeskompetenz für das „Baupolizeirecht im bisher gebräuchlichen Sinne", einschließlich Regelungen über die Baugestaltung, soweit es sich nicht um planungsrechtliche Normen handele. Dies folgerte das Bundesverfassungsgericht im Wesentlichen daraus, dass dem Bund gerade keine allgemeine Gesetzgebungskompetenz für das öffentliche Baurecht zustehe. Eine Gesetzgebungskompetenz für die Polizei- bzw. Ordnungsgewalt als Annex bestehe nur für die Bereiche, in denen einem Kompetenzträger ohnehin die Gesetzgebungskompetenz zustünde.[186] Das Baupolizeirecht sei aber „eine Rechtsmaterie für sich".[187]

---

chen auf sich beruhen können, und es nur auf die äußeren Kreislinien ankommt, die die Abgrenzung zur Außenfläche ergeben. Aber gerade dieses Bild zeigt die Ungunst einer solchen Abgrenzung, weil sich eine Reihe einspringender Ecken ergibt, die der Abrundung bedürfen. Es ergibt sich also, daß hier dem korrigierenden Gesichtspunkt des Sachzusammenhangs besondere Bedeutung zukommen muß", BVerfG, Gutachten vom 16.06.1954, - 1 PBvV 2/52 -, BVerfGE 3, S. 407 (420 f.).

184 BVerfG, Gutachten vom 16.06.1954, - 1 PBvV 2/52 -, BVerfGE 3, S. 407 (424).
185 BVerfG, Gutachten vom 16.06.1954, - 1 PBvV 2/52 -, BVerfGE 3, S. 407 (424).
186 BVerfG, Gutachten vom 16.06.1954, - 1 PBvV 2/52 -, BVerfGE 3, S. 407 (433).
187 BVerfG, Gutachten vom 16.06.1954, - 1 PBvV 2/52 -, BVerfGE 3, S. 407 (434).

III. Rezeption des Gutachtens und Handhabung in der Rechtsprechung

Die unmittelbaren Reaktionen auf die durch das Gutachten erkannte Aufteilung der Gesetzgebungskompetenz für das Baurecht in einen bundesrechtlichen und einen landesrechtlichen Teil fielen überwiegend positiv aus.[188] Die geäußerte Rechtsauffassung wurde als gründlich und einleuchtend[189] sowie „akademisch überzeugend"[190] bezeichnet. Teilweise wurde gar ganz von einer kritischen Betrachtung abgesehen, da sie „kaum andere als eine theoretische Bedeutung"[191] hätte.[192] Kritischer gesehen wurde dagegen die praktische Umsetzbarkeit des Gutachtens in Form der trennscharfen Abgrenzung von Planungs- und Polizeirecht.[193] Teilweise wurde auch die grundsätzliche Abspaltung einer Rechtsmaterie „Planungsrecht" von einer Rechtsmaterie „Baupolizeirecht im bisherigen Sinne" und deren Zuordnung zum allgemeinen Polizeirecht kritisch betrachtet.[194]

---

188 *Schmidt-Aßmann*, Gesetzliche Maßnahme zur Regelung einer praktikablen Stadtentwicklungsplanung in *Akademie für Raumforschung und Landesplanung*, Raumplanung - Entwicklungsplanung S. 110; *Vilsmeier*, Das bauplanungsrechtliche Verbot der Ortsbildbeeinträchtigung und seine Bedeutung für die Zulässigkeit von Baugerüstwerbung S. 25; *Wagner*, Harmonisierungsbedürftigkeit von Bauplanungs- und Bauordnungsrecht S. 13 jeweils m.w.N. Zur Rezeption des Baurechtsgutachtens insgesamt *Tillmanns*, AöR 132, S. 582 (586 f.).
189 *Giese*, AöR 80, S. 212 (216).
190 *Werner*, DVBl 1954, S. 481 (484), allerdings mit der Einschränkung, dass die Aufspaltung der Gesetzgebungskompetenz zu praktischen Problemen führen würde.
191 *Ernst*, DVBl 1955, S. 410 (410).
192 Eine bloße Zusammenfassung ohne Stellungnahme findet sich auch bei *Zinkahn*, BBauBl 1954, S. 318 und *Winkelmann*, DÖV 1954, S. 560.
193 So *Dittus*, DVBl 1956, S. 249 (255); *Werner*, DVBl 1954, S. 481 (484). Dagegen stellen sich für *Ernst*, DVBl 1955, S. 410 nur vordergründig Abgrenzungsprobleme.
194 *Ernst*, DVBl 1955, S. 410 (410); *Werner*, DVBl 1954, S. 481 (484).

Kapitel 4 Status quo der kompetenziellen Qualifikation baurechtlicher Regelungen

Im Laufe der Zeit sah sich das Gutachten mehrfach Kritik seitens der Literatur ausgesetzt, teils grundsätzlicher[195], teils eher kleinteiliger[196] Art. Auch Stimmen für eine kompetenzrechtliche Vereinheitlichung des Baurechts wurden laut.[197] Von der Mehrheit der Literatur wurde das Gutachten jedoch weitgehend kritiklos angenommen und die dort festgestellte Unterscheidung von Bauplanungs- und Baupolizeirecht anerkannt.[198] Dies gilt insbesondere für die Definition des Bundesverfassungsgerichts für das

---

195 *Schulte*, Rechtsgüterschutz durch Bauordnungsrecht 67 ff.; *Vilsmeier*, Das bauplanungsrechtliche Verbot der Ortsbildbeeinträchtigung und seine Bedeutung für die Zulässigkeit von Baugerüstwerbung S. 26 ff., 31 f.; *Weyreuther*, Eigentum, öffentliche Ordnung und Baupolizei S. 28; *Ziegler*, DVBl 1984, S. 378 (378 f.). Laut *Manssen*, Stadtgestaltung durch örtliche Bauvorschriften S. 53 steht die Popularität der Unmittelbarkeitsformel in einem „krassen Gegensatz zu ihrer praktischen Brauchbarkeit", sie sei zur Zuordnung untauglich, S. 55. *Wagner* kritisiert sowohl die Auffassung des Verfassungsgerichts, das Bauordnungsrecht sei materiell-rechtliches Polizeirecht, *Wagner*, Harmonisierungsbedürftigkeit von Bauplanungs- und Bauordnungsrecht S. 53 ff., als auch die Unterscheidung eines bundesrechtlichen Bauplanungsrechts von einem landesrechtlichen Bauordnungsrechts anhand der Kriterien des Normzwecks und des unmittelbaren Grund- und Bodenbezugs, S. 120 ff.

196 *Erbguth*, DVBl 1985, S. 1352 (1355 f.) kritisiert das sog. Unmittelbarkeitskriterium der Bodenrechtsdefinition als „wenig ergiebig" und stellt fest, dass dem Bodenrecht nicht nur diejenigen Vorschriften unterfielen, die unmittelbar Grund und Boden zum Gegenstand hätten, sondern auch die „Nutzung und Integration historischer Bausubstanzen".

197 *Ziegler*, DVBl 1984, S. 378 (378 ff.) sah diese Möglichkeit schon *de lege lata* gegeben, ebenso *Wagner*, Harmonisierungsbedürftigkeit von Bauplanungs- und Bauordnungsrecht S. 122 mit Normierungsvorschlag auf den S. 128 ff. *Wiechert*, ZRP 1985, S. 239 (243) schlug dagegen eine Streichung des Art. 74 Nr. 18 und damit die Zuweisung des gesamten öffentlichen Baurechts an die Länder vor.

198 *Hornmann*, Kapitel A Teil 1 Die formellen Zulässigkeitsvoraussetzungen in *Hoppenberg/de Witt*, Handbuch des öffentlichen Baurechts Band 1 Rn. 2 ff.; *Kersten*, Kapitel 3 Baurecht in *Schoch*, Besonderes Verwaltungsrecht Rn. 6; *Reidt*, Kapitel 1 Das Rechtsgutachten des BVerfG vom 16.6.1954 in *Bracher/Reidt/Schiller*, Bauplanungsrecht Rn. 1.4 ff.; *Rengeling*, § 135 Gesetzgebungszuständigkeit in *Isensee/Kirchhof*, Handbuch des Staatsrechts Band 6 Rn. 258 f.; *Schmelzle*, Abstände und Abstandsflächen im Spannungsfeld von Bauordnungsrecht und Bauplanungsrecht S. 33 f.; *Stüer*, Der Bebauungsplan Rn. 31 ff.; *Brandt*, DÖV 1985, S. 675 (676 f.); *Rid/Froeschle*, UPR 1994, S. 321 (322 f.). Auch der weit überwiegende Teil der Kommentarliteratur nimmt die Erkenntnisse des Baurechtsgutachtens ohne nennenswerte Kritik auf, s. *Battis* in *Battis/Krautzberger/Löhr*, Einl. Rn. 10a; *Dirnberger* in *Spannowsky/Uechtritz*, § 1 Rn. 2; *Oeter* in *v. Mangoldt/Klein/Starck*, Art. 74 Rn. 129; *Seiler* in *Epping/Hillgruber*, Art. 74 Rn. 66; *Stettner* in *Dreier/Bauer/Britz*, Art. 74 Rn. 86. Kritisch dagegen *Ziegler* in *Brügelmann*, Einl. Rn. 7 ff. m.w.N. Die Auffassung des Bundesverfassungsgericht ausdrücklich verteidigend *Klein*, Kommunale Baugestaltungssatzungen S. 11 ff.

Bodenrecht, wonach bodenrechtlich jede Norm sei, die Grund und Boden unmittelbar zum Gegenstand habe.

Auch in der Rechtsprechung fanden die Feststellungen des Gutachtens Anklang. Das Bundesverwaltungsgericht schloss sich der Auffassung des Bundesverfassungsgerichts hinsichtlich der Kompetenzaufteilung rasch an.[199] Bis heute nimmt die Rechtsprechung bei der Behandlung kompetenzrechtlicher Abgrenzungsfragen in baurechtlichen Streitigkeiten regelmäßig auf das Baurechtsgutachten Bezug.[200] Abweichungen von den maßgeblichen Punkten des Gutachtens, namentlich der Aufteilung der (konkurrierenden) Kompetenz für das Baurecht auf Bund und Länder, der Unterscheidung von Bauplanungs- und Baupolizeirecht sowie der Definition des Bodenrechts und dem Kriterium der Unmittelbarkeit sind nicht erkennbar. Im Übrigen hat auch das Bundesverfassungsgericht seine im Baurechtsgutachten geäußerte Rechtsauffassung bestätigt.[201]

Damit lässt sich festhalten, dass die herrschende Meinung sowohl in der Rechtsprechung als auch der Literatur der vom Bundesverfassungsgericht im Baurechtsgutachten geäußerten Rechtsauffassung in seinen maßgeblichen Punkten folgt.[202] Die in der Literatur mehrfach geäußerte Kritik hat insbesondere in der Rechtsprechung keinen Anschluss gefunden.

B. Die Zuordnung baurechtlichen Staatshandelns zur jeweiligen Gesetzgebungskompetenz

Die im Baurechtsgutachten geäußerte Auffassung zur kompetenzrechtlichen Aufteilung des Baurechts auf Bund und Länder sowie die Definition bodenrechtlicher Normen als solche, die Grund und Boden unmittelbar

---

199 BVerwG, Urteil vom 04.10.1965, - IV C 27.65 -, BBauBl 1966, S. 365 (365); BVerwG, Urteil vom 07.10.1954, - I C 16.53 -, BBauBl 1955, S. 84 (84); BVerwG, Urteil vom 25.06.1965, - IV C 73.65 -, BVerwGE 21, S. 251 (254); BVerwG, Urteil vom 26.05.1955, - I C 86.54 -, NJW 1955, S. 1452 (1453).
200 BVerwG, Urteil vom 04.10.1965, - IV C 27.65 -, BBauBl 1966, S. 365 (365); BVerwG, Urteil vom 17.10.2012, - 4 C 5/11 -, BVerwGE 144, S. 341 (347 f.); BVerwG, Beschluss vom 10.07.1997, - 4 NB 15/97 -, ZfBR 1997, S. 327 (327); OVG Münster, Urteil vom 14.03.2006, - 10 A 4924/05 -, BRS 70, S. 690 (692 ff.); VGH Mannheim, Urteil vom 26.07.2004, - 8 S 902/04 -, NuR, S. 250 (251).
201 BVerfG, Beschluss vom 28.10.1975, - 2 BvL 9/74 -, BVerfGE 40, S. 261 (265 f.).
202 So auch *Erbguth/Schubert*, Öffentliches Baurecht § 2 Ziff. I; *Kollmann*, Die Behandlung von Anlagen der Außenwerbung im öffentlichen Baurecht S. 154; *Tillmanns*, AöR 132, S. 582 (586 f.).

zum Gegenstand haben, bildet damit den Ausgangspunkt der kompetenziellen Zuordnung baurechtlicher Normen.

I. Frühe Zuordnungsansätze und finale Zuordnung

Fragen der kompetenziellen Qualifikation und damit auch der Zuordnung einzelner Normen entweder zur Bundes- oder zur Landeskompetenz für das öffentliche Baurecht stellten sich nach der Erteilung des Baurechtsgutachtens schnell. Probleme ergaben sich vor allem bei Regelungen über die Zulässigkeit von Werbeanlagen[203], die Anforderungen an die Erteilung von Grundstücksteilungsgenehmigungen[204], der Zulässigkeit von Außenbereichsvorhaben[205] und der Zulässigkeit von Garagen.[206] Eine eindeutige Wahl eines bestimmten Zuordnungskriteriums kann den frühen Entscheidungen des Bundesverwaltungsgerichts nicht entnommen werden. Eine Zuordnung erfolgte beispielsweise anhand des „sachlichen Gehalts" einer Vorschrift[207] und des „gesetzgeberischen Motivs" sowie anhand des Regelungsgegenstands.[208]

Der bis heute vertretene, an der Zielsetzung der Norm orientierte Zuordnungsgedanke des Bundesverwaltungsgerichts war erstmals im Urteil vom 28.04.1967[209] angelegt. Das Gericht führte in einem Fall betreffend die Anwendbarkeit der Reichsgaragenordnung von 1939 aus, die entsprechende Verordnung gelte als Bundesrecht weiter fort. Es sei unbedenklich, wenn das Landesrecht ähnliche Regelungen „aus anderen Gesichtspunkten" treffe und verwies dabei auf parallellaufende Regelungen zu Abstandsflächen im Bundes- und Landesrecht.[210] Diese Zuordnung anhand des „Gesichtspunkts", unter dem eine Regelung getroffen wird, wurde vom Bundesverwaltungsgericht im Urteil vom 28.04.1972[211] dahingehend weiterentwickelt,

---

203 BVerwG, Urteil vom 28.04.1972, - IV C 11.69 -, BVerwGE 40, S. 94 (95 ff.); BVerwG, Urteil vom 25.06.1965, - IV C 73.65 -, BVerwGE 21, S. 251 (254 f.).
204 BVerfG, Beschluss vom 28.10.1975, - 2 BvL 9/74 -, BVerfGE 40, S. 261 (261).
205 BVerwG, Urteil vom 07.10.1954, - I C 16.53 -, BBauBl 1955, S. 84 (85).
206 BVerwG, Urteil vom 04.10.1965, - IV C 27.65 -, BBauBl 1966, S. 365 (365 f.); BVerwG, Urteil vom 05.10.1965, - IV C 3.65 -, BVerwGE 22, S. 130 (134); BVerwG, Urteil vom 28.04.1967, - IV C 10.65 -, BVerwGE 27, S. 30 (31).
207 BVerwG, Urteil vom 07.10.1954, - I C 16.53 -, BBauBl 1955, S. 84 (84).
208 BVerwG, Urteil vom 26.05.1955, - I C 86.54 -, NJW 1955, S. 1452 (1453).
209 BVerwG, Urteil vom 28.04.1967, - IV C 10.65 -, BVerwGE 27, S. 30.
210 BVerwG, Urteil vom 28.04.1967, - IV C 10.65 -, BVerwGE 27, S. 30 (31).
211 BVerwG, Urteil vom 28.04.1972, - IV C 11.69 -, BVerwGE 40, S. 94.

dass die parallele Regelung von Gegenständen oder Sachverhalten im Bauordnungs- und Bauplanungsrecht deshalb gerechtfertigt sei, weil die beiden Rechtsmaterien eine „unterschiedliche Zielsetzung" verfolgen würden.[212] Problematisch seien allerdings landesrechtliche Vorschriften, die ihrem „materiellen Inhalt" nach planungsrechtlich seien.[213] Dies wäre aber jedenfalls nicht der Fall, wenn mit der jeweiligen Norm „baugestalterische Absichten" verfolgt würden, diese gehörten „typischerweise in den Bereich des Baupolizeirechts".[214] Diese an der Zielsetzung des Normgebers orientierte Herangehensweise wird als finaler Zuordnungsansatz bezeichnet.[215] Nach diesem Ansatz sind Normen, mit denen baugestalterische oder gefahrenabwehrrechtliche Ziele verfolgt werden, der Landeskompetenz zuzuordnen. Der finale Ansatz wurde vom Bundesverwaltungsgericht in der Folgezeit mehrfach bestätigt, wobei teilweise an den „Regelungszweck" statt an das „Regelungsziel" angeknüpft wurde.[216]

II. Infragestellung der finalen Zuordnung und instrumental-funktionaler Ansatz

Ausgangspunkt einer intensiven Diskussion in Rechtsprechung und Literatur über die Zuordnung baurechtlicher Normen zur Bundes- oder Landeskompetenz waren mehrere bayerische Urteile und zwei hierauf folgende Entscheidungen des Bundesverwaltungsgerichts. In seinem Urteil vom 30.05.2003[217] erklärte der Bayerische Verwaltungsgerichtshof die Regelung einer örtlichen Gestaltungssatzung der Landeshauptstadt München inzident für unwirksam, die abweichend von der einschlägigen Landesbauordnung wesentlich größere Abstandsflächen mit dem Ziel festsetzte,

---

212 BVerwG, Urteil vom 28.04.1972, - IV C 11.69 -, BVerwGE 40, S. 94 (96).
213 BVerwG, Urteil vom 28.04.1972, - IV C 11.69 -, BVerwGE 40, S. 94 (96).
214 BVerwG, Urteil vom 28.04.1972, - IV C 11.69 -, BVerwGE 40, S. 94 (96).
215 *Manssen*, NWVBl 1992, S. 381 (382); *Schönfeld/Numberger*, BayVBl 2000, S. 678 (680).
216 BVerwG, Urteil vom 03.12.1992, - 4 C 27/91 -, BVerwGE 91, S. 234 (235 f.); BVerwG, Beschluss vom 10.07.1997, - 4 NB 15/97 -, ZfBR 1997, S. 327 (327). Synonym den Begriff „Zweck" bzw. Regelungszweck verwendend BVerwG, Urteil vom 07.12.2000, - 4 C 3/00 -, NVwZ 2001, S. 813 (814). Dagegen stellt BVerwG, Urteil vom 31.08.1973, - IV C 33.71 -, BVerwGE 44, S. 59 (60 f.) gleichzeitig auf Zweckrichtung und Zielsetzung ab. Worin der Unterschied liegt, ist unklar.
217 VGH München, Urteil vom 30.05.2003, - 2 BV 02.689 -, BayVBl 2004, S. 369, ausführlich hierzu *Jäde*, ZfBR 2006, S. 9 (11 f.).

im Satzungsgebiet den Charakter einer Gartenstadt zu bewahren. Die Anwendbarkeit der Satzung und die Größe der Abstandsflächen wurde dabei von der Breite der Grundstücke und der Anzahl der Wohnungen abhängig gemacht. Der Verwaltungsgerichtshof hielt zwar Art. 91 Abs. 1 Nr. 5 Bay BO als Ermächtigungsgrundlage für kompetenzkonform, sah aber in der getroffenen Regelung eine Überschreitung der Ermächtigungsgrundlage, da die Regelung bodenrechtlich sei, der Bundesgesetzgeber von seiner konkurrierenden Gesetzgebungskompetenz für das Bodenrecht durch den Erlass des BauGB abschließend Gebrauch gemacht hätte und die Regelung damit nicht auf landesrechtlicher Grundlage getroffen werden könne. Er führte hierzu aus, die Zuordnung einer Norm zur Bundes- oder Landeskompetenz erfolge nach dem materiellen Inhalt der Norm, der sich wiederum nach der jeweiligen Zielsetzung bestimme. Dabei verfolge die konkurrierende Bundeskompetenz für das Bodenrecht einen flächenbezogenen und die verbleibende Landeskompetenz einen objektbezogenen Ansatz. Mit der Regelung in einer örtlichen Bauvorschrift dürfe der Satzungsgeber demzufolge nur „anknüpfend an die Gestaltung einzelner baulicher Anlagen auf das örtliche Gesamterscheinungsbild Einfluss (…) nehmen".[218] Dies sei bei der in Frage stehenden Regelung nicht der Fall, da sie einen städtebaulichen Steuerungsansatz verfolge. Dies folgerte das Gericht daraus, dass mit der Norm Aspekte der Siedlungs- und Bebauungsstruktur geregelt würden, was einer Regelung über das Maß der baulichen Nutzung gleichkäme. Im Übrigen knüpfe die Regelung an die Art der baulichen Nutzung und die Anzahl der Wohnungen an, was bodenrechtliche Merkmale seien. Hierfür stelle § 9 Abs. 1 Nr. 2 BauGB in Verbindung mit den §§ 22, 23 BauNVO die Instrumentarien zur Verfügung. Insgesamt hätte die Landeshauptstadt München damit eine bodenrechtliche Regelung „im Gewande von Baugestaltungsvorschriften" erlassen.[219] Das Gericht folgte dementsprechend nicht nur der finalen Anknüpfung des Bundesverwaltungsgerichts, sondern verfolgte einen zweigleisigen Zuordnungsansatz, bestehend aus einem zielorientierten (Einfluss auf das örtliche Erscheinungsbild) und einem inhaltlichen, am Regelungsgenstand orientierten (anknüpfend an die Gestaltung einzelner baulicher Anlagen) Zuordnungsansatz.[220]

---

218 VGH München, Urteil vom 30.05.2003, - 2 BV 02.689 -, BayVBl 2004, S. 369 (371).
219 VGH München, Urteil vom 30.05.2003, - 2 BV 02.689 -, BayVBl 2004, S. 369 (372).
220 Ähnlich *Haaß*, NVwZ 2008, S. 252 (253).

B. Die Zuordnung baurechtlichen Staatshandelns

Mit einer ähnlichen Begründung erklärte der Bayerische Verfassungsgerichtshof mit Entscheidung vom 12.05.2004[221] eine vergleichbare Regelung einer anderen Satzung der Landeshauptstadt München für unwirksam. Wie der Verwaltungsgerichtshof verwies er darauf, dass § 9 Abs. 1 Nr. 2 BauGB in Verbindung mit den §§ 22, 23 BauNVO für derartige Regelungen die Instrumentarien zur Verfügung stelle.[222] Darüber hinaus stellte der Verfassungsgerichtshof darauf ab, dass sich das Ziel des bauordnungsrechtlichen Abstandsflächenrechts, nämlich die Gewährleistung ausreichender Belichtung und Belüftung, darin äußere, dass es wesentlich an die Wandhöhe und die Dachneigung anknüpfe. Soweit sich die Satzungsregelung von dieser Regelungstechnik wesentlich entferne, sei ihr Ziel auch nicht mehr bauordnungsrechtlich, sondern auf die Siedlungsstruktur gerichtet und damit bauplanungsrechtlich.[223] Damit trifft der Verfassungsgerichtshof die Zuordnung der Norm vordergründig anhand des Regelungsziels, bestimmt dieses aber anhand des Gegenstands der Norm.[224]

Unmittelbarer Auslöser einer Beschäftigung des Bundesverwaltungsgerichts mit der Zuordnungsfrage war dann ein Urteil des Bayerischen Verwaltungsgerichtshofs vom 20.12.2004.[225] Gegenstand des Urteils war unter anderem die Frage, ob die beklagte Stadt mittels örtlicher Bauvorschriften eine Regelung treffen durfte, mit der die Errichtung von Stellplätzen im Vorgartenbereich nicht gewerblich genutzter Grundstücke untersagt wurde. Die Beklagte stützte diese Regelung auf Art. 98 Abs. 1 Nr. 1, 3 und Abs. 2 Nr. 3, 6 Bay BO in der Fassung vom 18.04.1994. Danach kann durch örtliche Bauvorschriften insbesondere geregelt werden, dass in Gebieten, in denen es für das Straßen- oder Ortsbild oder für den Lärmschutz oder die Luftreinhaltung bedeutsam oder erforderlich ist, auf den nicht überbauten Flächen der bebauten Grundstücke Bäume nicht beseitigt oder beschädigt werden dürfen, und dass die Flächen nicht unterbaut werden dürfen. Ziel der Freihaltung des Vorgartenbereichs mittels örtlicher Bauvorschriften war der Schutz des Ortsbildes aus ästhetischen Gesichtspunkten.

---

221 BayVerfGH, 12.05.2004, - Vf. 7-VII-02 -, NVwZ 2005, S. 576. Hierzu ebenfalls *Jäde*, ZfBR 2006, S. 9 (12).
222 BayVerfGH, 12.05.2004, - Vf. 7-VII-02 -, NVwZ 2005, S. 576 (577).
223 BayVerfGH, 12.05.2004, - Vf. 7-VII-02 -, NVwZ 2005, S. 576 (577).
224 Insofern nicht ganz präzise die Auffassung von *Haaß*, NVwZ 2008, S. 252 (253), wonach der VerfGH allein auf den materiellen Gehalt der Norm abgestellt hätte. Zum Begriff Regelungsgegenstand siehe S. 64.
225 VGH München, Urteil vom 20.12.2004, - 25 B 98.1862 -, ZfBR 2005, S. 560.

Kapitel 4 Status quo der kompetenziellen Qualifikation baurechtlicher Regelungen

Nach Ansicht des Bayerischen Verwaltungsgerichtshofs waren die örtlichen Bauvorschriften mangels entsprechender Ermächtigungsgrundlage nichtig. Gegen die Verfassungsmäßigkeit der genannten Ermächtigungsgrundlage bestünden zumindest bei verfassungskonformer Auslegung keine Bedenken. Allerdings könne nach Ansicht des Verwaltungsgerichtshofs die oben genannte Norm nicht dahingehend ausgelegt werden, dass diese zum Erlass einer Vorschrift ermächtigt, die die Errichtung von Stellplätzen im Vorgartenbereich grundsätzlich untersagt. Das begründete der Verwaltungsgerichtshof insbesondere damit, dass der beklagten Stadt zu einer solchen Regelung auch die Instrumentarien der Bauleitplanung, insbesondere des § 9 Abs. 1 Nr. 10 BauGB zur Verfügung stünden.[226] Die fragliche örtliche Bauvorschrift mache Grund und Boden zum unmittelbaren Gegenstand der Regelung und sei damit, unter Zugrundelegung der Ansicht des Bundesverfassungsgerichts aus dem Baurechtsgutachten, bodenrechtlicher Natur. Im Übrigen beziehe sich die Regelung nur auf nicht gewerblich genutzte Grundstücke und knüpfe damit „an die bauplanungsrechtliche Kategorie der Art der baulichen Nutzung an".[227]

Die Nichtzulassungsbeschwerde der Beklagten wies das Bundesverwaltungsgericht zurück.[228] Es schloss sich der Auffassung an, dass Art. 98 Bay BO nicht dazu ermächtige, Stellplätze im Vorgartenbereich nicht gewerblich genutzter Grundstücke auszuschließen. Die Stadt sei nicht dazu berechtigt im Gewande bauordnungsrechtlicher Gestaltungsvorschriften bodenrechtliche Regelungen zu treffen.[229] Für die Erreichung des angestrebten Ziels, der Verhinderung von Stellplätzen im Vorgartenbereich, stelle das Bauplanungsrecht die Instrumentarien im Rahmen der dem Bundesgesetzgeber zustehenden Kompetenz zur Verfügung.[230] Es sei insofern irrelevant, wenn die Gemeinde im weiten Sinne gestalterische Ziele verfolgen möchte. Im Übrigen sei nicht von Belang, dass die Gemeinde meine, sie treffe nur „mittelbar" eine bodenrechtliche Regelung. Wenn sie eine bodenrechtliche Regelung treffen wolle, dann müsse sie sich hierfür der Instrumentarien des Bauplanungsrechts bedienen.[231]

---

226 VGH München, Urteil vom 20.12.2004, - 25 B 98.1862 -, ZfBR 2005, S. 560 (561 f.).
227 VGH München, Urteil vom 20.12.2004, - 25 B 98.1862 -, ZfBR 2005, S. 560 (562).
228 BVerwG, Beschluss vom 31.05.2005, - 4 B 14/05 -, ZfBR 2005, S. 559.
229 BVerwG, Beschluss vom 31.05.2005, - 4 B 14/05 -, ZfBR 2005, S. 559 (559).
230 BVerwG, Beschluss vom 31.05.2005, - 4 B 14/05 -, ZfBR 2005, S. 559 (559).
231 BVerwG, Beschluss vom 31.05.2005, - 4 B 14/05 -, ZfBR 2005, S. 559 (559). Diese letzte Aussage des Bundesverwaltungsgerichts ist insbesondere deswegen bemerkenswert, weil sie scheinbar nicht mehr, wie ursprünglich das Bundesverfassungs-

B. Die Zuordnung baurechtlichen Staatshandelns

Teile der Literatur sahen in diesem Beschluss des Bundesverwaltungsgerichts eine Abkehr von der „finalen" hin zu einer „instrumentalen" Zuordnung baurechtlicher Normen.[232] Dieser instrumentale Abgrenzungsansatz soll sich dadurch auszeichnen, dass Regelungen, die auch aufgrund einer bauplanungsrechtlichen, beziehungsweise bundesrechtlichen Ermächtigungsgrundlage hätten getroffen werden können, nicht aufgrund einer bauordnungs- bzw. landesrechtlichen Ermächtigungsgrundlage getroffen werden dürfen. Die Reaktionen auf diesen veränderten Ansatz zur Abgrenzung bauordnungs- und bauplanungsrechtlicher Regelungen war gemischt. Sie reichten von grundsätzlicher Zustimmung[233] bis hin zu scharfer Kritik.[234] Zugunsten einer sog. instrumental-funktionalen Zuordnung wurde insbesondere angeführt, dass diese zu mehr Rechtssicherheit führen würde.[235] Zwar liege hierin ein Umkehrschluss vom einfachen Recht auf das Verfassungsrecht. Dies sei aber hinnehmbar, soweit man unterstelle, die bundesrechtliche Norm sei selbst verfassungskonform.[236] Im Übrigen diene der instrumentale Ansatz einer wirksamen Gewährleistung der grundrechtlich geschützten Baufreiheit.[237] Gegen den instrumentalen Ansatz wurde vor allem angeführt, dass er mit dem bodenrechtlichen Merkmal der Unmittelbarkeit breche und damit zu befremdlichen Ergebnissen führe.[238]

III. Bestätigung der finalen Zuordnung

Erneut aufgeworfen wurde die Kompetenzfrage nur wenige Jahre später im Urteil des Bundesverwaltungsgerichts vom 11.10.2007.[239] Gegenstand des Urteils war im Wesentlichen die Frage, ob die in § 13 Abs. 3 S. 1 BauO NRW in der Fassung vom 01.03.2000 konstituierte grundsätzliche Unzulässigkeit von Werbeanlagen außerhalb der im Zusammenhang bebauten Ortsteile kompetenz- und damit verfassungskonform sei.

---

gericht, auf die Unmittelbarkeit der Regelung abstellt. So auch *Jäde*, ZfBR 2006, S. 9 (14).
232 *Haaß*, NVwZ 2008, S. 252 (253); *Jäde*, ZfBR 2006, S. 9 (13).
233 *Schmelzle*, Abstände und Abstandsflächen im Spannungsfeld von Bauordnungsrecht und Bauplanungsrecht S. 70 ff., 78; *Haaß*, NVwZ 2008, S. 252 (253 f.).
234 *Jäde*, ZfBR 2006, S. 9.
235 *Schmelzle*, Abstände und Abstandsflächen im Spannungsfeld von Bauordnungsrecht und Bauplanungsrecht S. 70.
236 *Haaß*, NVwZ 2008, S. 252 (254).
237 *Haaß*, NVwZ 2008, S. 252 (254).
238 Ausführlich *Jäde*, ZfBR 2006, S. 9 (14 ff.) mit zahlreichen Beispielen.
239 BVerwG, Urteil vom 11.10.2007 - 4 C 8/06 -, NVwZ 2008, S. 311 (311).

Kapitel 4 Status quo der kompetenziellen Qualifikation baurechtlicher Regelungen

Die Revision gegen das vorinstanzliche Urteil, wonach eine zu errichtende Werbeanlage an einem Fernmeldemast unzulässig sei,[240] stützte sich maßgeblich darauf, dass durch § 13 Abs. 3 S. 1 BauO NRW in der Fassung vom 01.03.2000 eine Regelung getroffen werde, die Grund und Boden unmittelbar zum Gegenstand habe. Sie begründete ihre Ansicht insbesondere damit, dass die Zulässigkeit von Werbeanlagen auch Gegenstand planungsrechtlicher Festsetzungen nach § 9 Abs. 1 BauGB sein könne. Dieser Auffassung lag damit der instrumental-funktionale Zuordnungsansatz zugrunde.[241] Entgegen der Revision bejahte das Bundesverwaltungsgericht die Kompetenzmäßigkeit von § 13 Abs. 3 S. 1 BauO NRW. Es verhielt sich dabei ausführlich zur Aufteilung der Gesetzgebungskompetenz im öffentlichen Baurecht und zur Zuordnungs- und Abgrenzungspraxis in diesem Bereich. Das Bundesverwaltungsgericht wiederholte dafür zunächst den Inhalt des Baurechtsgutachtens des Bundesverfassungsgerichts und konstatierte eine aus Art. 30 GG folgende Vermutung der Gesetzgebungskompetenz zu Gunsten der Länder.[242] Es verwies sodann insbesondere auf die oben[243] wiedergegebenen Entscheidungen des Bundesverwaltungsgerichts vom 28.04.1972[244] und vom 03.12.1992,[245] wonach Regelungen über Werbeanlagen je nach ihrer gesetzgeberischen Zielsetzung dem Bauordnungs- oder Bauplanungsrecht zuzuordnen seien und nur solche Normen bedenklich wären, deren materieller Inhalt dem Bauplanungsrecht zuzuordnen seien. Es führte weiter aus, dass an dieser „nach der gesetzgeberischen Zielsetzung unterscheidenden Betrachtungsweise"[246] jedenfalls bei Anlagen der Außenwerbung festzuhalten sei. Eine instrumental-funktionale Abgrenzung dergestalt, dass jeder Sachverhalt, der mit den Instrumentarien eines Bebauungsplans regelbar ist, einer bauordnungsrechtlichen Regelung entzo-

---

240 OVG Münster, Urteil vom 14.03.2006, - 10 A 4924/05 -, BRS 70, S. 690.
241 BVerwG, Urteil vom 11.10.2007, - 4 C 8/06 -, NVwZ 2008, S. 311 (312).
242 BVerwG, Urteil vom 11.10.2007, - 4 C 8/06 -, NVwZ 2008, S. 311 (312). Hinsichtlich der Vermutungswirkung zu Gunsten der Länder aber mittlerweile anders und entgegen seiner früheren Rechtsprechung das BVerfG, Beschluss vom 25.03.2021, - 2 BvF 1/20 -, NJW 2021, S. 1377 (1378) wonach sich aus den Art. 30, 70 GG gerade keine Vermutungswirkung zu Gunsten der Länder herleiten lässt. Siehe hierzu auch die Nachweise in Fußnote 124.
243 Siehe S. 74 f.
244 BVerwG, Urteil vom 28.04.1972, - IV C 11.69 -, BVerwGE 40, S. 94.
245 BVerwG, Urteil vom 03.12.1992, - 4 C 27/91 -, BVerwGE 91, S. 234.
246 BVerwG, Urteil vom 11.10.2007, - 4 C 8/06 -, NVwZ 2008, S. 311 (312).

B. Die Zuordnung baurechtlichen Staatshandelns

gen sei, werde nicht verfolgt.[247] Etwas anderes lasse sich auch aus dem oben wiedergegebenen Beschluss vom 31.05.2005[248] nicht herleiten. Das Gericht habe der Zuordnung einen „differenzierenden Ansatz" zugrunde gelegt, der die Zielsetzung des Normgebers anhand des konkreten Regelungszwecks und dem Regelungsgegenstand zu ermitteln suche.[249] Und weiter: „Soweit der Beschluss auf die Festsetzungsmöglichkeiten in § 9 Abs. 1 Nrn. 2, 4 BauGB i.V. mit § 23 BauNVO eingeht, geschieht dies, um (…) den (objektivrechtlichen) Regelungszweck der Satzung herauszustellen, wie er sich bei teleologischer Auslegung mit Rücksicht auf ihren Regelungsgegenstand und die Regelungsfolgen ergibt".[250]

Nach alldem sei § 13 Abs. 3 S. 1 BauO NRW nicht kompetenzwidrig. Das Ziel der Verunstaltungsabwehr sei traditionell Teil des „Baupolizeirechts im herkömmlichen Sinne" und damit dem Bauordnungsrecht zuzuordnen.[251] Etwas anderes ergebe sich auch nicht unter Anwendung rechtssystematischer und teleologischer Abgrenzungskriterien. Die Norm mache Grund und Boden nicht unmittelbar zum Regelungsgegenstand. Es sei insbesondere unerheblich, dass die Norm flächenbezogen sei. Eine Zuordnung, wonach flächenbezogene Regelungen bodenrechtlich und objektbezogene Regelungen bauordnungsrechtlich seien, spiegle „eine dogmatische Trennschärfe vor, die so nicht besteh(e)".[252] Im Weiteren stellte das Bundesverwaltungsgericht deutlich eine „gestalterische Zielsetzung" der Norm heraus. Zwar würden Fremdwerbeanlagen eine eigenständige Hauptnutzung darstellen und seien entsprechend hinsichtlich ihrer Zulässigkeit nach den §§ 29 ff. BauGB zu beurteilen. Auch hiernach seien Anlagen im Außenbereich unzulässig, wenn sie das Landschaftsbild verunstalten würden, § 35 Abs. 2, 3 S. 1 Nr. 5 BauGB. Dennoch würde das Bauplanungsrecht ein anderes Regelungsziel verfolgen, nämlich „konkurrierende Bodennutzungen und Bodenfunktionen zu koordinieren und in ein ausgewogenes Verhältnis

---

247 BVerwG, Urteil vom 11.10.2007, - 4 C 8/06 -, NVwZ 2008, S. 311 (212). Vor dem Hintergrund der sehr eindeutigen Formulierung des Bundesverwaltungsgerichts ist der Ansicht *Schmelzles*, das Gericht habe den „instrumental-funktionalen Ansatz nicht generell in Frage gestellt", nicht zuzustimmen, *Schmelzle*, Abstände und Abstandsflächen im Spannungsfeld von Bauordnungsrecht und Bauplanungsrecht S. 73. Wie hier *Kollmann*, Die Behandlung von Anlagen der Außenwerbung im öffentlichen Baurecht S. 159.
248 BVerwG, Beschluss vom 31.05.2005, - 4 B 14/05 -, ZfBR 2005, S. 559.
249 BVerwG, Urteil vom 11.10.2007, - 4 C 8/06 -, NVwZ 2008, S. 311 (312).
250 BVerwG, Urteil vom 11.10.2007, - 4 C 8/06 -, NVwZ 2008, S. 311 (312).
251 BVerwG, Urteil vom 11.10.2007, - 4 C 8/06 -, NVwZ 2008, S. 311 (312).
252 BVerwG, Urteil vom 11.10.2007, - 4 C 8/06 -, NVwZ 2008, S. 311 (313).

Kapitel 4 Status quo der kompetenziellen Qualifikation baurechtlicher Regelungen

zu bringen".[253] Regelungsgegenstand sei die „Zuweisung von Nutzungsrechten".[254] Dagegen beschränke § 13 Abs. 3 BauO NRW die Zulässigkeit von Anlagen der Außenwerbung gerade nicht, weil sie Grund und Boden in Anspruch nähmen. Im Ergebnis hielt das Bundesverwaltungsgericht fest, eine Kompetenzverletzung liege nicht schon dann vor, wenn eine bauordnungsrechtliche, also landesrechtliche, Norm im Einzelfall zu demselben Ergebnis führe wie die Anwendung einer bauplanungs- also bundesrechtlichen Norm.[255]

Diese Entscheidung des Bundesverwaltungsgerichts wurde seitens Teilen der Literatur dahingehend verstanden, dass das Bundesverwaltungsgericht wieder beziehungsweise weiterhin einen finalen Zuordnungs- und Abgrenzungsansatz verfolge.[256] Diese Vorgehensweise ist in der Rechtsprechung seitdem unwidersprochen geblieben; das Bundesverwaltungsgericht hat in einer späteren Entscheidung erneut ausdrücklich auf den Regelungszweck beziehungsweise das Regelungsziel als Zuordnungskriterium abgestellt.[257] Der finale Ansatz wird seit dem Urteil vom 11.10.2007 nicht nur auf Werbeanlagen angewandt, sondern dient der Abgrenzung der Landes- von der Bundeskompetenz für das öffentliche Baurecht im Allgemeinen.[258]

IV. Charakterisierung des Zuordnungsansatzes des Bundesverwaltungsgerichts

Die Rechtsprechung des Bundesverwaltungsgerichts ist trotz der grundsätzlich finalen Zuordnung hinsichtlich der Benennung der Zuordnungs-

---

253 BVerwG, Urteil vom 11.10.2007, - 4 C 8/06 -, NVwZ 2008, S. 311 (313).
254 BVerwG, Urteil vom 11.10.2007, - 4 C 8/06 -, NVwZ 2008, S. 311 (313).
255 BVerwG, Urteil vom 11.10.2007, - 4 C 8/06 -, NVwZ 2008, S. 311 (314).
256 *Kollmann*, Die Behandlung von Anlagen der Außenwerbung im öffentlichen Baurecht S. 159 f. Insofern eindeutig auch *Reidt*, Kapitel 2 Die tatsächliche Aufteilung der Rechtsmaterie in *Bracher/Reidt/Schiller*, Bauplanungsrecht Rn. 3.3.
257 BVerwG, Urteil vom 17.10.2012, - 4 C 5/11 -, BVerwGE 144, S. 341 (348).
258 Zu Werbeanlagen BayVerfGH, Entscheidung vom 13.01.2012, - Vf. 18-VII-09 -, NVwZ-RR 2012, S. 297 (298). Zur Begrenzung der Zahl der Fahrzeuge, die auf einem Grundstück geparkt werden dürfen mittels örtlicher Bauvorschriften OVG Koblenz, Urteil vom 07.03.2013, - 1 A 11109/12 -, BauR 2013, S. 1265 (1265). Zum Brandschutz als öffentlichen Belang i.R.d. § 35 Abs. 3 S. BauGB VG Cottbus, Urteil vom 17.01.2019, - 5 K 1565/17 - juris Rn. 58. Zur Auferlegung einer Sicherheitsleistung zur Absicherung einer Rückbauverpflichtung mittels Nebenbestimmungen in einer Baugenehmigung, BVerwG, Urteil vom 17.10.2012, - 4 C 5/11 -, BVerwGE 144, S. 341 (348).

kriterien und deren Zusammenspiel nicht ganz einheitlich. Zum einen finden sich in der Rechtsprechung des Bundesverwaltungsgerichts in vergleichbaren Zusammenhängen sowohl die Begriffe Regelungszweck als auch Regelungsziel als Zuordnungskriterium.[259] In einer älteren Entscheidung vom 31.08.1973 stellte es sogar gleichzeitig auf „Zweckrichtung" und „Zielsetzung" ab, wobei der inhaltliche Unterschied der beiden Kriterien nicht ersichtlich war.[260] Und auch in der Rechtsprechung der Oberverwaltungsgerichte werden sowohl der Begriff Zweck als auch der Begriff Ziel verwendet.[261] Zum anderen ergeben sich aus der Rechtsprechung des Bundesverwaltungsgerichts der inhaltliche Gehalt des Ziel- beziehungsweise Zweckkriteriums und das Verhältnis dieser Kriterien zueinander nicht unmittelbar. In der Entscheidung vom 11.10.2007 stellt das Bundesverwaltungsgericht fest, das allein maßgebliche Regelungsziel ergebe sich aus dem objektiven Regelungszweck und dem Regelungsgegenstand.[262] Dagegen meint das Gericht in einer neueren Entscheidung vom 17.10.2012, dass für die Abgrenzung von Bauplanungs- und Bauordnungsrecht und damit die Zuordnung baurechtlicher Normen nur die gesetzgeberische Zielsetzung maßgeblich sei und nicht der Regelungsgegenstand.[263] Ein Sachverhalt könne je nach der gesetzgeberischen Zielsetzung sowohl einer bauplanungsrechtlichen als auch einer bauordnungsrechtlichen Regelung zugänglich sein, maßgeblich sei der konkrete Regelungszweck.[264]

Diese zwei Entscheidungen zeigen, dass die Wortwahl des Bundesverwaltungsgerichts, insbesondere hinsichtlich der Verwendung der Begriffe Zweck und Ziel, nicht kohärent ist. Daneben ist unklar, wie Regelungsziel, Regelungszweck und Regelungsgegenstand zueinander stehen. Dies gilt insbesondere für die Rolle des Regelungsgegenstands, dem jedenfalls nach der Rechtsprechung des Bundesverfassungsgerichts maßgebliche Bedeutung für die Zuordnung zukommt, der nach dem Urteil des Bundesverwaltungsgerichts vom 11.10.2007 aber nur mittelbar und nach dem Urteil vom 17.10.2012 überhaupt nicht zuordnungsrelevant sein soll.

---

259 Siehe hierzu die Nachweise in Fußnote 216.
260 BVerwG, Urteil vom 31.08.1973, - IV C 33.71 -, BVerwGE 44, S. 59 S. (60 f.).
261 OVG Koblenz, Urteil vom 24.05.2017, - 8 A 11825/16.OVG -, ZfBR 2017, S. 694 (695); OVG Münster, Urteil vom 14.03.2006, - 10 A 4924/05 -, BRS 70, S. 690 (690); VGH München, Beschluss vom 12.01.2015, - 15 ZB 13.1896 - juris Rn. 20
262 BVerwG, Urteil vom 11.10.2007, - 4 C 8/06 -, NVwZ 2008, S. 311 (312).
263 BVerwG, Urteil vom 17.10.2012, - 4 C 5/11 -, BVerwGE 144, S. 341.
264 BVerwG, Urteil vom 17.10.2012, - 4 C 5/11 -, BVerwGE 144, S. 341.

Unabhängig von diesen Unklarheiten lässt sich aus der Rechtsprechung des Bundesverwaltungsgerichts allerdings eine starke Tendenz dahingehend ableiten, dass die Regelungsvorstellungen des historischen Normgebers bei der Zuordnung baurechtlicher Regelungen eindeutig im Vordergrund stehen. Es spielt insofern keine Rolle, ob das Gericht hierfür den Begriff des Regelungszwecks oder des Regelungsziels heranzieht. Bedeutend für die Zuordnung ist nach der Rechtsprechung des Bundesverwaltungsgerichts hauptsächlich die Absicht beziehungsweise der Sinn, den der Normgeber der Regelung bei deren Erlass zumisst. Damit stellt das Bundesverwaltungsgericht entgegen der Rechtsprechung des Bundesverfassungsgerichts auf die Vorstellungen des historischen Normgebers und nicht auf den durch die Norm vermittelten objektivierten Wille des Gesetzgebers ab. Insofern wird der Begriff des Regelungszwecks in der Rechtsprechung des Bundesverwaltungsgerichts und des Bundesverfassungsgerichts nicht inhaltsgleich verwendet, er hat in der Rechtsprechung des Bundesverwaltungsgerichts bei der Zuordnung baurechtlicher Regelungen einen deutlich subjektiveren Einschlag. Darüber hinaus kommt in der Rechtsprechung des Bundesverwaltungsgerichts objektiven Kriterien, insbesondere dem Regelungsgegenstand und den Regelungsfolgen, entgegen der Auffassung des Bundesverfassungsgerichts nur eine eingeschränkte Bedeutung als Korrektiv zu. Solche objektiven Kriterien werden hauptsächlich dazu herangezogen, einen normgeberischen Etikettenschwindel, also beispielsweise „bodenrechtliche Regelungen im Gewande von Baugestaltungsvorschriften",[265] aufzudecken. So ist auch die vermeintliche Hinwendung des Bundesverwaltungsgerichts zu einem instrumental-funktionalen Zuordnungsansatz im Urteil vom 31.05.2005 zu deuten.[266] Die Kriterien Zweck und Ziel sind in der Rechtsprechung des Bundesverwaltungsgerichts bei der Zuordnung baurechtlicher Normen damit und trotz ihrer teils fraglichen Wechselbeziehungen zueinander synonym zu verstehen.[267] Vor dem Hintergrund dieser an den Vorstellungen des historischen Normgebers orientierten Vorgehensweise wird zutreffender Weise von einem am Regelungsziel orientierten

---

265 BVerwG, Beschluss vom 10.07.1997, - 4 NB 15/97 -, ZfBR 1997, S. 327 (341).
266 Hierzu ausführlich S. 75 ff.
267 Die Begriffe ersichtlich synonym verwendend OVG Koblenz, Urteil vom 24.05.2017, - 8 A 11825/16.OVG -, ZfBR 2017, S. 694 (695).

beziehungsweise finalen Zuordnungsansatz des Bundesverwaltungsgerichts gesprochen.[268]

V. Weitere Zuordnungsansätze

Neben dieser von der Rechtsprechung des Bundesverwaltungsgerichts vertretenen, maßgeblich am Ziel der Norm orientierten finalen Zuordnung sowie dem instrumental-funktionalen Ansatz[269] werden in der Literatur vereinzelt alternative Anknüpfungspunkte einer möglichen Zuordnung genannt. Recht häufig wird darauf abgestellt, dass das Planungs- und damit Bundesrecht flächenbezogene Regelungen treffe, während bauordnungsrechtlich nur gebäude- oder anlagenbezogene Regelungen getroffen werden könnten.[270] Darüber hinaus wird vertreten, das Bodenrecht regle die Nutzbarkeit der Grundstücke[271], das „wo"[272] der Bebauung und sei ordnungsgestaltend[273]. Dagegen regle das den Ländern verbleibende Bauordnungsrecht die Nutzung von Grundstücken[274], das „wie"[275] der Bebauung

---

268 *Haaß*, NVwZ 2008, S. 252 (252 f.); *Manssen*, NWVBl 1992, S. 381 (382); *Schönfeld/Numberger*, BayVBl 2000, S. 678 (680).
269 Vertreten von *Schmelzle*, Abstände und Abstandsflächen im Spannungsfeld von Bauordnungsrecht und Bauplanungsrecht S. 78 und *Haaß*, NVwZ 2008, S. 252 (253 f.).
270 *Kersten*, Kapitel 3 Baurecht in *Schoch*, Besonderes Verwaltungsrecht Rn. 11; *Reidt*, Kapitel 2 Die tatsächliche Aufteilung der Rechtsmaterie in *Bracher/Reidt/Schiller*, Bauplanungsrecht Rn. 2.2 ff.; *Battis*, Öffentliches Baurecht und Raumordnungsrecht Rn. 3, 4; *Gaentzsch*, Baugesetzbuch Einl. Rn. 2; *Mick*, Instrumentarium und Grenzen öffentlicher Bau- und Stadtgestaltung im Kultur- und Rechtsstaat S. 141; *Stüer*, Der Bebauungsplan Rn. 24. Ähnlich auch *Dürr/Leven/Speckmaier*, Baurecht Baden-Württemberg Rn. 6 wonach das Planungsrecht die Zulässigkeit mit Blick auf die Umgebung und das Ordnungsrecht die Zulässigkeit hinsichtlich baukonstruktiver und gestalterischer Aspekte regele. Das OVG Lüneburg, Urteil vom 10.10.1982, - 1 A 13/82 -, DÖV 1983, S. 387 bezeichnet das Planungsrecht als „globale Gestaltung des Raums".
271 *Oeter* in *v. Mangoldt/Klein/Starck*, Art. 74 Rn. 129; *Pestalozza* in *v. Mangoldt/Klein/Pestalozza*, Art. 74 Rn. 1237.
272 *Mick*, Instrumentarium und Grenzen öffentlicher Bau- und Stadtgestaltung im Kultur- und Rechtsstaat S. 137.
273 *Wiechert*, ZRP 1985, S. 239 (241).
274 *Pestalozza* in *v. Mangoldt/Klein/Pestalozza*, Art. 74 Rn. 1239.
275 *Mick*, Instrumentarium und Grenzen öffentlicher Bau- und Stadtgestaltung im Kultur- und Rechtsstaat S. 137.

und sei ordnungsbewahrend[276].[277] Größere Beachtung erfuhr bisher keiner der genannten Anknüpfungspunkte, sie sollen allerdings soweit ersichtlich auch nur einer schematischen Abgrenzung im Einzelfall dienen.

C. Probleme bei der Qualifikation baurechtlicher Normen

Nach dem oben Gesagten ergibt sich für die kompetenzielle Qualifikation baurechtlicher Normen ein auf den ersten Blick klares Bild. Dem Bund steht die konkurrierende Gesetzgebungskompetenz für den Erlass bodenrechtlicher Normen zu, also solcher Normen, die Grund und Boden unmittelbar zum Gegenstand haben. Dagegen liegt die Kompetenz für den Erlass gestaltungsrechtlicher und gefahrenabwehrrechtlicher Normen sowie bodenrechtlicher Normen, bei denen der Bundesgesetzgeber nicht von seiner konkurrierenden Gesetzgebungskompetenz Gebrauch gemacht hat, bei den Ländern. Die Zuordnung baurechtlicher Normen zur einen oder anderen Kompetenz erfolgt dann anhand des mit der Norm verfolgten Ziels und unter Berücksichtigung der Frage, ob und inwieweit der Bundesgesetzgeber von seiner konkurrierenden Kompetenz Gebrauch gemacht hat.

I. Bestehende Zuordnungsprobleme

Trotz dieser vermeintlich eindeutigen Aufteilung der Gesetzgebungskompetenz in ein bundesrechtliches Bauplanungs- und ein landesrechtliches Bauordnungsrecht sowie einer primär am Ziel der Norm orientierten Zuordnung ergeben sich zahlreiche Zuordnungsprobleme an der Schnittstelle von Bundes- und Landeskompetenz. Derartige Probleme stellen sich insbesondere im Abstandsflächenrecht beziehungsweise im Recht der überbaubaren Grundstücksflächen, bei der Beurteilung von Werbeanlagen und beim Erlass und der Anwendung sonstiger gestalterischer Regelungen, insbesondere solchen, die den Schutz des Ortsbildes bezwecken.[278]

---

276 *Wiechert*, ZRP 1985, S. 239 (241).
277 Zum Ganzen bereits ausführlich und mit weiteren Nachweisen *Tillmanns*, AöR 132, S. 582 (587).
278 *Dürr/Leven/Speckmaier*, Baurecht Baden-Württemberg Rn. 7. Zu in der Rechtsprechung behandelten Fragen zum Ortsbildschutz siehe die Nachweise in Fußnote 8.

C. Probleme bei der Qualifikation baurechtlicher Normen

Beim Recht der überbaubaren Grundstücksflächen ist bereits umstritten, ob den Ländern überhaupt, und zwar unabhängig vom Ziel der jeweiligen Regelung, die Kompetenz zusteht, Abstandsflächen zu regeln, oder ob ihnen diese Kompetenz nur zusteht, weil der Bundesgesetzgeber hier von seiner konkurrierenden, bodenrechtlichen Gesetzgebungskompetenz nicht abschließend Gebrauch gemacht hat.[279]

Bei der Beurteilung der Zulässigkeit von Werbeanlagen gilt zwar als geklärt, dass deren generelle Zulässigkeit sowohl bauordnungs- als auch bauplanungsrechtlich geregelt werden kann. Dies wirft allerdings Fragen hinsichtlich des Verbots von Doppelkompetenzen auf. Im Übrigen stellt sich die Frage, ab welcher Größe eine Werbeanlage dem Planungsrecht und nicht mehr dem Ordnungsrecht unterfallen soll.[280]

Erhebliche Schwierigkeiten bringt schließlich, nicht nur aufgrund des unbestimmten Begriffs des „Ortsbildes", die hier im Vordergrund stehende kompetenzrechtliche Zulässigkeit sowie die kompetenzkonforme Anwendung von bundes- und landesrechtlichen Vorschriften mit sich, die den Schutz des Ortsbildes oder sonstige gestalterische Ziele verfolgen. So gilt beispielsweise die kompetenzkonforme Anwendung des § 34 Abs. 1 S. 2 BauGB als „allenfalls andeutungsweise geklärt".[281] Und auch die Frage, welche ortsbildschützenden Regelungen durch örtliche Bauvorschriften kompetenzkonform getroffen werden können, ist weiter Gegenstand von Diskussionen.[282]

II. Methodische Probleme

Der Grund für diese immer noch bestehenden Unklarheiten ist darin zu suchen, dass Regelungen, deren Sinn darin liegt, ein ansprechendes Ortsbild

---

279 Das Abstandsflächenrecht dem Bodenrecht zuordnend *Schönfeld* in *Spannowsky/Mannssen*, Art. 6 Rn. 7 ff.; *Schmelzle*, Abstände und Abstandsflächen im Spannungsfeld von Bauordnungsrecht und Bauplanungsrecht S. 106 ff., 110; *Schulte*, BauR 2007, S. 1514 (1524). Unklar OVG Lüneburg, Urteil vom 22.12.2014, - 1 MN 118/14 -, BauR 2015, S. 620 (626), das zwar eine kompetenzrechtliche Kollisionslage sieht, diese aber wohl über Art. 31 GG auflösen möchte.
280 Siehe hierzu ausführlich *Kollmann*, Die Behandlung von Anlagen der Außenwerbung im öffentlichen Baurecht S. 169 ff. mit weiteren Nachweisen.
281 *Spieß* in *Jäde/Dirnberger/Weiß*, § 34 Rn. 112. Ähnlich *Fickert/Fieseler* § 11 Rn. 25.6.
282 OVG Koblenz, Urteil vom 07.03.2013, - 1 A 11109/12 -, BauR 2013, S. 1265 (1265 f.); VGH München, Urteil vom 12.01.2012, - 2 B 11.2230 -, BayVBl 2012, S. 699 ff.; *Jäde*, ZfBR 2015, S. 19 (30).

Kapitel 4 Status quo der kompetenziellen Qualifikation baurechtlicher Regelungen

zu schützen oder ein solches zu gestalten, ihrem Ziel nach immer dem Gestaltungsrecht zuzuordnen sind. Ausgehend davon, dass das Baugestaltungsrecht ein Teil des Baupolizeirechts im herkömmlichen Sinne ist und damit in der Landeskompetenz liegt, wären sämtliche ortsbildschützenden Normen im BauGB kompetenzwidrig erlassen. Dieser Schluss wird so zu Recht nicht gezogen, was allerdings in einem Spannungsverhältnis zur grundsätzlich finalen Zuordnung der Rechtsprechung des Bundesverwaltungsgerichts steht und sich mit dieser allein nicht begründen lässt.

Vor diesem Hintergrund muss die Frage nach der grundsätzlichen Geeignetheit eines finalen Ansatzes zur Zuordnung von Normen an der Schnittstelle von Bundes- und Landeskompetenz für das öffentliche Baurecht gestellt werden. Methodische Bedenken bestehen bereits deswegen, weil sich das Zuordnungskriterium des Regelungsziels nicht unter den zahlreichen seitens des Bundesverfassungsgerichts herangezogenen Zuordnungskriterien findet. Vielmehr stellt das gesetzgeberische Ziel nach der Rechtsprechung des Bundesverfassungsgerichts ausdrücklich kein Zuordnungskriterium dar.[283] Zwar verwendet das Bundesverwaltungsgericht teilweise auch das Zuordnungskriterium des Regelungszwecks.[284] Dies ändert allerdings nichts daran, dass dessen Zuordnung primär anhand subjektiver Kriterien erfolgt, während das Bundesverfassungsgericht sowohl anhand subjektiver Kriterien wie dem Regelungszweck, also dem objektivierten Wille des Normgebers, und anhand objektiver Kriterien wie dem Regelungsgegenstand zuordnet, wobei der Regelungsgegenstand als objektives Kriterium in der Rechtsprechung des Bundesverwaltungsgerichts für die Zuordnung nur eine untergeordnete oder überhaupt keine Rolle spielt. Neben dieser deutlichen Abweichung von der verfassungsgerichtlichen Zuordnungspraxis stellt sich darüber hinaus die Frage, ob das Bauordnungsrecht, wie es das Bundesverfassungsgericht im Baurechtsgutachten der Länderkompetenz zugewiesen hat, überhaupt andere Ziele verfolgt als das Bauplanungsrecht.[285] Wäre dies nicht der Fall, würde eine am Regelungsziel orientierte Zuordnung fehlgehen. Dafür, dass sich die beiden Kompetenzbereiche hinsichtlich der durch sie verfolgbaren Ziele nicht unterscheiden, spricht im ersten Zugriff ein Blick auf die aktuelle Gesetzeslage. Geht man davon aus, dass gefahrenabwehrrechtliche und gestalterische Regelungen

---

283 BVerfG, Urteil vom 24.10.2002, - 2 BvF 1/01 -, BVerfGE 106, S. 62 (149).
284 BVerwG, Urteil vom 17.10.2012, - 4 C 5/11 -, BVerwGE 144, S. 341 (348); BVerwG, Urteil vom 07.12.2000, - 4 C 3/00 -, NVwZ 2001, S. 813 (814).
285 So *Manssen*, NWVBl 1992, S. 381 (382 f.).

C. Probleme bei der Qualifikation baurechtlicher Normen

allein in der Kompetenz der Länder liegen, verwundert es, dass nach § 1 Abs. 6 Nr. 1 BauGB nicht nur gesunde Wohn- und Arbeitsverhältnisse bei der Aufstellung von Bauleitplänen berücksichtigt werden sollen, sondern auch die Sicherheit der Wohn- und Arbeitsbevölkerung. Damit verfolgt, jedenfalls auf den ersten Blick, auch das Bundesrecht Ziele der Gefahrenabwehr. Dasselbe gilt für gestalterische Regelungen, schließlich existieren, wie bereits gezeigt, ortsbildschützende und damit gestaltungsbezogene Normen sowohl im Landes- als auch im Bundesrecht.[286]

Neben diesen Problemen auf der Ebene der Zuordnung ergeben sich auch methodische Bedenken gegen den Ansatz zur Abgrenzung der Kompetenzbereiche seitens des Bundesverfassungsgerichts. Immer wieder wurden Stimmen laut, die die Auffassung des Bundesverfassungsgerichts, das Bauordnungsrecht der Länder sei „Baupolizeirecht im herkömmlichen Sinne", also Gefahrenabwehrrecht, in Frage stellten.[287] Auch das Unmittelbarkeitskriterium ist nicht ohne Kritik geblieben.[288]

Mit Blick auf diese methodischen Unklarheiten auf der Ebene der Abgrenzung der Kompetenzbereiche sowie bei der Frage nach dem zutreffenden Zuordnungsansatz einerseits und den immer noch bestehenden Problemen bei der praktischen Zuordnung von baurechtlichen Normen andererseits, bedürfen die grundgesetzliche Abgrenzung von Bundes- und Landeskompetenz sowie die Zuordnung baurechtlicher Normen einer vertiefenden Betrachtung. Dies gilt umso mehr, als die oben aufgezeigten Probleme vor allem bei der Qualifikation ortsbildschützender Regelungen virulent werden.

---

286 Siehe hierzu S. 15 f.
287 Siehe hierzu die Nachweise in Fußnote 195.
288 *Erbguth/Schubert*, Öffentliches Baurecht § 2 Ziff. I; *Manssen*, Stadtgestaltung durch örtliche Bauvorschriften S. 53 ff.

Kapitel 5 Entwicklung eines Zuordnungs- und Abgrenzungsansatzes

Ausgehend vom grundgesetzlichen Zuteilungsmechanismus des Art. 70 Abs. 1 GG, wonach dem Bund die Gesetzgebungskompetenz nur zusteht, wenn und soweit ihm diese durch das Grundgesetz verliehen wird, ist hinsichtlich der Abgrenzung der Bundes- und der Landeskompetenz für öffentlichrechtliche baurechtliche Normen als erstes zu ermitteln, welche dieser Normen der Bundesgesetzgeber auf Grundlage der ihm verliehenen Gesetzgebungskompetenz, hier des konkurrierenden Kompetenztitels für das Bodenrecht nach Art. 74 Abs. 1 Nr. 18 GG, erlassen kann. Dafür ist unter Zugrundelegung der Methodik der kompetenziellen Qualifikation[289] zunächst der Kompetenztitel für das Bodenrecht auszulegen. Anschließend wird ermittelt, wie eine Norm oder eine Regelung diesem Kompetenztitel zugeordnet werden kann.

A. Der Kompetenztitel Bodenrecht

Die weit überwiegende Meinung[290] definiert den Kompetenztitel Bodenrecht, in Übereinstimmung mit dem Baurechtsgutachten des Bundesverfassungsgerichts, als alle „Vorschriften, die den Grund und Boden unmittelbar zum Gegenstand rechtlicher Ordnung haben, also die rechtlichen Beziehungen des Menschen zum Grund und Boden regeln".[291] Nicht umfasst sei das Baurecht als Ganzes.[292]

Von dieser Auffassung abweichende Auslegungsvarianten wurden, abgesehen von den schon erwähnten und mehr schematischen Ansätzen zu Abgrenzung von Bauordnungs- und Bauplanungsrecht,[293] kaum vorgeschlagen. Nennenswert ist vor allem der Ansatz *Manssens*[294], der in ähnli-

---

289 Hierzu S. 59 ff.
290 Siehe hierzu die Nachweise in Fußnote 198.
291 BVerfG, Gutachten vom 16.06.1954, - 1 PBvV 2/52 -, BVerfGE 3, S. 407 (424).
292 BVerfG, Gutachten vom 16.06.1954, - 1 PBvV 2/52 -, BVerfGE 3, S. 407 (434).
293 Siehe hierzu S. 85 f.
294 *Manssen*, Stadtgestaltung durch örtliche Bauvorschriften S. 47 ff.

Kapitel 5 Entwicklung eines Zuordnungs- und Abgrenzungsansatzes

cher Form von *Tillmans*[295] und *Vilsmeier*[296] aufgegriffen wurde. *Manssen* kritisiert im Wesentlichen das Unmittelbarkeitskriterium des Bundesverfassungsgerichts[297] sowie den in der Rechtsprechung vorzufindenden Ansatz, dem Bodenrecht diejenigen Normen zuzuschlagen, die städtebauliche Gründe verfolgen.[298] Nach seiner Auffassung sei Bodenrecht hauptsächlich „das Planungsrecht, das erforderlich ist, um eine geordnete städtebauliche Entwicklung zu garantieren".[299] Erforderlich in diesem Sinne sei das Planungsrecht, das einen spezifischen Bezug zur Nutzung von Grund und Boden habe und Belange betreffe, die in einem Spannungsverhältnis zu anderen Belangen stehen, die ebenfalls Anforderungen an eine bestimmte Nutzung von Grund und Boden stellen und deshalb einen planerischen Interessenausgleich verlangen.[300] Diese Kriterien seien vor allem objektiv zu verstehen.[301] Diese Auffassung greifen *Tillmanns* und *Vilsmeier* wieder auf und schließen sich ihr dem Grunde nach an.[302] Sie erweitern den Ansatz von *Manssen* allerdings dahingehend, dass der Ausgleich von Nutzungsinteressen durch das Zusammenwirken mehrerer die Bodennutzung betreffender Regelungen in Form eines Gesamtkonzepts erreicht werden muss, wobei diese Regelungen jeweils in einem Abhängigkeitsverhältnis zueinander stehen müssen.[303]

---

295 *Tillmanns*, AöR 132, S. 582.
296 *Vilsmeier*, Das bauplanungsrechtliche Verbot der Ortsbildbeeinträchtigung und seine Bedeutung für die Zulässigkeit von Baugerüstwerbung S. 34 ff.
297 *Manssen*, Stadtgestaltung durch örtliche Bauvorschriften S. 53 ff.
298 *Manssen*, Stadtgestaltung durch örtliche Bauvorschriften S. 80 f.
299 *Manssen*, Stadtgestaltung durch örtliche Bauvorschriften S. 86. Diese Ansicht wird im Wesentlichen damit begründet, dass „städtebauliche Gründe" jeden Aspekt baulicher Bodennutzung umfassen würden und kein bodenrechtliches Spezifikum seien.
300 *Manssen*, Stadtgestaltung durch örtliche Bauvorschriften S. 87. Im Ergebnis ebenso *Tillmanns*, AöR 132, S. 582 (599 ff.). Einen besonderen Fokus auf die Planung bei der Auslegung des Kompetenztitels Bodenrecht legen auch *Erbguth/Schubert*, Öffentliches Baurecht § 2 Rn. 1.
301 *Manssen*, Stadtgestaltung durch örtliche Bauvorschriften S. 86 ff.
302 *Vilsmeier*, Das bauplanungsrechtliche Verbot der Ortsbildbeeinträchtigung und seine Bedeutung für die Zulässigkeit von Baugerüstwerbung S. 43 ff.; *Tillmanns*, AöR 132, S. 582 (600).
303 *Vilsmeier*, Das bauplanungsrechtliche Verbot der Ortsbildbeeinträchtigung und seine Bedeutung für die Zulässigkeit von Baugerüstwerbung S. 44; *Tillmanns*, AöR 132, S. 582 (602 f.). Diese Idee klingt bei *Manssen*, Stadtgestaltung durch örtliche Bauvorschriften S. 88 bereits an. Im Gegensatz zu *Tillmanns* und *Vilsmeier* sieht *Manssen* dies aber nicht als zwingende Voraussetzung bodenrechtlicher Regelungen,

I. Auslegung des Kompetenztitels für das Bodenrecht nach Art. 74 Abs. 1 Nr. 18 GG

Zum Inhalt des konkurrierenden Kompetenztitels für das Bodenrecht soll im Folgenden unter besonderer Berücksichtigung der Auffassung des Bundesverfassungsgerichts sowie der planspezifischen Auslegung von *Manssen*, *Tillmanns* und *Vilsmeier* Stellung genommen werden. Die Bedeutung des Kompetenztitels ist durch Auslegung zu ermitteln.

1. Wortlaut

Nach seinem Wortlaut kann der Kompetenztitel für das Bodenrecht nur solche Regelungen erfassen, die Grund und Boden zum Gegenstand haben, er setzt ein gewisses Maß an Bodenbezug der Regelung voraus.[304] Aus dem Wortlaut lässt sich allerdings nicht ablesen, wie intensiv dieses Maß an Bodenbezug auszusehen hat, beziehungsweise – in der Sprache des Bundesverfassungsgerichts – wie unmittelbar eine Regelung Grund und Boden betreffen muss.[305] Als äußere Grenze kann aber festgehalten werden, dass eine bodenrechtliche Regelung nur dann vorliegen kann, wenn ein nicht nur loser Bezug zu Grund und Boden besteht. Im Übrigen ist die Auffassung zutreffend, wonach der Regelungsgehalt des § 94 Abs. 1 BGB, nach dem Gebäude wesentliche Bestandteile des Grundstücks sind, nicht dazu führe, dass Regelungen über Gebäude auch eine Regelung über Grund und Boden sind.[306] Darüber hinaus ist festzustellen, dass der Kompetenztitel zu Regelungen des Bodenrechts und nicht des Bodenwesens ermächtigt. Der Kompetenztitel bezeichnet dementsprechend keinen Lebenssachverhalt, sondern ein Rechtsgebiet.[307] Bei derartigen Kompetenztiteln ist für

---

sondern als eine im Regelfall eintretende, die Interessenskonflikte auflösende Folge einzelner Festsetzungen.

304 Zutreffend *Manssen*, Stadtgestaltung durch örtliche Bauvorschriften S. 87; *Tillmanns*, AöR 132, S. 582 (590).
305 *Vilsmeier*, Das bauplanungsrechtliche Verbot der Ortsbildbeeinträchtigung und seine Bedeutung für die Zulässigkeit von Baugerüstwerbung S. 36; *Tillmanns*, AöR 132, S. 582 (591).
306 Zutreffend *Knauff* in *Kahl/Waldhoff/Walter*, Art. 74 Abs. 1 Nr. 18 Rn. 2; *Manssen*, Stadtgestaltung durch örtliche Bauvorschriften S. 54; *Vilsmeier*, Das bauplanungsrechtliche Verbot der Ortsbildbeeinträchtigung und seine Bedeutung für die Zulässigkeit von Baugerüstwerbung S. 35; *Tillmanns*, AöR 132, S. 582 (590). Eine andere Auffassung vertritt *Ziegler*, DVBl 1984, S. 378 (380).
307 Zu dieser Unterscheidung siehe S. 60 f.

Kapitel 5 Entwicklung eines Zuordnungs- und Abgrenzungsansatzes

die Ermittlung des Norminhalts besonders bedeutsam, ob mit dieser Formulierung auf einen bereits vor Schaffung des Grundgesetzes bestehenden Regelungskomplex Bezug genommen wird.[308] Dies ist im Falle des Bodenrechts nicht der Fall. Zwar kannte die Weimarer Reichsverfassung in Art. 10 Nr. 4 einen Kompetenztitel für das Bodenrecht. Ein einheitliches Rechtsgebiet „Bodenrecht" bestand vor der Schaffung des Grundgesetzes allerdings nicht.[309] Insofern ist die Bezeichnung des Titels als Bodenrecht nicht von Bedeutung, aus dem Wortlaut des Begriffs Bodenrecht lässt sich nur die Notwendigkeit eines Bezugs der Regelung zu Grund und Boden folgern.[310]

2. Systematik

Die systematische Auslegung des Kompetenztitels Bodenrecht anhand der Art. 73, 74 GG hat zum einen das Verhältnis der in Art. 74 Abs. 1 Nr. 18 GG genannten Kompetenztitel zueinander zu beleuchten und zum anderen das Bodenrecht von anderen bodenrelevanten Kompetenztiteln in den Art. 73, 74 GG abzugrenzen, um so seine Bedeutung zu schärfen.[311]

a) Die Systematik des Art. 74 Abs. 1 Nr. 18 GG

In Art. 74 Abs. 1 Nr. 18 GG werden neben dem Bodenrecht der städtebauliche Grundstücksverkehr, das Wohngeldrecht, das Altschuldenhilferecht, das Wohnungsbauprämienrecht, das Bergarbeiterwohnungsbaurecht und das Bergmannssiedlungsrecht genannt. Der Kompetenztitel für das Bodenrecht wird nicht, wie beispielsweise das Recht der Wirtschaft, durch die in Art. 74 Abs. 1 Nr. 18 GG aufgezählten, sonstigen Kompetenztitel beispielhaft umschrieben, vielmehr stehen die Kompetenztitel gleichwertig nebeneinan-

---

308 *Heintzen* in *Kahl/Waldhoff/Walter*, Art. 70 Rn. 197; BVerfG, Beschluss vom 07.03.2017, - 1 BvR 1314/12 -, BVerfGE 145, S. 20 (59).
309 *Pestalozza* in *v. Mangoldt/Klein/Pestalozza*, Art. 74 Rn. 1249; *Brandt*, DÖV 1985, S. 675 (679). Im Ergebnis ebenso *Tillmanns*, AöR 132, S. 582 (589).
310 *Pestalozza* in *v. Mangoldt/Klein/Pestalozza*, Art. 74 Rn. 1249; *Tillmanns*, AöR 132, S. 582 (589).
311 Dieser Methode folgend bereits *Brandt*, DÖV 1985, S. 675 (677 f.); *Tillmanns*, AöR 132, S. 582 (591 ff.).

der.³¹² Dies ergibt sich insbesondere daraus, dass das Bodenrecht nicht als erster Titel des Art. 74 Abs. 1 Nr. 18 GG genannt wird.³¹³

Die in Art. 74 Abs. 1 Nr. 18 GG genannten Kompetenztitel können auch nicht unter einem Gesamttitel „Nutzung von Grund und Boden" zusammengefasst werden.³¹⁴ Dies ergibt sich zum einen daraus, dass nicht alle der in Art. 74 Abs. 1 Nr. 18 GG genannten Kompetenztitel einen Bodenbezug aufweisen. Das gilt beispielsweise für das Altschuldenhilferecht und das Wohngeldrecht. Zum anderen ist festzustellen, dass in Art. 74 GG an anderen Stellen Kompetenztitel genannt werden, deren Bodenbezug wesentlich unmittelbarer ist als der der Kompetenztitel in Art. 74 Abs. 1 Nr. 18 GG, so das Recht der Enteignung nach Nr. 14, die Überführung von Grund und Boden in Gemeineigentum nach Nr. 15, die Bodenverteilung nach Nr. 30 und die Raumordnung nach Nr. 31. Es wäre unsystematisch, einerseits einen Kompetenztitel schaffen zu wollen, der das Thema „Nutzung von Grund und Boden" vollständig abdeckt, andererseits aber die genannten Kompetenztitel, die ebenfalls bodenrelevant sind, nicht hierin aufzunehmen, sondern unter eine andere Nummer zu fassen. Die innere Gemeinsamkeit der Titel der Nr. 18 in der jetzigen Fassung besteht vielmehr darin, dass sie sich alle auf Fragen der Besiedelung und Bebauung beziehen, wobei in den Fällen des Wohngeldrechts, des Altschuldenhilferechts, des Wohnungsbauprämienrechts, des Bergarbeiterwohnungsbaurechts und des Bergmannssiedlungsrechts die Schaffung von Wohnraum im Vordergrund steht. Dabei gilt allerdings zu beachten, dass Nr. 18 in der vor der Föderalismusreform 2007 geltenden Fassung neben dem Wohnungswesen und dem Siedlungs- und Heimstättenwesen auch das landwirtschaftliche Pachtwesen

---

312 *Braun Binder* in *Friauf/Höfling*, Art. 74 Abs. 1 Nr. 18 Rn. 4; *Knauff* in *Kahl/Waldhoff/Walter*, Art. 74 Abs. 1 Nr. 18 Rn. 9; *Oeter* in *v. Mangoldt/Klein/Starck*, Art. 74 Rn. 127; *Pestalozza* in *v. Mangoldt/Klein/Pestalozza*, Art. 74 Rn. 1226; *Stettner* in *Dreier/Bauer/Britz*, Art. 74 Rn. 84; *Schmidt-Aßmann*, Gesetzliche Maßnahme zur Regelung einer praktikablen Stadtentwicklungsplanung in *Akademie für Raumforschung und Landesplanung*, Raumplanung - Entwicklungsplanung S. 108; BVerfG, Gutachten vom 16.06.1954, - 1 PBvV 2/52 -, BVerfGE 3, S. 407 (413 f.); *Tillmanns*, AöR 132, S. 582 (491).

313 BVerfG, Gutachten vom 16.06.1954, - 1 PBvV 2/52 -, BVerfGE 3, S. 407 S. (413 f.); *Tillmanns*, AöR 132, S. 582 (491).

314 *Oeter* in *v. Mangoldt/Klein/Starck*, Art. 74 Rn. 127; *Stettner* in *Dreier/Bauer/Britz*, Art. 74 Rn. 84; *Vilsmeier*, Das bauplanungsrechtliche Verbot der Ortsbildbeeinträchtigung und seine Bedeutung für die Zulässigkeit von Baugerüstwerbung S. 37; *Brandt*, DÖV 1985, S. 675 (677 f.); *Tillmanns*, AöR 132, S. 582 (592 f.). So aber *Erbguth/Stollmann*, NuR 1994, S. 319 (327).

enthielt. Das landwirtschaftliche Pachtwesen weist aber gerade keinen Bezug zur Bebauung auf. Insofern kann aus der jetzigen Rechtslage und dem sich hieraus ergebenden Zusammenhang der Kompetenztitel in Nr. 18 kein Rückschluss auf den Inhalt des Kompetenztitels für das Bodenrecht gezogen werden. Zwar wiesen und weisen weiterhin sämtliche Kompetenztitel in Art. 74 Abs. 1 Nr. 18 GG einen gewissen Bezug zu Bebauung und Bodennutzung auf. Ein Rahmen, der den möglichen Inhalt des Bodenrechts über den Wortlaut hinaus begrenzt oder gar konkretisiert, ergibt sich hieraus jedoch nicht.[315]

b) Verhältnis zu den Kompetenztiteln der Art. 73 Abs. 1, 74 Abs. 1 GG

Eine Schärfung des Inhalts des Kompetenztitels für das Bodenrecht ist aber durch Abgrenzung von anderen, ebenfalls bodenrelevanten Kompetenztiteln des Art. 74 GG zu erreichen. Einer Abgrenzung bedarf der Kompetenztitel für das Bodenrecht namentlich vom Recht der Enteignung und der Überführung von Grund und Boden nach Art. 74 Abs. 1 Nr. 14, 15 GG, vom Recht des städtebaulichen Grundstücksverkehrs nach Nr. 18, vom Naturschutz und der Landschaftspflege nach Nr. 29 und von der Bodenverteilung nach Nr. 30.

Das Recht der Enteignung und die Überführung von Grund und Boden in Gemeineigentum beziehen sich auf den gänzlichen Entzug von Eigentumspositionen und regeln diesen spezialgesetzlich.[316] Regelungen, die sich isoliert auf den Entzug von Eigentum beziehen, können damit nicht auf die Kompetenz für das Bodenrecht gestützt werden.[317] Für das Bodenrecht verbleiben nur Regelungen über die Beschränkung des Bodeneigentums, die die Grenze des Entzugs nicht überschreiten.

Regelungen zum Naturschutz und zur Landschaftspflege lassen sich vom Bodenrecht anhand des geförderten Interesses abgrenzen. Während das Bodenrecht kein spezielles Interesse fördert, werden mit naturschützenden und landschaftspflegerischen Regelungen ausschließlich die genannten Rechtsgüter bevorteilt. Das bedeutet für die Kompetenz des Bodenrechts, dass sich ausschließlich naturschützende und landschaftspflegerische Re-

---

315 So bereits *Tillmanns*, AöR 132, S. 582 (592 f.) zur Rechtslage vor der Föderalismusreform.
316 *Broemel* in v. *Münch/Kunig*, Art. 74 Rn. 56; *Dederer* in *Kahl/Waldhoff/Walter*, Art. 71 Abs. 1 Nr. 14 Rn. 47; *Oeter* in v. *Mangoldt/Klein/Starck*, Art. 74 Rn. 111, 113.
317 *Pestalozza* in v. *Mangoldt/Klein/Pestalozza*, Art. 74 Rn. 1008.

gelungen hierauf nicht stützen lassen. Dasselbe gilt für spezielle Regelungen zur Förderung der land- und forstwirtschaftlichen Erzeugung, Art. 74 Abs. 1 Nr. 17 GG. Aus den Titeln nach Art. 74 Abs. 1 Nr. 22 und 23 GG sowie Art. 73 Abs. 1 Nr. 6a GG folgt, dass Regelungen über die Nutzung von Grund und Boden zum Bau von Land- und Fernstraßen sowie von (Bundes-) Eisenbahnstrecken ebenfalls nicht auf das Bodenrecht gestützt werden können. Aus Art. 73 Abs. 1 Nr. 14 GG ergibt sich ein Ausschluss von Regelungen über die Errichtung von Anlagen zur friedlichen Nutzung von Kernkraft aus dem Tatbestand des Kompetenztitels für das Bodenrecht.

Neben diesen Kompetenztiteln, die sich dadurch von dem Kompetenztitel für das Bodenrecht abgrenzen lassen, dass sie spezielle Interessen fördern, bestehen weitere Kompetenztitel, die besondere Aspekte des Bodenbezugs regeln und deswegen nicht in den Tatbestand des Bodenrechts fallen. Der Kompetenztitel der Bodenverteilung nach Art. 74 Abs. 1 Nr. 30 GG unterscheidet sich von dem des Bodenrechts dadurch, dass die Bodenverteilung ausweislich der Debatten des Ausschusses für Zuständigkeitsabgrenzung im Parlamentarischen Rat nur die landwirtschaftliche Bodenreform im Sinne einer vollumfänglichen Agrarreform meint.[318] Der ebenfalls in Art. 74 Nr. 18 GG genannte Grundstücksverkehr erfasst die öffentlich-rechtlichen Regelungen über Übertragung, Verpachtung und Belastung von Grundstücken.[319] Regelungen, die ausschließlich diese Vorgänge zum Gegenstand haben, können damit nicht auf die Kompetenz für das Bodenrecht gestützt werden. Die Raumordnung nach Art. 74 Abs. 1 Nr. 31 GG meint die überörtliche Planung des Raums und die Nutzung desselben, also insbesondere Raumordnungspläne, Regionalpläne und regionale Flächennutzungspläne.[320] Sie erfasst nur die Planung in den einzelnen Ländern, fasst dort die verschiedenen Fachplanungen zusammen und koordiniert sie miteinander.[321] Dabei entfaltet die Raumplanung als übergeordnete Pla-

---

318 Siehe hierzu ausführlich und mit weiteren Nachweisen S. 101 f.
319 *Broemel* in *v. Münch/Kunig*, Art. 74 Rn. 66; *Degenhart* in *Sachs*, Art. 74 Rn. 72; *Knauff* in *Kahl/Waldhoff/Walter*, Art. 74 Abs. 1 Nr. 18 Rn. 11; *Oeter* in *v. Mangoldt/Klein/Starck*, Art. 74 Rn. 128; *Stettner* in *Dreier/Bauer/Britz*, Art. 74 Rn. 85.
320 *Oeter* in *v. Mangoldt/Klein/Starck*, Art. 74 Rn. 190; BVerfG, Gutachten vom 16.06.1954, - 1 PBvV 2/52 -, BVerfGE 3, S. 407 (425).
321 *Knauff* in *Kahl/Waldhoff/Walter*, Art. 74 Abs. 1 Nr. 31 Rn. 10 f.; *Oeter* in *v. Mangoldt/Klein/Starck*, Art. 74 Rn. 190; *Rengeling*, § 135 Gesetzgebungszuständigkeit in *Isensee/Kirchhof*, Handbuch des Staatsrechts Band 6 Rn. 309; BVerfG, Gutachten vom 16.06.1954, - 1 PBvV 2/52 -, BVerfGE 3, S. 407 (425); BVerfG, Urteil vom 30.10.1962, - 2 BvF 2/60 -, BVerfGE 15, S. 1 (16). Die Gesetzgebungskompetenz für die Raum-

nung nur Bindungswirkung gegenüber der Verwaltung, sie „ordnet" die Verwaltung.[322] Nach der zutreffenden Rechtsprechung des Bundesverfassungsgerichts liegt eine bodenrechtliche Vorschrift im Verhältnis zu einer raumordnerischen Vorschrift erst dann vor, wenn sie Regelungen über das „rechtliche Schicksal des Grund und Bodens" trifft.[323] Bodenrechtliche Regelungen werden von raumordnerischen Regelungen entsprechend dahingehend abgegrenzt, dass bodenrechtliche Vorgaben die Bodennutzung hinreichend konkret und grundstücksgenau regeln müssen.[324] Die Wirkung für die Nutzung des einzelnen Grundstücks muss also ablesbar sein.

c) Zwischenergebnis

Als Ergebnis der systematischen Auslegung kann festgehalten werden, dass der Kompetenztitel für das Bodenrecht im Gegensatz zu anderen, ebenfalls bodenrelevanten Kompetenztiteln nicht der Förderung eines speziellen Interesses dient. Während es bei den ebenfalls Grund und Boden berührenden Kompetenztiteln für den Naturschutz, Landschaftspflege und Fernstraßen um die besonderen Belange der Natur, der Landschaft und der Fernstraßeninfrastruktur geht, stellt der Kompetenztitel für das Bodenrecht von sich aus keine Anforderungen daran, welcher Belang mit der „bodenrechtlichen" Regelung letztlich besonders gefördert oder zurückgestellt werden soll.[325] Im Übrigen kann festgestellt werden, dass bestimmte in den Art. 73 Abs. 1, 74 Abs. 1 GG geregelte und ebenfalls bodenrelevante Materien nicht in den Tatbestand des Bodenrechts fallen, namentlich die Bodenverteilung, der Grundstücksverkehr und die Raumordnung. Hieraus folgt allerdings nicht, dass das Bodenrecht als Auffangtatbestand fungiert. Aus der Systematik lässt sich nicht schließen, ob die genannten Materien aus dem Tatbestand des Bodenrechts herausfallen oder nie Bestandteil des Bodenrechts waren.

---

ordnung auf Bundesebene steht dem Bund kraft Natur der Sache zu, BVerfG, Gutachten vom 16.06.1954, - 1 PBvV 2/52 -, BVerfGE 3, S. 407 (427 f.).
322 BVerfG, Gutachten vom 16.06.1954, - 1 PBvV 2/52 -, BVerfGE 3, S. 407 (425).
323 BVerfG, Gutachten vom 16.06.1954, - 1 PBvV 2/52 -, BVerfGE 3, S. 407 (425). Zurecht stellt *Oeter* in *v. Mangoldt/Klein/Starck*, Art. 74 Rn. 129 hier eine Verbindung zum Unmittelbarkeitskriterium her.
324 *Möckel*, DÖV 2013, S. 424 (426).
325 Ähnlich *Tillmanns*, AöR 132, S. 582 (593).

3. Historische Auslegung

Der mittels Auslegung nach dem Wortlaut und der Systematik im obigen Sinne eingegrenzte Inhalt des Kompetenztitels für das Bodenrecht kann anhand seiner Entstehungsgeschichte näher bestimmt werden. Bereits die Weimarer Reichsverfassung[326] enthielt in Art. 10 Nr. 4 einen Kompetenztitel zu Gunsten des Reiches, wonach dieses Grundsätze für das Bodenrecht, die Bodenverteilung, das Ansiedlungs- und Heimstättenwesen, die Bindung des Grundbesitzes, das Wohnungswesen und die Bevölkerungsverteilung aufstellen konnte. Der ebenfalls bodenrelevante Art. 155 WRV[327] konstituierte keine über den Inhalt des Kompetenztitels für das Bodenrecht hinausgehende Reichskompetenz auf dem bodenrechtlichen Gebiet.[328] Anhaltspunkte, die den Inhalt der Reichskompetenz nach Art. 10 Nr. 4 WRV über ihren Wortlaut hinaus konkretisieren, ergeben sich aus den Beratungen der Weimarer Nationalversammlung kaum. Immerhin wurde zum Ausdruck gebracht, dass ein Kompetenztitel für ein einheitliches Reichsbaupolizeige-

---

326 RGBl 1919, S. 1383 ff.
327 Art. 155 WRV lautete wie folgt: „Die Verteilung und Nutzung des Bodens wird von Staats wegen in einer Weise überwacht, die Mißbrauch verhütet und dem Ziele zustrebt, jedem Deutschen eine gesunde Wohnung und allen deutschen Familien, besonders den kinderreichen, eine ihren Bedürfnissen entsprechende Wohn- und Wirtschaftsheimstätte zu sichern. Kriegsteilnehmer sind bei dem zu schaffenden Heimstättenrecht besonders zu berücksichtigen. Grundbesitz, dessen Erwerb zur Befriedigung des Wohnungsbedürfnisses, zur Forderung der Siedlung und Urbarmachung oder zur Hebung der Landwirtschaft nötig ist, kann enteignet werden. Die Fideikommisse sind aufzulösen. Die Bearbeitung und Ausnutzung des Bodens ist eine Pflicht des Grundbesitzers gegenüber der Gemeinschaft. Die Wertsteigerung des Bodens, die ohne eine Arbeits- oder eine Kapitalaufwendung auf das Grundstück entsteht, ist für die Gesamtheit nutzbar zu machen. Alle Bodenschätze und alle wirtschaftlich nutzbaren Naturkräfte stehen unter Aufsicht des Staates. Private Regale sind im Wege der Gesetzgebung auf den Staat zu überführen."
328 So *Erman* in *Nipperdey*, Art. 155 S. 283, 292; *Pestalozza* in *v. Mangoldt/Klein/Pestalozza*, Art. 74 Rn. 1176; *Giese* Art. 155 Erl. 1. Eine andere Auffassung vertreten *Lassar*, § 27 Die verfassungsrechtliche Ordnung der Zuständigkeiten in *Anschütz/Thoma*, Handbuch des deutschen Staatsrechts Band 1 S. 309 und *Brandt*, DÖV 1985, S. 675 (679). Gegen die Annahme einer Reichskompetenz spricht aber insbesondere die Systematik der WRV, da sich Art. 155 im fünften Abschnitt über „das Wirtschaftsleben" und nicht im ersten Abschnitt befindet, in dem die Gesetzgebungskompetenzen dem Reich und den Ländern zugewiesen werden. Es ist im Übrigen nicht einzusehen, weshalb Art. 155 WRV eine umfassende Gesetzgebungskompetenz des Reichs für bodenrechtliche Frage konstituieren soll, wenn ihm nach Art. 10 Nr. 4 WRV für bodenrechtliche Fragen doch gerade nur eine Grundsatzgesetzgebungskompetenz zukommen soll.

Kapitel 5 Entwicklung eines Zuordnungs- und Abgrenzungsansatzes

setz nicht geschaffen werden sollte.[329] Und auch die Literatur zum Kompetenztitel Bodenrecht i.S.d. Art. 10 Nr. 4 WRV ist wenig ergiebig. So findet sich allein der Hinweis, dass unter den Kompetenztitel Bodenrecht solche Regelungen fallen sollen, die die Nutzung und Verteilung von Grund und Boden betreffen.[330]

Aufschlussreicher, sowohl was die Aufnahme des Kompetenztitels als auch dessen Inhalt angeht, waren die Beratungen bei der Schaffung des Grundgesetzes. Die wesentliche Arbeit an den Kompetenzzuweisungen erfolgte im Ausschuss für Zuständigkeitsabgrenzung.[331] Die Grundlage für die Arbeiten des Ausschusses bildete der Herrenchiemseer Entwurf für das Grundgesetz.[332] Hierin fand sich noch kein Kompetenztitel für das Bodenrecht, stattdessen wurde nur der Kompetenztitel für die Bodenverteilung in Art. 36 Nr. 26 aus Art. 10 Nr. 4 WRV übernommen.[333] Der Ausschuss für Zuständigkeitsabgrenzung des Parlamentarischen Rats ergänzte den Kompetenzkatalog wieder um einen Kompetenztitel für das Bodenrecht.[334]

a) Allgemeines

Der jetzige Art. 74 Abs. 1 Nr. 18 GG im Allgemeinen und der Kompetenztitel für das Bodenrecht im Besonderen führten im Ausschuss zu längeren Diskussionen. Zwar ergibt sich aus den Äußerungen der Abgeordneten eindeutig, dass das landwirtschaftliche Höferecht[335] und der Grundstücksverkehr[336] nicht von dem Kompetenztitel Bodenrecht erfasst sein sollen.

---

329 Siehe hierzu die Äußerungen des Gesandten *von Preger* sowie des Ministerialdirektors *Schäfer* im 8. Ausschuss über den Entwurf einer Verfassung des Deutschen Reichs, Verhandlungen der verfassungsgebenden Deutschen Nationalversammlung Band 336 S. 417 f. Allerdings sollte das Wohnungswesen Teile des sich hierauf beziehenden Baurechts miteinschließen.
330 *Lassar*, § 27 Die verfassungsrechtliche Ordnung der Zuständigkeiten in *Anschütz/Thoma*, Handbuch des deutschen Staatsrechts Band 1 S. 309.
331 Zu dessen Errichtung, Zusammensetzung und Arbeit allgemein *Werner*, Der Parlamentarische Rat 1948-1949 Band 3 Einl.
332 *Werner*, Der Parlamentarische Rat 1948-1949 Band 3 Einl. S. XVII. Der Herrenchiemseer Entwurf findet sich abgedruckt bei *Bucher*, Der Parlamentarische Rat 1948-1949 Band 2 S. 579 ff.
333 *Werner*, Der Parlamentarische Rat 1948-1949 Band 3 S. 120.
334 *Werner*, Der Parlamentarische Rat 1948-1949 Band 3 S. 385 ff.
335 *Matz*, Artikel 74 in *Häberle*, Entstehungsgeschichte der Artikel des Grundgesetzes S. 538.
336 *Werner*, Der Parlamentarische Rat 1948-1949 Band 3 S. 515.

A. Der Kompetenztitel Bodenrecht

Daneben kann aus dem Vorhandensein eines besonderen Kompetenztitels für das bürgerliche Recht in Art. 74 Abs. 1 Nr. 1 GG und der Äußerung *Laforets*, wonach das Bodenrecht die öffentlich-rechtliche Kehrseite des Sachenrechts sei,[337] auch auf den öffentlich-rechtlichen Charakter des Bodenrechts geschlossen werden. Neben diesen sich aus der Entstehungsgeschichte eindeutig ergebenden Einschränkungen des Kompetenztitels für das Bodenrecht war die Abgrenzung des Bodenrechts von anderen Materien in den Ausschusssitzungen Gegenstand von Diskussionen. Aus diesen Diskussionen lassen sich aber nicht nur für die Abgrenzung des Kompetenztitels für das Bodenrecht von anderen Kompetenztiteln Schlüsse ziehen, vielmehr werden hierin auch die Vorstellungen der Abgeordneten über den Inhalt des Kompetenztitels deutlich.

b) Bodenrecht und Bodenverteilung

Das Verhältnis des Kompetenztitels für das Bodenrecht zum Kompetenztitel für die Bodenverteilung, für die dem Bund nach dem Entwurf des Ausschusses nur eine Rahmengesetzgebungskompetenz zukam, war zunächst unklar. Aufschlussreich sind insofern die Diskussionen in der neunten Sitzung des Ausschusses auf die Frage des Abgeordneten *Laforets*, was der Unterschied zwischen Bodenrecht und Bodenverteilung sei. Hierzu führte der Abgeordnete *Wagner* aus, Bodenrecht sei „allgemein, also auch das städtische Bodenrecht". Darauf ergänzte der Abgeordnete *Hoch*: „Die Schwierigkeiten, die wir bei unseren zerstörten Städten haben, sind so groß, dass wir die Möglichkeit haben müssen, ein geschlossenes Gebiet einheitlich neu aufzuteilen, auch gegen den Willen der Eigentümer", worauf der Abgeordnete *Strauß* meint: „Das ist Bodenrecht". Hierauf ergänzt *Wagner*: „Bodenverteilung ist landwirtschaftlich gedacht". *Blomeyer*: „Rein landwirtschaftlich können wir auch das Problem der Bodenreform nicht sehen, denn der Grundbesitz der Industrie und der Kommunen muss ebenso einer einheitlichen Bodenverteilung unterstellt werden wie der der Landwirte." *Strauß*: „Das Problem der Bodenreform ist nur die landwirtschaftliche Bodenreform, was Sie meinen ist Bodenrecht." *Blomeyer*: „Ich meine den landwirtschaftlichen Grundbesitz der Industrie." Darauf wieder *Strauß*: „Der fällt unter die Bodenverteilung." Und zusammenfassend nochmals

---

337 Werner, Der Parlamentarische Rat 1948-1949 Band 3 S. 386.

Kapitel 5 Entwicklung eines Zuordnungs- und Abgrenzungsansatzes

Strauß: „Also: Bodenverteilung bezieht sich auf den landwirtschaftlichen Grundbesitz sowohl von Privaten als auch von öffentlichen Körperschaften. Das ist ganz klar. Die einzelnen Bodenreformgesetze haben besondere Bestimmungen für öffentlich-rechtliche Körperschaften, insbesondere für Staat und Kirche",[338] sowie ebenfalls *Strauß*, auf die Frage nach einem Anwendungsfall für die Bodenverteilung: „Die Agrarreform".[339]

Aus dieser Diskussion lässt sich feststellen, dass mit dem Kompetenztitel „Bodenverteilung" die Zuordnung von Grundstückseigentum an landwirtschaftlichem Grund und Boden gemeint ist.[340] Diese kann, wie bereits festgestellt, entsprechend nicht Teil des Kompetenztitels für das Bodenrecht sein. Für den Inhalt des Kompetenztitels Bodenrecht lässt sich festhalten, dass dieser vor allem die städtische Bodenreform, also die grundsätzliche Umgestaltung der Eigentums- und Nutzungsverhältnisse an Grundstücken in besiedelten Bereichen, meint. Allerdings bezieht sich das Bodenrecht nicht nur auf Grundstücke in besiedelten Gebieten. So meint beispielsweise *Wagner*: „Bodenrecht ist nicht nur Landwirtschaft"[341] und „Unter Bodenrecht verstehe ich nicht nur landwirtschaftliches Recht".[342] Damit wird zum Ausdruck gebracht, dass das Bodenrecht jedenfalls auch das landwirtschaftliche Grundeigentum erfasst. Der Unterschied zwischen landwirtschaftlichem Bodenrecht und der Bodenverteilung besteht darin, dass die Bodenverteilung einen globalen Ansatz in Form einer allgemeinen landwirtschaftlichen Boden- beziehungsweise Agrarreform meint.

c) Bodenrecht und Baurecht

Darüber hinaus lässt sich aus der oben dargestellten Diskussion, insbesondere aus der Äußerung von *Hoch*, wonach die Möglichkeit gegeben sein muss, ein geschlossenes Gebiet auch gegen den Willen der Eigentümer einheitlich neu aufzuteilen, ein Fokus der Kompetenzmaterie Bodenrecht auf den Wiederaufbau der zerstörten Städte vor allem unter dem Gesichtspunkt der Veränderung von Rechten an und Zuschnitten von Grundstü-

---

338 Hierzu insgesamt *Werner*, Der Parlamentarische Rat 1948-1949 Band 3 S. 388 f.
339 *Werner*, Der Parlamentarische Rat 1948-1949 Band 3 S. 388.
340 *Rengeling*, § 135 Gesetzgebungszuständigkeit in *Isensee/Kirchhof*, Handbuch des Staatsrechts Band 6 Rn. 308.
341 *Werner*, Der Parlamentarische Rat 1948-1949 Band 3 S. 386.
342 *Werner*, Der Parlamentarische Rat 1948-1949 Band 3 S. 388.

cken entnehmen. Weitere Äußerungen der Abgeordneten erhärten die Annahme, dass der Kompetenztitel Bodenrecht sich auf Regelungen zur Eigentumsstruktur- und Nutzungsstruktur, vor allem in besiedelten Gebieten, bezieht. So antwortet *Strauß* auf die in der zwölften Sitzung von *Blomeyer* gestellte Frage, was Bodenrecht sei: „Das ist auch der städtische Grundstücksverkehr hier. Die Einschränkungen, die wir seit 1917 haben, wollen wir auch künftig im Bundesrecht haben. Bodenrecht ist städtische Bodenreform. Bodenrecht sind die Gesetze, die sich aus der Zerstörung der Städte ergeben".[343] Aussagekräftig ist darüber hinaus die Äußerung von *Wagner* in der neunten Sitzung, der auf den Vorschlag von *Laforet*, dem Bund nur die Rahmengesetzgebungskompetenz für das Bodenrecht zuzugestehen, erwiderte: „Da verlange ich Vorranggesetzgebung. Man kann nicht Deutschland aufbauen – fast sämtliche Großstädte sind ruiniert –, wenn man nicht bundesgesetzgeberische Möglichkeiten gibt. Es muss nicht gleichgemacht werden, sondern es muss aufgebaut werden. Sprechen Sie mit einem unserer Rechtsräte; wenn wir in Ludwigshafen dort z. B. die Ludwigstraße neu herrichten wollen und der Eigentümer sagt: Da will ich mein Haus wieder hinhaben. Was machen wir dann? Sie haben keine Möglichkeit, etwas zu tun. Das muss aber einheitlich geregelt werden."[344] Gerade aus diesem von *Wagner* genannten Beispiel des Wiederaufbaus eines Hauses an derselben Stelle ergibt sich zum einen erneut der eigentumsrechtliche, also der die Inhaberschaft des konkreten Grundstücks betreffende, sowie der nutzungsrechtliche Bezug des Kompetenztitels Bodenrecht. Bodenrecht nimmt nicht vorrangig die Bebauung in den Blick, sondern das Eigentum an und die Nutzung von Grund und Boden. Zum anderen verdeutlicht das Beispiel, dass bodenrechtliche Regelungen es ermöglichen sollen, private Eigentümerinteressen im öffentlichen Interesse einzuschränken. Dass der Aspekt des Wiederaufbaus und der Zuweisung von Nutzungsrechten an

---

343 *Werner*, Der Parlamentarische Rat 1948-1949 Band 3 S. 515. Vor dem Hintergrund dieser Äußerung unzutreffend ist die Auffassung von *Tillmanns*, AöR 132, S. 582 (593 f.) wonach es der Kompetenztitel für die Bodenverteilung ausschließe, den Kompetenztitel für das Bodenrecht dahingehend zu verstehen, dass auch dieser die Bodenreform enthalte. Vielmehr erfasst das Bodenrecht die städtische Bodenreform wohingegen die Bodenverteilung die agrarische Bodenreform regelt. Dass es sich hierbei um keinen terminologischen Glücksgriff handelte, ergibt sich nicht zuletzt aus der Frage des Abgeordneten *Laforet*, ob die vom Ausschuss in den Blick genommene, inhaltliche Unterscheidung der Begriffe Bodenrecht und Bodenverteilung ohne Kommentar überhaupt verständlich sei, *Werner*, Der Parlamentarische Rat 1948-1949 Band 3 S. 389.

344 *Werner*, Der Parlamentarische Rat 1948-1949 Band 3 S. 387.

Kapitel 5 Entwicklung eines Zuordnungs- und Abgrenzungsansatzes

Grund und Boden Gegenstand der Materie Bodenrecht sein soll, ergibt sich auch daraus, dass der Abgeordnete *Strauß* auf die Ausführungen des Abgeordneten *Laforet*s betreffend den Wiederaufbau der zerstörten Städte nach „gleichen Grundsätzen" antwortete, dies müsse unter Ziff. 26, also dem unter anderem das Bodenrecht betreffenden Kompetenztitel besprochen werden.[345]

Auch wenn unter dem Kompetenztitel Bodenrecht also der Wiederaufbau der Städte gefasst wurde, bedeutet dies jedoch nicht, dass damit das gesamte Baurecht gemeint ist. Vielmehr sollte das gesamte Baurecht ausdrücklich nicht unter den Kompetenztitel Bodenrecht gefasst werden. So meint der Abgeordnete *Wagner* in der neunten Sitzung: „Dann ist noch die Frage, ob Baurecht zum Bodenrecht gehört." Hierauf antwortet *Laforet* unwidersprochen: „Baupolizei muss länderrechtlich sein".[346] Diese Auffassung, wonach das Bodenrecht das Baupolizeirecht nicht enthält, deckt sich auch mit dem Inhalt des Kompetenztitels für das Bodenrecht nach Art. 10 Nr. 4 WRV.[347] Während der Weimarer Nationalversammlung wurde darüber debattiert, unabhängig vom Kompetenztitel für das Bodenrecht einen Kompetenztitel für das Bauwesen zu Gunsten des Reiches mit aufzunehmen. Hiervon wurde aber ausdrücklich Abstand genommen.[348] Insofern konnte schon der damalige Kompetenztitel nach Art. 10 Nr. 4 WRV nicht dahingehend ausgelegt werden, das gesamte Bauwesen zu enthalten.[349] Dasselbe gilt ausweislich der Äußerung von *Laforet* auch für das Grundgesetz.

---

345 *Werner*, Der Parlamentarische Rat 1948-1949 Band 3 S. 63.
346 *Werner*, Der Parlamentarische Rat 1948-1949 Band 3 S. 405.
347 Zutreffend BVerfG, Gutachten vom 16.06.1954, - 1 PBvV 2/52 -, BVerfGE 3, S. 407 (415 f.).
348 Siehe hierzu die Äußerungen des Gesandten *von Preger* sowie des Ministerialdirektors *Schäfer* im 8. Ausschusses über den Entwurf einer Verfassung des Deutschen Reichs, Verhandlungen der verfassungsgebenden Deutschen Nationalversammlung Band 336 S. 417 f.
349 Nach alldem zutreffend die Auffassung des Bundesverfassungsgerichts, wonach der Kompetenztitel Bodenrecht nicht das gesamte Baurecht erfasst, BVerfG, Gutachten vom 16.06.1954, - 1 PBvV 2/52 -, BVerfGE 3, S. 407 (414).

d) Bodenrecht und Planungsrecht

Wesentlich weniger eindeutig als das Verhältnis zwischen Bodenrecht und Baurecht ist das Verhältnis zwischen Bodenrecht und Planungsrecht. Wie bereits oben dargelegt, nimmt das Bodenrecht im Wesentlichen Regelungen über die Nutzung und die Aufteilung von Grundstücken, insbesondere vor dem Hintergrund des Wiederaufbaus der Städte, in den Blick. Hieraus folgt die von *Manssen* begründete und von *Tillmanns* und *Vilsmeier* weiterentwickelte Auffassung des Kompetenztitels für das Bodenrecht, dass dieser im Wesentlichen die städtebauliche Planung betreffe.[350]

Eine solche Verengung des Bodenrechts auf ein „Planungsrecht" lässt sich den Besprechungen des Ausschusses für Zuständigkeitsabgrenzung allerdings nicht entnehmen. Zwar trifft zu, dass mit dem Bodenrecht auch Aspekte der Planung geregelt werden sollen. Dies ergibt sich beispielsweise aus der Äußerung von *Laforet*, wonach Ziff. 26, der jetzige Art. 74 Abs. 1 Nr. 18 GG, Planung, Bodenverteilung, Siedlungs- und Heimstättenwesen betreffe.[351] Und auch folgende Stellungnahme von *Reuter* in der dritten Sitzung lässt einen Zusammenhang von Stadtplanung und Bodenrecht erkennen: „Wir müssen ferner meiner Ansicht nach das Bodenrecht durch eine Verstärkung insbesondere des Erbbaurechts, das bei uns sehr unzureichend entwickelt ist, in eine Form hineingießen, dass diese Dinge möglich sind. Das hängt auch zusammen mit den Rechtsgrundsätzen, die wir auf dem Wege der Aufbaugesetze in den einzelnen Ländern für die Stadtplanung schaffen wollen."[352]

Hieraus lässt sich jedoch nicht folgern, dass der Kompetenztitel für das Bodenrecht kongruent mit einer Kompetenz für das Stadtplanungsrecht ist. Die Materie Städteplanung war dem Ausschuss bekannt, dies ergibt sich aus den oben genannten Ausführungen von *Reuter* in der dritten Sitzung.[353] Dennoch wurde die Stadtplanung als eigenständiger Kompetenztitel trotz des ausdrücklichen Vorschlags von *Laforet*, unter Bezugnahme

---

350 *Manssen*, Stadtgestaltung durch örtliche Bauvorschriften S. 81 ff.; *Vilsmeier*, Das bauplanungsrechtliche Verbot der Ortsbildbeeinträchtigung und seine Bedeutung für die Zulässigkeit von Baugerüstwerbung S. 43 ff; *Tillmanns*, AöR 132, S. 582 (598). Siehe zu dieser Auffassung bereits S. 91 f.
351 *Werner*, Der Parlamentarische Rat 1948-1949 Band 3 S. 123. Ebenso der Abgeordnete *Blomeyer*, *Werner*, Der Parlamentarische Rat 1948-1949 Band 3 S. 124.
352 *Werner*, Der Parlamentarische Rat 1948-1949 Band 3 S. 122.
353 *Werner*, Der Parlamentarische Rat 1948-1949 Band 3 S. 60 f.

Kapitel 5 Entwicklung eines Zuordnungs- und Abgrenzungsansatzes

auf die Ausführungen von *Reuter*,[354] nicht aufgenommen.[355] Hätte man einen eigenständigen Kompetenztitel Stadtplanung gewollt, hätte man ihn schaffen können. Dies wurde trotz entsprechender Vorschläge nicht getan. Aus alldem folgt, dass planerische Regelungen nur einen Teilbereich dessen ausmachen, was auf Grundlage der Kompetenz für das Bodenrecht erlassen werden kann. Dementsprechend kann der Kompetenztitel entgegen der Auffassung von *Manssen* und *Tillmanns* nicht als Synonym zu einem Kompetenztitel für das Planungsrecht verstanden werden.[356]

Die Auslegung, wonach das Bodenrecht als Planungsrecht zu verstehen ist, findet entgegen der Auffassung von *Manssen* und *Tillmanns* auch im Baurechtsgutachten des Bundesverfassungsgerichts keine hinreichende Stütze.[357] Zwar stellte das Bundesverfassungsgericht fest, dass der Bund die „städtebauliche Planung" aufgrund des Kompetenztitels für das Bodenrecht regeln könne.[358] Hieraus folgt aber nicht, dass damit das Bodenrecht nur oder fast nur das gesamte „Planungsrecht" umfasse. Vielmehr ist dieses Ergebnis vor dem Hintergrund der dem Gutachten zugrundeliegenden Fragestellungen zu sehen. Das Bundesverfassungsgericht sollte unter anderem die Frage begutachten, ob dem Bund eine Kompetenz zusteht für „das Recht der städtebaulichen Planung, dessen Inhalt und Zweck darin besteht, dass die gesamte Bebauung in Stadt und Land, die zu ihr gehörigen baulichen Anlagen und Einrichtungen sowie die mit der Bebauung in Verbindung stehende Nutzung des Bodens durch eine der Wirtschaftlichkeit, der Zweckmäßigkeit sowie den sozialen, gesundheitlichen und kulturellen Erfordernissen dienende Planung vorbereitet und geleitet werden sollen".[359] Darüber hinaus wurde auch nach der Kompetenz für die Baulandumlegung, die Bodenbewertung, das Bodenverkehrsrecht, das Erschließungsrecht und das Baupolizeirecht gefragt.[360] Das Bundesverfassungsgericht beantwortete die Frage nach der Kompetenz für das Planungsrecht wie folgt: „Zur Materie „Bodenrecht" gehören (...) nur solche Vorschriften, die den Grund und Boden unmittelbar zum Gegenstand rechtlicher Ordnung haben, also die rechtlichen Beziehungen des Menschen zum Grund und

---

354 *Werner*, Der Parlamentarische Rat 1948-1949 Band 3 S. 122 f.
355 *Werner*, Der Parlamentarische Rat 1948-1949 Band 3 S. 124.
356 Ebenso *Möckel*, DÖV 2013, S. 424 (432).
357 *Manssen*, Stadtgestaltung durch örtliche Bauvorschriften S. 81, 85; *Tillmanns*, AöR 132, S. 582 (598).
358 BVerfG, Gutachten vom 16.06.1954, - 1 PBvV 2/52 -, BVerfGE 3, S. 407 (428).
359 BVerfG, Gutachten vom 16.06.1954, - 1 PBvV 2/52 -, BVerfGE 3, S. 407 (408).
360 BVerfG, Gutachten vom 16.06.1954, - 1 PBvV 2/52 -, BVerfGE 3, S. 407 (408 ff.).

Boden regeln. Soweit es sich bei der städtebaulichen Planung um die „Leitung" handelt, d. h., soweit die Pläne verbindliche Kraft für den einzelnen Grundstückseigentümer haben, bestimmen diese Pläne, in welcher Weise der Eigentümer sein Grundstück nutzen darf, insbesondere, ob er überhaupt bauen darf und in welcher Weise (gewerblicher Bau oder Wohnhaus; Landhausbauweise oder Baublock; ländliche Siedlung usw.). Die städtebauliche Planung bestimmt also insoweit die rechtliche Qualität des Bodens. Das Recht, das diese Planung vorsieht und ordnet, gehört darum zum Bodenrecht i. S. des Art. 74 Nr. 18 GG".[361] Das Bundesverfassungsgericht hat das „Planungsrecht" demzufolge nicht pauschal dem Bodenrecht zugewiesen. Vielmehr hat es ausgeführt, dass diejenigen Elemente der Planung, mit denen die Nutzung von Grund und Boden für den einzelnen Eigentümer verbindlich geregelt werden, unter dem Begriff der „städtebaulichen Planung" von der konkurrierenden Kompetenz für das Bodenrecht umfasst sind. Dass das Bundesverfassungsgericht sich überhaupt so ausführlich zum Planungsrecht geäußert hat, liegt an der Fragestellung des Gutachtens. Daraus kann nicht geschlossen werden, dass das Bundesverfassungsgericht das Bodenrecht hauptsächlich als Planungsrecht interpretiert hat.

e) Zwischenergebnis

Aus den Diskussionen des im Parlamentarischen Rat gebildeten Ausschusses für Zuständigkeitsabgrenzung lässt sich nach alldem entnehmen, dass das Bodenrecht weder das gesamte Baurecht noch die agrarische Eigentumsordnung erfasst. Es lässt sich entgegen der Auffassung von *Manssen*, *Tillmanns* und *Vilsmeier* auch nicht als Kompetenztitel ausschließlich für das Planungsrecht verstehen. Vielmehr nimmt das Bodenrecht ausweislich der Äußerungen der Mitglieder des Ausschusses für Zuständigkeitsabgrenzung Fragen der Zuweisung von Eigentums- und Nutzungsrechten an Grund und Boden sowie der koordinierten Bebauung in den Blick. Mittels des Kompetenztitels für das Bodenrecht können private Nutzungsinteressen hinter öffentliche Interessen zurückgestellt werden.

---

361 BVerfG, Gutachten vom 16.06.1954, - 1 PBvV 2/52 -, BVerfGE 3, S. 407 (424). Hervorhebungen durch den Autor.

Kapitel 5 Entwicklung eines Zuordnungs- und Abgrenzungsansatzes

4. Sinn und Zweck des „Bodenrechts"

Diese dem Kompetenztitel für das Bodenrecht vom Ausschuss für Zuständigkeitsfragen beigemessene Bedeutung als Grundlage für den Erlass von Regelungen über die Eigentums- und Nutzungsrechte an Grund und Boden bedarf hinsichtlich der Bedeutung und des Zwecks solcher Regelungen einer vertiefenden Betrachtung. Das Bedürfnis besonderer bodenrechtlicher Regelungen im obigen Sinne lässt sich nur vor dem Hintergrund der Bedeutung des Bodens für das menschliche Zusammenleben sowie der bodenpolitischen Entwicklungen, die der Ausschuss insbesondere unter Verwendung des Begriffs der „Bodenreform"[362] in den Blick genommen hat, nachvollziehen.

a) Wirtschaftliche Bedeutung von Grund und Boden

Die Eigentums- und Nutzungsstruktur von Grund und Boden weist eine herausragende Bedeutung für das Wirtschafts- und Sozialleben einer Gesellschaft auf. Der Boden stellt neben dem Kapital und der Arbeit einen der drei wesentlichen Produktionsfaktoren der klassischen Volkswirtschaftslehre dar.[363] Die Verfügbarkeit von Boden ist unentbehrliche Grundlage jedes wirtschaftlichen Handelns, der Ernährung und des Wohnens.[364] Grund

---

362 *Werner*, Der Parlamentarische Rat 1948-1949 Band 3 S. 121, 388.
363 *Senft*, Das Bodeneigentum - Problemgeschichte und Theorieentwicklung in *Senft*, Land und Freiheit S. 19; *Mankiw/Taylor*, Grundzüge der Volkswirtschaftslehre S. 2, 519; *Samuelson/Nordhaus*, Volkswirtschaftslehre S. 409. Zur Bedeutung des Grundstückseigentums *Knauff* in *Kahl/Waldhoff/Walter*, Art. 74 Abs. 1 Nr. 18 Rn. 1; *Remmert*, § 3 Öffentliches Baurecht in *Ennuschat/Ibler/Remmert*, Öffentliches Recht in Baden-Württemberg Rn. 1 f.; *Breuer*, Die Bodennutzung im Konflikt zwischen Städtebau und Eigentumsgarantie S. 17 f.; *Dreier*, Raumordnung als Bodeneigentums- und Bodennutzungsordnung S. 15; BVerfG, Beschluss vom 12.01.1967, - 1 BvR 169/63 -, BVerfGE 21, S. 73 (82 f.). Hinsichtlich der Bedeutung für das Bodenrecht ebenso *Brandt*, DÖV 1985, S. 675 (680).
364 *Erman* in *Nipperdey*, Art. 155 S. 287; *Dittus*, Das Bodenrechtsproblem, die zentrale Frage des künftigen Städtebaus in *Dittus*, Baurecht im Werden S. 98; *Dreier*, Raumordnung als Bodeneigentums- und Bodennutzungsordnung S. 15; BVerfG, Beschluss vom 12.01.1967, - 1 BvR 169/63 -, BVerfGE 21, S. 73 (82 f.). Speziell für die unternehmerische Standortwahl *Heynitz*, ZRP 1977, S. 230 (230, 233). Die Bedeutung des Grundeigentums relativierend dagegen *Depenheuer/Froese* in *v. Mangoldt/Klein/Starck*, Art. 14 Rn. 7.

A. Der Kompetenztitel Bodenrecht

und Boden zeichnen sich hauptsächlich durch ihre Unvermehrbarkeit und Unzerstörbarkeit aus.[365]

b) Bodenpolitische Entwicklungen vor der Schaffung des GG

Diese Bedeutung des Bodens wurde in der jüngeren Geschichte vor der Schaffung des Grundgesetzes von der Debatte um eine sogenannte Bodenreform besonders in den Blick genommen. Kernpunkt der Diskussion war die Verteilung von Eigentums- und Nutzungsrechten an Grund und Boden und eine in diesem Zusammenhang geforderte Reform der Eigentums- und Nutzungsstruktur.[366]

Diese bodenreformerischen Bestrebungen begannen in den deutschen Ländern ab Ausgang des 19. Jahrhunderts. Die Beseitigung feudaler Grundeigentumsstrukturen zu Beginn des 19. Jahrhunderts hatte zur Schaffung und freien Handelbarkeit privaten Grundeigentums geführt und somit einer breiten, vor allem bürgerlichen Gesellschaftsschicht den Erwerb von Grundeigentum als wirtschaftliches Kapital ermöglicht.[367] Im Zuge des Erstarkens liberaler Strömungen wurde dieses Grundeigentum im Verlaufe des Jahrhunderts zunehmend von bestehenden Bindungen befreit und vor staatlichen Eingriffen geschützt.[368] Dieser Vorgang stellte einerseits eine

---

365 *Erman* in *Nipperdey*, Art. 155 S. 287; *Damaschke*, Die Bodenreform S. 55, 86 f.; *Samuelson/Nordhaus*, Volkswirtschaftslehre S. 412; *Möckel*, DÖV 2013, S. 424 (430); *Tillmanns*, AöR 132, S. 582 (600).

366 Hierzu *Ahlers*, Die Sozialisierung von Grund und Boden S. 44 ff.; *Dreier*, Raumordnung als Bodeneigentums- und Bodennutzungsordnung S. 45 ff.

367 *Dreier*, Raumordnung als Bodeneigentums- und Bodennutzungsordnung S. 30 ff.; *Schacherreiter*, Das Landeigentum als Legal Transplant in Mexiko S. 140 f. Eine Darstellung der feudalen Bodenordnung findet sich bei *Ahlers*, Die Sozialisierung von Grund und Boden S. 25 ff.; *Hedemann*, Die Fortschritte des Zivilrechts im XIX. Jahrhundert S. 2 ff.; *Schacherreiter*, Das Landeigentum als Legal Transplant in Mexiko S. 131 ff. Ausführungen zur Bodenreform Anfang des 19. Jahrhunderts finden sich bei *Ahlers*, Die Sozialisierung von Grund und Boden S. 32 f.; *Hedemann*, Die Fortschritte des Zivilrechts im XIX. Jahrhundert S. 22 ff.; *Schacherreiter*, Das Landeigentum als Legal Transplant in Mexiko S. 153 ff. und *Schmidt-Aßmann*, Grundfragen des Städtebaurechts S. 8 ff.

368 *Ott*, Bodenrecht in *Rehbinder*, Recht im sozialen Rechtsstaat S. 129 f.; *Ahlers*, Die Sozialisierung von Grund und Boden S. 33 ff.; *Floßmann*, Eigentumsbegriff und Bodenordnung im historischen Wandel S. 44 ff.; *Schacherreiter*, Das Landeigentum als Legal Transplant in Mexiko S. 156.

Kapitel 5 Entwicklung eines Zuordnungs- und Abgrenzungsansatzes

entscheidende Triebfeder der Industrialisierung dar.[369] Er führte aber andererseits zu einer starken Ungleichgewichtung privater Eigentumsverhältnisse.[370] Diese Ungleichgewichtung wiederum führte, gemeinsam mit einem starken Bevölkerungswachstum, einer durch die Industrialisierung bedingten Landflucht samt der daraus resultierenden Verstädterung und einer arbeitsmarktbedingten Verarmung der städtischen Arbeiterschicht zu erheblichen städtebaulichen und damit auch sozialen Problemen.[371] Insbesondere kapitalstarke Grundeigentümer sorgten für die Errichtung städtischer Mietskasernen mit schlechten hygienischen Zuständen, beengten Wohnverhältnissen und mangelnder Wohn- und Aufenthaltsqualität durch schlechte Belüftung und Belichtung vor allem in Hof- und Kellerwohnungen.[372] Diese städtebaulichen und besonders hygienischen Probleme manifestierten sich nicht zuletzt im Choleraausbruch in Hamburg 1892.[373] Neben diese gesundheitlichen und sozialen Probleme trat eine erhebliche Preissteigerung für Grundeigentum, womit der Eigentumserwerb durch weniger Begüterte erschwert oder unmöglich gemacht wurde.[374] Gegen diese, vor allem aus Renditeabsicht geschaffenen Zustände, regte sich bald Widerstand.[375]

---

369 *Ahlers*, Die Sozialisierung von Grund und Boden S. 34; *Schacherreiter*, Das Landeigentum als Legal Transplant in Mexiko S. 140.

370 *Ott*, Bodenrecht in *Rehbinder*, Recht im sozialen Rechtsstaat S. 130; *Dreier*, Raumordnung als Bodeneigentums- und Bodennutzungsordnung S. 37 ff.; *Pesl*, Ist der Bund Deutscher Bodenreformer sozialistisch? S. 4; *Schacherreiter*, Das Landeigentum als Legal Transplant in Mexiko S. 156.

371 Zu dieser (europaweiten) Entwicklung unter besonderer Herausstellung des Industrialisierungsprozesses *Eberstadt*, Das Wohnungswesen S. 20 ff. Ebenso *Schmidt-Aßmann*, Grundfragen des Städtebaurechts S. 19. Eine systematische Darstellung der verschiedenen Gruppierungen findet sich bei *Hedemann*, Die Fortschritte des Zivilrechts im XIX. Jahrhundert S. 297 ff.

372 *Braun*, Berliner Wohnungs-Verhältnisse in *Schippel*, Berliner Arbeiter-Bibliothek S. 17 ff.; *Ahlers*, Die Sozialisierung von Grund und Boden S. 40 f.; *Buff*, Bauordnung im Wandel S. 50 f.; *Breuer*, Die Verwaltung 1986, S. 305 (314 f.). Ausführlich zu den Zuständen in Berliner Mietskasernen Ende des 19. Jahrhunderts *Braun*, Berliner Wohnungs-Verhältnisse in *Schippel*, Berliner Arbeiter-Bibliothek S. 21 ff.; *Damaschke*, Die Bodenreform S. 66 ff.; *Geist/Kürvers*, Das Berliner Mietshaus 1862-1945 S. 450 ff. sowie zur Mietskaserne aus architektonischer und wirtschaftlicher Sicht *Eberstadt*, Das Wohnungswesen S. 35 ff.

373 *Damaschke*, Die Bodenreform S. 68; *Geist/Kürvers*, Das Berliner Mietshaus 1862-1945 S. 450.

374 *Braun*, Berliner Wohnungs-Verhältnisse in *Schippel*, Berliner Arbeiter-Bibliothek S. 16; *Ahlers*, Die Sozialisierung von Grund und Boden S. 42.

375 *Buff*, Bauordnung im Wandel S. 51.

Der Suche nach Lösungen für die beschriebenen Probleme nahmen sich verschiedene politische Gruppierungen an.[376] Die wohl bekannteste, der Kommunismus, strebte die Vergesellschaftung des gesamten Eigentums, also auch des Bodeneigentums, an.[377] Daneben bestand in Deutschland eine starke Bodenreformbewegung, seit 1898 vor allem in Form des Bundes Deutscher Bodenreformer unter der Führung von *Adolf Damaschke*.[378] Die Ziele der Bodenreformbewegung betrafen, je nach Ausprägung, die allgemeine Kommunalisierung von Grund und Boden oder die Besteuerung der Bodenrente, also die Abschöpfung des Wertzuwachses des Bodens, der nicht auf der körperlichen Veränderung des Grundstücks beruhte.[379] Durch eine solche Bodenrente versprach man sich die spekulationsbedingte Verteuerung von Grundstücken zu vermeiden, die Steuerlast der Bevölkerung für Arbeit zu verringern und damit den allgemeinen Wohlstand zu steigern.[380] Daneben wurde gefordert, den Ankauf und die Bevorratung von Boden durch die Gemeinden beispielsweise mittels Vorkaufsrechten zu fördern.[381] Das so generierte gemeindliche Grundeigentum sollte der Bevölkerung mittels Erbbaurecht zum Bau von Eigenheimen zu Verfügung gestellt werden.[382] Darüber hinaus sollten die Gemeinden auf ihrem Ei-

---

376 *Schmidt-Aßmann*, Grundfragen des Städtebaurechts S. 38 ff. *Ahlers*, Die Sozialisierung von Grund und Boden S. 43 nennt hier die genossenschaftliche, die staatssozialistische, die marxistische, die rechtswissenschaftliche und die bodenreformerische. Zu den bodenpolitischen Vorstellungen der einzelnen Parteien *Ahlers*, Die Sozialisierung von Grund und Boden S. 58 ff.
377 *Marx/Engels*, Das kommunistische Manifest S. 19, 52 f.
378 Zu Grundlagen und Entstehung des Bundes *Ahlers*, Die Sozialisierung von Grund und Boden S. 44 ff.; *Pesl*, Ist der Bund Deutscher Bodenreformer sozialistisch? S. 4 ff. Zu verschiedenen Strömungen der Bodenreformbewegung *Ott*, Bodenrecht in *Rehbinder*, Recht im sozialen Rechtsstaat S. 131; *Dreier*, Raumordnung als Bodeneigentums- und Bodennutzungsordnung S. 43 ff. Zur Bodenreform insgesamt *Hedemann*, Die Fortschritte des Zivilrechts im XIX. Jahrhundert S. 319 ff.
379 *Ahlers*, Die Sozialisierung von Grund und Boden S. 45 ff., 54 ff.; *Damaschke*, Die Bodenreform S. 92 ff.; *Pesl*, Ist der Bund Deutscher Bodenreformer sozialistisch? S. 8 ff.
380 *Ahlers*, Die Sozialisierung von Grund und Boden S. 56; *Damaschke*, Die Bodenreform S. 92, 94.
381 *Damaschke*, Die Bodenreform S. 122 ff.
382 *Damaschke*, Die Bodenreform S. 131 ff. In diese Richtung geht auch die Äußerung von *Reuter* im Ausschuss für Zuständigkeitsfragen des Parlamentarischen Rats, der als Aufgabe des Bodenrechts auch eine Stärkung des Erbbaurechts sieht, *Werner*, Der Parlamentarische Rat 1948-1949 Band 3 S. 122. Zu den Forderungen der Bodenreformern unter *Damaschke Schmidt-Aßmann*, Grundfragen des Städtebaurechts S. 40 f.

Kapitel 5 Entwicklung eines Zuordnungs- und Abgrenzungsansatzes

gentum öffentliche Einrichtungen wie beispielsweise Armenunterkünfte, "Familiengärten", Spielplätze oder Parkanlagen herstellen.[383] Außerdem forderten die Bodenreformer durch baurechtliche Beschränkungen des Eigentums gesunde Wohn- und Arbeitsverhältnisse zu gewährleisten.[384]

Diese Forderungen des Bundes Deutscher Bodenreformer wurden in Art. 155 WRV aufgegriffen.[385] Art. 155 WRV traf unter anderem Bestimmungen über die Enteignung und Zurverfügungstellung von Grundstücken zu Wohnzwecken, über die grundsätzliche staatliche Aufsicht über sämtliche Bodenschätze sowie über die Pflicht des Eigentümers gegenüber der Gemeinschaft zur Bearbeitung und Ausnutzung des Bodens.[386] Darüber hinaus bestimmte er, dass die Wertsteigerung des Bodens, die ohne eine Arbeits- oder eine Kapitalaufwendung auf das Grundstück entsteht, also das, was nach der Vorstellung der Bodenreformer die Bodenrente darstellt, für die Gesamtheit nutzbar zu machen ist. Diese Vorgaben stellten verfassungsmäßige Vorgaben zur Ausgestaltung der Reichskompetenz für das Bodenrecht nach Art. 10 Nr. 4 WRV dar.[387] Insofern weist jedenfalls der Weimarer Kompetenztitel für das Bodenrecht einen engen Bezug zu den bodenreformerischen Bestrebungen Ende des 19. und Anfang des 20. Jahrhunderts auf. Betrachtet man den Begriff des Bodenrechts nach Art. 10 Nr. 4 WRV in Verbindung mit den Bestimmungen des Art. 155 WRV vor diesem Hintergrund, wird zunächst erneut der enge Zusammenhang des Bodenrechts mit der Eigentums- und Nutzungsstruktur von Grund und Boden deutlich. Darüber hinaus zeigt der Zusammenhang mit den bodenreformerischen Bestrebungen aber auch, dass bodenrechtliche Regelungen das sonst freie Bodeneigentum aus Gründen des Allgemeinwohls insbesondere aufgrund der enormen sozialen und vor allem wirtschaftlichen

---

383 *Damaschke*, Die Bodenreform S. 125 ff.
384 *Damaschke*, Die Bodenreform S. 88 ff.
385 *Erman* in *Nipperdey*, Art. 155. S. 288 f.; *Ahlers*, Die Sozialisierung von Grund und Boden S. 65 f.; *Anschütz*, Die Verfassung des Deutschen Reichs vom 11. August 1919 S. 723; *Hedemann*, Die Fortschritte des Zivilrechts im XIX. Jahrhundert S. 324; *Schmidt-Aßmann*, Grundfragen des Städtebaurechts S. 45 f.
386 Zum gesamten Normtext siehe Fußnote 327.
387 *Erman* in *Nipperdey*, Art. 155 S. 283; *Giese* Art. 155 Erl. 1; *Buch*, NVwZ 1998, S. 822 (822). Art. 155 WRV speziell als Behandlung von "Bodenrechtsfragen" auffassend *Erman* in *Nipperdey*, Art. 155 S. 284, ähnlich *Hedemann*, Die Fortschritte des Zivilrechts im XIX. Jahrhundert S. 324. Vergleiche hierzu insbesondere auch *Poetzsch-Heffter*, Handkommentar der Reichsverfassung S. 119, der bei der Kommentierung zu Art. 10 Nr. 4 WRV hinsichtlich des Inhalts des Kompetenztitels für das Bodenrecht auf die Kommentierung zu Art. 155 WRV verweist, S. 487.

Bedeutung des Bodeneigentums beschränkten. Der besondere wirtschaftliche Wert des Bodeneigentums sollte nicht bei dem Einzelnen verbleiben, sondern in den Dienst der Allgemeinheit gestellt werden können. Dies sollte nicht zuletzt dafür sorgen, „Missbrauch" zu verhindern, wie es auch Art. 155 WRV ausdrückte. Insofern konkretisierten die bodenrechtlichen Regelungen nach Art. 10 Nr. 4 WRV in Verbindung mit Art. 155 WRV die Sozialpflichtigkeit des Eigentums nach Art. 153 Abs. 3 WRV.[388]

c) Bedeutung der bodenpolitischen Entwicklungen für Art. 74 Abs. 1 Nr. 18 GG

Diese Bedeutung des Art. 10 Nr. 4 WRV wurde ausweislich der Debatten des Ausschusses für Zuständigkeitsabgrenzung des Parlamentarischen Rats für den Begriff des Bodenrechts in Art. 74 Abs. 1 Nr. 18 GG wieder aufgegriffen. Hierfür spricht nicht nur, dass Art. 74 Abs. 1 Nr. 18 GG wortgleich mit Art. 10 Nr. 4 WRV ist, vielmehr wurde im Ausschuss für Zuständigkeitsabgrenzung mehrfach auf den Zusammenhang zwischen dem Kompetenztitel für das Bodenrecht und der „Bodenreform" verwiesen.[389] Dabei wird das Bodenrecht sogar als „städtische Bodenreform"[390] bezeichnet. Mit diesem Verweis auf die Bodenreform ergibt sich eine direkte Entwicklungslinie zwischen den bodenpolitischen Debatten Ende des 19. und Anfang des 20. Jahrhunderts, der Normierung der Art. 10 Nr. 4 und 155 WRV und schließlich dem Kompetenztitel für das Bodenrecht in Art. 74 Abs. 1 Nr. 18 GG.

Auch hinsichtlich der praktischen Bedeutung, die dem Kompetenztitel Bodenrecht von den Ausschussmitgliedern beigemessen wurde, lässt sich ein Zusammenhang mit den bodenreformerischen Bestrebungen und Art. 10 Nr. 4, 155 WRV feststellen. Zwar standen zum Zeitpunkt der Schaffung des Grundgesetzes weniger die Fragen nach den Zuständen in städtischen Arbeiterwohnungen und den Preisen für Grundeigentum, sondern vielmehr der Wiederaufbau Deutschlands im Vordergrund. Aber auch hier bildete der Widerstreit zwischen privatem Grundeigentum und seiner sozialen Bedeutung sowie den zur Auflösung dieses Konflikts notwendigen

---

388 *Anschütz*, Die Verfassung des Deutschen Reichs vom 11. August 1919 S. 722; *Poetzsch-Heffter*, Handkommentar der Reichsverfassung S. 485.
389 *Werner*, Der Parlamentarische Rat 1948-1949 Band 3 S. 121, 388.
390 *Werner*, Der Parlamentarische Rat 1948-1949 Band 3 S. 515.

Kapitel 5 Entwicklung eines Zuordnungs- und Abgrenzungsansatzes

staatlichen Eingriffsmöglichkeiten den Mittelpunkt der Debatte um den Inhalt des Bodenrechts. So meinte beispielsweise der Abgeordnete *Hoch* in der neunten Sitzung des Ausschusses zum Begriff des Bodenrechts: „Die Schwierigkeiten, die wir bei unseren zerstörten Städten haben, sind so groß, dass wir die Möglichkeit haben müssen, ein geschlossenes Gebiet einheitlich neu aufzuteilen, auch gegen den Willen der Eigentümer."[391] Und der Abgeordnete *Wagner* forderte, dass im Zuge des Wiederaufbaus Zugriffs- und Beschränkungsmöglichkeiten hinsichtlich Grundstückseigentums bestehen müssten.[392]

All dies macht deutlich, dass der Inhalt des Begriffs „Bodenrecht" nach Art. 74 Abs. 1 Nr. 18 GG dem aus Art. 10 Nr. 4, 155 WRV entspricht. Dieses Ergebnis wird nicht zuletzt dadurch bestätigt, dass in Anbetracht der kriegsbedingten Zerstörung Deutschlands nach dem Ende des Zweiten Weltkriegs auch außerhalb des Ausschusses die Bodenrechtsdiskussion erneut aufgegriffen wurde.[393] Diese Debatte wurde ausdrücklich unter dem Begriff des „Bodenrechts"[394] und unter direkter Bezugnahme auf den Bund Deutscher Bodenreformer[395] geführt.

d) Zwischenergebnis

Betrachtet man den Zweck des Art. 74 Abs. 1 Nr. 18 GG vor dem Hintergrund des vorangegangenen bodenpolitischen Prozesses, ausgehend von der Liberalisierung des Bodeneigentums über die hierdurch entstandenen gesellschaftlichen und sozialen Spannungen und der Bodenreformbewe-

---

391 *Werner*, Der Parlamentarische Rat 1948-1949 Band 3 S. 388.
392 *Werner*, Der Parlamentarische Rat 1948-1949 Band 3 S. 387.
393 Ausführlich *Dittus*, Städtebaurecht und Bodenreform in *Dittus*, Baurecht im Werden S. 134 ff.; *Dittus*, Das Bodenrechtsproblem, die zentrale Frage des künftigen Städtebaus in *Dittus*, Baurecht im Werden S. 102 ff. sowie bspw. *Schnur*, Die Verfügung über den Boden in *Dittus*, Baurecht im Werden S. 127 ff., der eine „planvolle Umlegung des gesamten Grundbesitzes" fordert S. 128 und *Demmer*, Der Bauhelfer 1948, S. 451 (451 ff.), der einen Überblick über bodenrechtliche Bestrebungen in den einzelnen Besatzungszonen gibt.
394 *Dittus*, Das Bodenrechtsproblem, die zentrale Frage des künftigen Städtebaus in *Dittus*, Baurecht im Werden S. 97; *Demmer*, Der Bauhelfer 1948, S. 451 (451); *Rühle*, Neue Bauwelt 1946 Heft 7, S. 1 (1 f.).
395 *Dittus*, Das Bodenrechtsproblem, die zentrale Frage des künftigen Städtebaus in *Dittus*, Baurecht im Werden S. 105 f.; *Demmer*, Der Bauhelfer 1948, S. 451 (452); *Rühle*, Neue Bauwelt 1946 Heft 7, S. 1 (1).

gung, deren Bemühungen letztlich in die Schaffung des Art. 155 WRV mündeten, lässt sich feststellen, dass der Kompetenztitel für das Bodenrecht nur solche Normen erfassen kann, die die Zuweisung von Eigentums- und Nutzungsrechten an Grund und Boden unter dem Aspekt des Bodens als Wirtschaftsgut regeln.[396] Die Bodenrechtsdebatte des 19. und 20. Jahrhunderts und die angeführten Lösungen, also die Sozialisierung oder die Abschöpfung der Bodenrente, die Normierung von Vorkaufsrechten oder die Verschärfung des öffentlichen Baurechts lassen sich nur mit der herausragenden wirtschaftlichen Bedeutung von Grund und Boden, insbesondere seiner Unvermehrbarkeit, seiner beschränkten Verfügbarkeit und dem daraus resultierenden öffentlichen Interesse an einer gerechten und sozialverträglichen Nutzung erklären. Die Aktualität derartiger Fragen zeigt sich unter anderem im Erfolg des Volksbegehrens „Deutsche Wohnen & Co. enteignen" im Jahr 2021, mit dem die „Vergesellschaftung der Bestände aller privatwirtschaftlichen Wohnungsunternehmen mit über 3.000 Wohnungen in Berlin" bei Zahlung einer Entschädigung deutlich unter dem Verkehrswert gefordert wurde.[397]

Nach alldem sind bodenrechtlich im Sinne des Art. 74 Abs. 1 Nr. 18 GG solche Regelungen, die das Bodeneigentum und die Bodennutzung im Sinne der Vereinbarkeit der Nutzung von Grund und Boden als Wirtschaftsgut einerseits mit den Interessen an einer gerechten, der gesamten Gesellschaft zugutekommenden Bodennutzung andererseits regeln.[398] Das Bodenrecht betrifft mithin diejenigen Regelungen, die die wirtschaftliche Ausnutzung von Grund und Boden im Interesse der Allgemeinheit beschränken.

---

396 Vor diesem Hintergrund unzutreffend ist auch die Auffassung von *Tillmanns*, AöR 132, S. 582 (598), wonach das Bodenrecht im Wesentlichen den Aspekt der städtebaulichen Planung meine, weil der Abgeordnete *Strauß* in der zwölften Sitzung des Ausschusses für Zuständigkeitsfragen ausführte, Bodenrecht seien „die Gesetze, die sich aus der Zerstörung der Städte" ergäben, *Werner*, Der Parlamentarische Rat 1948-1949 Band 3 S. 515. Diese Auffassung lässt den entstehungsgeschichtlichen und politischen Hintergrund der Vorschrift außer Acht.
397 Stimmzettel des Volksbegehrens, abrufbar unter https://www.berlin.de/wahlen/abstimmungen/deutsche-wohnen-und-co-enteignen/stimmzettel-ve-2021_dina5_muster_druck.pdf, zuletzt abgerufen am 25.05.2024.
398 *Giese* Art. 155 Erl. 1.

II. Inhalt des Kompetenztitels für das Bodenrecht

Aus der obigen Auslegung ergibt sich damit folgende Definition des Bodenrechts: Bodenrechtlich sind solche Regelungen, die das Eigentum an und die wirtschaftliche Nutzung von Grundstücken zu Gunsten von Interessen der Allgemeinheit beschränken. Diese Definition besteht damit aus zwei Komponenten. Eine bodenrechtliche Regelung muss einerseits das Grundstückseigentum beziehungsweise dessen wirtschaftliche Ausnutzung beschränken. Diese Beschränkung muss andererseits das Ziel verfolgen, Allgemeininteressen zu fördern. Die beiden Merkmale sollen im Folgenden vor allem mit Blick auf die bauliche Nutzung von Grundstücken näher erläutert werden.

1. Beschränkung der wirtschaftlichen Nutzung von und des Eigentums an Grund und Boden

Eine Beschränkung der wirtschaftlichen Ausnutzung von Grundstücken liegt im Regelfall dann vor, wenn durch die konkrete Regelung negativer Einfluss auf den Grundstückswert genommen wird. Dabei muss die Frage gestellt werden, ob, ausgehend von dem Grundstückswert bei unbeschränkter – vor allem baulicher – Nutzbarkeit, der Grundstückswert durch die in Frage stehende Regelung gesenkt wird.

Für die wirtschaftliche Ausnutzung des Grundstücks sind zunächst Regelungen über die Qualität der Nutzung bedeutsam, also Regelungen über die Art der Nutzung. Für den nicht baulichen Bereich kommen hierfür Regelungen in Betracht, die für einzelne Grundstücke eine bestimmte Nutzungsart, etwa eine landwirtschaftliche, forstwirtschaftliche oder bergbauliche Nutzung vorsehen, beispielsweise Darstellungen in Flächennutzungsplänen nach § 5 Abs. 1 Nr. 8, 9 BauGB. Hinsichtlich der baulichen Nutzung sind hier vor allem Regelungen über die Art der baulichen Nutzung bedeutsam. Darüber hinaus kann die wirtschaftliche Ausnutzung durch Beschränkungen der Quantität der baulichen Nutzung beschränkt werden. Dies betrifft für die bauliche Nutzung solche Regelungen, die den umbaubaren Raum auf dem Grundstück beschränken. Dabei meint der umbaubare Raum die Gebäudekubatur, also den Gebäudekörper im Raum. Zu Regelungen, die den umbaubaren Raum beschränken, zählen Regelungen über das Maß der baulichen Nutzung nach den §§ 16 ff. BauNVO und über die überbaubare Grundstücksfläche nach den §§ 22 f. BauNVO. Der umbaubare Raum wird darüber hinaus aber auch über Regelungen zur zulässigen Dachform begrenzt.[399] Je nach Dachform kann beispielsweise bei Wohngebäuden der unter dem Dach liegende Raum zu Wohn- oder jedenfalls Lagerzwecken genutzt werden. Dies stellt eine sich auf den Bodenwert auswirkende Nutzungsmöglichkeit dar.

Sowohl hinsichtlich des Aspekts der Art der baulichen Nutzung als auch hinsichtlich des Aspekts der Beschränkung des umbauaren Raums stellen sich mit Blick auf die wirtschaftliche Ausnutzung allerdings Grenzfragen. Dies soll hinsichtlich der Art der Nutzung am Beispiel von Werbeanlagen und hinsichtlich des umbaubaren Raums am Beispiel von Dachgauben dargestellt werden.

Das Aufstellen oder Anbringen von Werbeanlagen stellt, soweit es sich nicht um Werbung an der Stätte der Leistung handelt, eine eigenständige Nutzung von Grund und Boden dar. Diese Bodennutzung hat im Regelfall einen wirtschaftlichen Wert, schließlich kann und wird der Grundstückseigentümer für das Aufstellen der Werbeanlage ein Entgelt verlangen. Dementsprechend beschränken Regelungen, die das Aufstellen von Werbeanlagen nach Größe, Zahl oder generell beschränken, im Grundsatz auch die wirtschaftliche Nutzung von Grund und Boden und erfüllen entsprechend das erste Merkmal des Kompetenztitels für das Bodenrecht. Fraglich ist allerdings, wie dies bei sehr kleinen oder völlig untergeordneten Werbeanlagen aussieht, beispielsweise einem Plakat in DIN A4-Größe, das für das örtliche Kino wirbt. Zwar kann auch in diesem Falle von dem Grundstückseigentümer ein Entgelt für das Anbringen des Plakats verlangt werden. Dieses Entgelt dürfte aber so gering sein, dass es auf den wirtschaftlichen Wert und die wirtschaftliche Bedeutung des Grundstücks ohne Einfluss ist. Regelungen über derart untergeordnete Werbeanlagen beschränken den wirtschaftlichen Grundstückswert nicht und sind ohne Einfluss auf die Lösung des Konflikts zwischen freiem Grundeigentum einerseits und Interessen der Allgemeinheit andererseits. Solche Regelungen fallen damit nicht in den Kompetenzbereich für das Bodenrecht.[400]

---

399 Diesbezüglich anders aber die herrschende Auffassung, *Dürr* in *Brügelmann*, § 34 Rn. 109; *Rieger* in *Schrödter*, § 34 Rn. 76; *Schrödter/Möller* in *Schrödter*, § 9 Rn. 9; VGH Mannheim, Urteil vom 29.01.1992, - 3 S 2842/91 -, NVwZ 1984, S. 84 (84 f.). Differenzierend *Vilsmeier*, Das bauplanungsrechtliche Verbot der Ortsbildbeeinträchtigung und seine Bedeutung für die Zulässigkeit von Baugerüstwerbung S. 82 ff.
400 Im Ergebnis ähnlich beurteilt auch das Bundesverwaltungsgericht die bodenrechtliche Relevanz von Werbeanlagen. So kommt BVerwG, Urteil vom 03.12.1992, - 4 C 27/91 -, BVerwGE 91, S. 234 (234, 237) zum Ergebnis, eine Werbeanlage mit

Kapitel 5 Entwicklung eines Zuordnungs- und Abgrenzungsansatzes

Zu einem ähnlichen Ergebnis führt auch die Frage nach der Beschränkung von Dachgauben. Dachgauben können sowohl der Belichtung des Dachgeschosses als auch der Vergrößerung des Wohnraums dienen.[401] Nach der oben gefundenen Definition würden Dachgauben grundsätzlich von dem Merkmal der Begrenzung der wirtschaftlichen Ausnutzung von Grund und Boden erfasst werden, da sie die Kubatur des Gebäudes beeinflussen. Dies kann allerdings nicht für Dachgauben gelten, die den wirtschaftlich nutzbaren, umbauten Raum nicht dergestalt vergrößern, dass dies zu einem höheren wirtschaftlichen Wert des Grundstücks, beispielsweise aufgrund der Möglichkeit höhere Mieteinnahmen zu erzielen, führt. Als Maßstab kann hier beispielsweise Ziff. 7.2 der DIN 277 vom August 2021 über Grundflächen und Rauminhalte im Hochbau herangezogen werden, wonach Dachaufbauten, also auch Gauben, mit einem Volumen von $\leq 1{,}0\,m^3$ nicht zum Bruttorauminhalt gerechnet werden. Nach dieser Methode können auch andere Vor-, An- und Aufbauten wie Balkone, Erker und so weiter beurteilt werden.[402]

Damit stellt das Merkmal der Begrenzung gerade der wirtschaftlichen Ausnutzung von Grund und Boden die Wesentlichkeitsschwelle dar, die überschritten werden muss, um den ersten Teil der Definition für das Bodenrecht zu erfüllen. Dies entspricht der von der überwiegenden Auffassung bezüglich der Anwendbarkeit des BauGB als Ausgestaltung der Kompetenz für das Bodenrecht zu Recht geforderten „bodenrechtlichen Relevanz", beispielsweise bei der Annahme einer baulichen Anlage im Sin-

---

einer Fläche von 2,73 m² liege „deutlich oberhalb" der maßgeblichen Schwelle, während BVerwG, Urteil vom 25.06.1965, - IV C 73.65 -, BVerwGE 21, S. 251 (251, 255) meint, eine Werbeanlage mit einer Fläche von 0,73 m² falle „eindeutig" nicht in die Regelungskompetenz des Bundes für das Bodenrecht. Das Gericht stützt seine Argumentation im Urteil vom 03.12.1992 freilich nicht auf einen eigentums- sondern auf planungsrechtlichen Ansatz. Im Falle des Urteils vom 25.06.1965 wird die Ablehnung einer bodenrechtlichen Relevanz nicht begründet. Zur Beurteilung von Fremdwerbeanlagen mit zahlreichen Beispielen aus der Rechtsprechung *Stock* in *König/Roeser/Stock/Petz*, § 14 Rn. 12a; *Kollmann*, Die Behandlung von Anlagen der Außenwerbung im öffentlichen Baurecht S. 169 ff.

401 *Dirnberger* in *Busse/Kraus*, Art. 8 Rn. 140. Hiernach sind Dachgauben „begrifflich aus dem Dach herausgebaute, stehende Dachfenster, die untergeordnete Bauteile eines Gebäudes sind und dazu dienen sollen, eine bessere Ausnutzung, Belichtung und Belüftung des Dachgeschosses, meistens eine Nutzung zu Aufenthaltsräumen, zu ermöglichen".

402 Im Ergebnis ähnlich, allerdings mit planungsrechtlicher Begründung BVerwG, Urteil vom 16.12.1993, - 4 C 22/92 -, NVwZ 1994, S. 1010 (1010 f.) zur bodenrechtlichen Relevanz einer Dachgaube, mit der kein zusätzlicher Wohnraum generiert wurde.

ne des § 29 BauGB.⁴⁰³ Diese bodenrechtliche Relevanz besteht aber nicht darin, dass die Anlagen die in § 1 Abs. 6 BauGB genannten Belange in einer Weise berühren, die geeignet ist, das Bedürfnis nach einer ihre Zulässigkeit regelnden verbindlichen Bauleitplanung hervorzurufen.⁴⁰⁴ Vielmehr liegt die bodenrechtliche Relevanz darin, dass die Durchführung des Vorhabens eine wirtschaftliche Ausnutzung des Grundstücks darstellt. Dies ergibt sich vor allem daraus, dass das Spezifikum des Bodenrechts gerade nicht das planerische Handeln darstellt, sondern die Beschränkung der wirtschaftlichen Ausnutzung von Grund und Boden.⁴⁰⁵ Damit finden die §§ 29 ff. BauGB nur auf solche Vorhaben Anwendung, deren Verwirklichung zu einer Veränderung des Grundstückswertes führt.

Betrachtet man vor diesem Hintergrund die Definition des Bundesverfassungsgerichts, wonach bodenrechtlich alle diejenigen Regelungen sind, die Grund und Boden unmittelbar zum Gegenstand haben, lässt sich auch dem sonst unscharfen Unmittelbarkeitskriterium ein gewisser Inhalt abgewinnen.⁴⁰⁶ Nach dem oben Gesagten ergibt sich der vom Bundesverfassungsgericht geforderte Unmittelbarkeitszusammenhang nämlich daraus, dass die Regelung die wirtschaftliche Nutzung von Grund und Boden beschränkt.

2. Öffentliches Interesse

Die Beschränkung der wirtschaftlichen Nutzung des Grundstücks stellt keinen Selbstzweck dar, sondern erfolgt ausweislich der Entstehungsgeschichte

---

403 Halama in Schlichter/Stich/Driehaus/Paetow, § 29 Rn. 7; Jäde in Jäde/Dirnberger/Weiß, § 29 Rn. 14; Jeromin in Kröninger/Aschke/Jeromin, § 29 Rn. 4; Krämer in Spannowsky/Uechtritz, § 29 Rn. 5; Krautzberger in Ernst/Zinkahn/Bielenberg, § 29 Rn. 24; Reidt in Battis/Krautzberger/Löhr, § 29 Rn. 14; Scheidler, ZfBR 2016, S. 116 (118 f.) alle mit Verweis auf die Rechtsprechung des BVerwG, Urteil vom 31.08.1973, - IV C 33.71 -, BVerwGE 44, S. 59 (62). Zur bodenrechtlichen Relevanz ebenfalls ausführlich BVerwG, Urteil vom 03.12.1992, - 4 C 27/91 -, BVerwGE 91, S. 234 (236 f.).
404 So aber die ganz herrschende Meinung, siehe die Nachweise in Fußnote 403. Etwas kritisch, jedoch ohne den planungsrechtlichen Ansatz grundsätzlich in Frage zu stellen Dürr in Brügelmann, § 29 Rn. 11 ff.; Rieger in Schrödter, § 29 Rn. 11. Ausdrücklich von einer Planungsrelevanz im Gegensatz zu einer bodenrechtlichen Relevanz spricht Tillmanns, AöR 132, S. 582 (605).
405 Siehe hierzu S. 93 ff.
406 Zum Baurechtsgutachten siehe S. 68. Zur Kritik am Unmittelbarkeitskriterium siehe die Fußnoten 195 und 196.

Kapitel 5 Entwicklung eines Zuordnungs- und Abgrenzungsansatzes

und des Telos des Kompetenztitels für das Bodenrecht zu Gunsten öffentlicher Interessen. Die in Frage kommenden öffentlichen Interessen sind nahezu unbegrenzt, dies zeigt sich nicht zuletzt an der nicht abschließenden Aufzählung der in der Bauleitplanung zu beachtenden Belange nach § 1 Abs. 5, 6 BauGB.[407] Zwar kann ausgehend von der einfachgesetzlichen Ausgestaltung des Kompetenztitels nicht auf dessen Inhalt geschlossen werden. § 1 Abs. 5, 6 BauGB vermag aber jedenfalls einen Eindruck über die Vielzahl der Belange zu vermitteln, welche bei Regelungen über die Bodennutzung eine Rolle spielen. Die in § 1 Abs. 6 BauGB genannten Belange verdeutlichen darüber hinaus, dass nicht immer das Interesse der Gesamtbevölkerung, wie beispielsweise im Falle des Umweltschutzes nach Nr. 7 oder der Verteidigung und des Zivilschutzes nach Nr. 10, betroffen sein muss. Vielmehr kann es sich beim öffentlichen Interesse im Sinne des Bodenrechts auch um das Interesse bestimmter Bevölkerungsgruppen, beispielsweise von Flüchtlingen oder Asylbegehrenden nach Nr. 13 oder von Kirchen und Religionsgesellschaften nach Nr. 6, handeln. Im Übrigen kommen auch nur die Interessen der näheren Umgebung und der Bewohner selbst, beispielsweise die Sicherheit der Wohn- und Arbeitsbevölkerung nach Nr. 1, wozu auch der Lärmschutz und die Gewährleistung ausreichender Belüftung und Besonnung gezählt wird, in Betracht.[408]

Sowohl aus dieser Vielzahl denkbarer Interessen als auch aus dem Ergebnis der Auslegung nach dem Wortlaut und der Systematik ergibt sich, dass das Bodenrecht keinen bestimmten Interessen dient.[409] Bodenrechtlich sind demnach nicht solche Regelungen, die bestimmte Belange einseitig verfolgen, ohne sie mit anderen Interessen in Einklang zu bringen.[410] Diesem Gedanken folgt auch die Rechtsprechung des Bundesverfassungsgerichts, wonach das Verbot einer Werbetafel, die die Sicherheit des Verkehrs beeinträchtigt, der Kompetenz für den Straßenverkehr nach Art. 74 Abs. 1 Nr. 22 GG und nicht der Kompetenz für das Bodenrecht zuzuschlagen ist,

---

407 *Battis* in *Battis/Krautzberger/Löhr*, § 1 Rn. 48; *Decker* in *Schlichter/Stich/Driehaus/Paetow*, § 1 Rn. 144; *Dirnberger* in *Spannowsky/Uechtritz*, § 1 Rn. 78; *Söfker/Runkel* in *Ernst/Zinkahn/Bielenberg*, § 1 Rn. 108; BVerwG, Beschluss vom 05.10.2015, - 4 BN 31.15 -, ZfBR 2016, S. 157 (158).
408 *Decker* in *Schlichter/Stich/Driehaus/Paetow*, § 1 Rn. 146 f.; *Schrödter/Wahlhäuser* in *Schrödter*, § 1 Rn. 228 f.; *Söfker/Runkel* in *Ernst/Zinkahn/Bielenberg*, § 1 Rn. 119.
409 *Wagner*, Harmonisierungsbedürftigkeit von Bauplanungs- und Bauordnungsrecht S. 57.
410 Es handelt sich damit nicht um einen zielbezogenen Kompetenztitel im Sinne der Ausführungen von *Drechsler*, Der Staat 2022, S. 261 (266 f.).

wenn das Verbot „ausschließlich im Interesse des Verkehrs" erfolgt.[411] Nach alldem zielen bodenrechtliche Regelungen darauf ab, sämtliche denkbaren Interessen der Öffentlichkeit an der Grundstücksnutzung mit den Eigentümerinteressen zu koordinieren und in Ausgleich zu bringen.[412]

B. Die verbleibende landesrechtliche Kompetenz

Ist damit der Inhalt bodenrechtlicher Normen und somit auch die Kompetenz des Bundesgesetzgebers für das Baurecht definiert, stellt sich die Frage nach der verbleibenden Landeskompetenz für das Baurecht. Nach Art. 70 Abs. 1, 2 GG in Verbindung mit Art. 74 Abs. 1 Nr. 18 GG und Art. 72 Abs. 1 GG können die Länder baurechtliche Normen insoweit erlassen, als diese nicht dem Kompetenztitel des Bundes für das Bodenrecht oder einem anderen Kompetenztitel zugeordnet werden können oder der Bundesgesetzgeber von seiner konkurrierenden Gesetzgebungskompetenz – hier insbesondere der für das Bodenrecht – nicht oder nicht abschließend Gebrauch gemacht hat. Vor diesem Hintergrund problematisch ist die Auffassung des Bundesverfassungsgerichts und der sich hierauf beziehenden herrschenden Meinung in Literatur und Rechtsprechung, die die Kompetenz für das „Baupolizeirecht" beziehungsweise für das Bauordnungsrecht grundsätzlich den Ländern zuweist, da es als Gesamtmaterie nicht unter die Kompetenz für das Bodenrecht falle.[413] Das Bundesverfassungsgericht fasst unter das Baupolizeirecht im herkömmlichen Sinne das, „was als Aufgabenbereich der Polizeibehörden mit Bezug auf die Errichtung und

---

411 BVerfG, Beschluss vom 09.02.1972, - 1 BvR 111/68 -, BVerfGE 32, S. 319 (326 f.).
412 Der Gedanke des Interessenausgleichs findet sich auch in der Auffassung von *Manssen*, Stadtgestaltung durch örtliche Bauvorschriften S. 87 und *Tillmanns*, AöR 132, S. 582 (601), wobei diese Autoren, entgegen der hier vertretenen Auffassung, einen planerischen Interessenausgleich fordern. Ähnlich *Erbguth/Schubert*, Öffentliches Baurecht S. § 2 Rn. 1. Zu verkürzt dagegen die Auffassung von *Dirnberger* in *Jäde/Dirnberger/Weiß*, § 1 Rn. 91, wonach es sich nur um den „Ausgleich von Nutzungskonflikten zwischen Grundstücken" handelt. Diese Auffassung übersieht, dass auch allgemeine gesellschaftliche Interessen, wie bspw. der Umweltschutz, bodenrechtlich relevant sind. Zutreffend dagegen *Remmert*, § 3 Öffentliches Baurecht in *Ennuschat/Ibler/Remmert*, Öffentliches Recht in Baden-Württemberg Rn. 2, allerdings als Definition für das gesamte Baurecht, wonach es um die Regelung der mit der Nutzung der Erdoberfläche verbundenen Interessenskonflikte geht.
413 *Battis* in *Battis/Krautzberger/Löhr*, Einl. Rn. 10a; *Gierke* in *Brügelmann*, § 9 Rn. 195 f.; *Krautzberger* in *Ernst/Zinkahn/Bielenberg*, Einl. Rn. 79; *Seiler* in *Epping/Hillgruber*, Art. 74 Rn. 66.1. Siehe hierzu im Übrigen die Nachweise in Fußnote 198.

Kapitel 5 Entwicklung eines Zuordnungs- und Abgrenzungsansatzes

Erhaltung von Bauwerken herkömmlich anerkannt wurde". Dies erfasse zunächst die Gefahrenabwehr, aber auch diejenigen vor allem ästhetischen und der allgemeinen Wohlfahrt dienenden Aufgaben, die der Polizei sondergesetzlich zugewiesen seien.[414] Da sich in der neueren Zeit vor Erteilung des Gutachtens aber ein Planungsrecht vom Baupolizeirecht abgeschieden habe, sei es nicht mehr Aufgabe der Polizeibehörden, Planungsaufgaben wahrzunehmen. Insoweit müsse eine konkurrierende Bundeskompetenz für das Baupolizeirecht im bisher gebräuchlichen Sinne angenommen werden, wenn es sich dabei um Bestandteile des Planungsrechts handle.[415] Dagegen stehe das, was nach Ausscheiden des Planungsrechts übrigbleibe, den Ländern zu. Dies begründe sich damit, dass „das Baupolizeirecht ein Teil des Polizeirechts" und dies Sache der Ländergesetzgebung sei.[416]

Diese Zuweisung einer eigenständigen Gesetzgebungskompetenz für das Baupolizeirecht im herkömmlichen Sinne an die Länder gilt es mit Blick auf die dadurch entstehenden Kompetenzräume von Bundes- und Landesgesetzgeber für den Erlass baurechtlicher Regelungen näher zu beleuchten. Dafür soll im Folgenden die Auffassung des Bundesverfassungsgerichts, wonach sich ein Planungsrecht und ein Baupolizeirecht als jeweils eigenständige Materien auseinanderentwickelt hätten, auf ihre historische Richtigkeit untersucht werden. Aufgrund der Argumentation des Bundesverfassungsgerichts, wonach die Gesetzgebungskompetenz für das Baupolizeirecht den Ländern aufgrund der allgemeinen Zuständigkeit der Länder für das materielle Polizeirecht zuzuweisen sei, gilt es dabei auch zu untersuchen, inwiefern es sich bei dem Baupolizeirecht um Polizeirecht im materiellen Sinne handelte.[417] Hierfür werden im Folgenden historische Bauordnungen in den deutschen Ländern und Vereinheitlichungsversuche

---

414 BVerfG, Gutachten vom 16.06.1954, - 1 PBvV 2/52 -, BVerfGE 3, S. 407 (431 f.). Ebenso *Decker* in *Schlichter/Stich/Driehaus/Paetow*, § 1 Rn. 25; *Dirnberger* in *Spannowsky/Uechtritz*, § 1 Rn. 2; *Krautzberger* in *Ernst/Zinkahn/Bielenberg*, Einl. Rn. 79; *Schönfeld* in *Spannowsky/Mannssen*, Art. 6 Rn. 9; *Ziegler* in *Brügelmann*, Einl. Rn. 7. Dagegen hält *Dirnberger* in *Spannowsky/Uechtritz*, § 1 Rn. 2 das Bauordnungsrecht für im Wesentlichen sicherheitsrechtlich und damit für materielles Polizeirecht.
415 Zu alldem BVerfG, Gutachten vom 16.06.1954, - 1 PBvV 2/52 -, BVerfGE 3, S. 407 (431 f.). Dazu, was das Bundesverfassungsgericht unter Bodenrecht versteht siehe S. 65 ff.
416 BVerfG, Gutachten vom 16.06.1954, - 1 PBvV 2/52 -, BVerfGE 3, S. 407 (433).
417 Dabei bezeichnet das materielle Polizeirecht Normen, die der Gefahrenabwehr dienen. Dagegen sind formell-polizeirechtliche Regelungen solche, die den als Polizeibehörden bezeichneten Verwaltungsbehörden zugewiesen sind. Zur Unterscheidung *Kingreen/Poscher*, Polizei- und Ordnungsrecht Rn. 19; *Roth*, Das Bauordnungsrecht als Polizeirecht? S. 13 ff.

im Reich sowie die Aufbaugesetze näher dargestellt. Auf Grundlage des so gefundenen Ergebnisses sollen abschließend Folgerungen hinsichtlich des Kompetenzgefüges für den Erlass baurechtlicher Regelungen gezogen werden.

I. Die Entwicklung des Baurechts bis zur Erteilung des Baurechtsgutachtens

Erste Bauordnungen entstanden in den Städten des Mittelalters.[418] Eine deutlich stärkere staatliche Prägung der Bautätigkeit folgte in der Zeit des Absolutismus durch die sogenannte Baupolizei.[419] Während des Absolutismus wurde die gesamte innere Staatsverwaltung unter dem Begriff der „Polizei" zusammengefasst.[420] Die Polizei erfüllte dabei neben gefahrenabwehrrechtlichen vor allem auch wohlfahrtspflegerische, also auf das Wohlergehen des Einzelnen beziehungsweise der Gemeinschaft gerichtete Ziele, eine Unterscheidung zwischen Polizeirecht im formellen und im materiellen Sinne bestand nicht.[421] Für das Baurecht bedeutete dies eine unbeschränkte Steuerungs- und Eingriffsmöglichkeit des Staates bei Bauvorhaben. Hiervon wurde vor allem aus gestalterischen Gesichtspunkten Gebrauch gemacht.[422] Darüber hinaus wurde in Teilen auch eine Art Be-

---

418 Hierzu ausführlich *Buff*, Bauordnung im Wandel S. 15 ff.; *Eberstadt*, Das Wohnungswesen S. 11 ff.; *Mick*, Instrumentarium und Grenzen öffentlicher Bau- und Stadtgestaltung im Kultur- und Rechtsstaat S. 43 ff.; *Roth*, Das Bauordnungsrecht als Polizeirecht? S. 33 ff.; *Wagner*, Harmonisierungsbedürftigkeit von Bauplanungs- und Bauordnungsrecht S. 18 ff.
419 *Mick*, Instrumentarium und Grenzen öffentlicher Bau- und Stadtgestaltung im Kultur- und Rechtsstaat S. 45.
420 *Ibler*, § 2 Polizeirecht in *Ennuschat/Ibler/Remmert*, Öffentliches Recht in Baden-Württemberg Rn. 3; *Wagner*, Harmonisierungsbedürftigkeit von Bauplanungs- und Bauordnungsrecht S. 24. Zur Entwicklung des (materiellen) Polizeibegriffs *Roth*, Das Bauordnungsrecht als Polizeirecht? S. 13 ff.
421 *Battis* in *Battis/Krautzberger/Löhr*, Einl.; *Ibler*, § 2 Polizeirecht in *Ennuschat/Ibler/Remmert*, Öffentliches Recht in Baden-Württemberg Rn. 3 f.; *Kingreen/Poscher*, Polizei- und Ordnungsrecht Rn. 2, 19. Zum Begriff der Wohlfahrtspflege Duden "Wohlfahrtspflege".
422 *Wagner*, Harmonisierungsbedürftigkeit von Bauplanungs- und Bauordnungsrecht S. 27.

Kapitel 5 Entwicklung eines Zuordnungs- und Abgrenzungsansatzes

bauungsplan geschaffen.[423] Hierin wurden gestalterische und stadtplanerische Zielsetzungen verwirklicht.[424]

1. Die Entwicklung des Baurechts in Preußen

Während der Phase des Liberalismus veränderten sich zunehmend auch die baurechtlichen Aufgaben der wohlfahrtspflegerischen beziehungsweise polizeistaatlichen Verwaltung in den einzelnen deutschen Ländern, wobei eine zunehmende Abschwächung der staatlichen Einflussnahme auf Bauvorhaben festzustellen war.[425] Von besonderer Bedeutung für das Verständnis der Entwicklung des Baupolizeirechts ist dabei die Entwicklung in Preußen.[426]

a) Das Baupolizeirecht vor den Kreuzbergurteilen

In Preußen konnte – trotz gewisser Liberalisierungsprozesse – bis 1882 ein noch immer ausgeprägter wohlfahrtspflegerischer Einschlag der Polizei festgestellt werden. Ein einheitliches Baurecht war in Preußen nicht vorzufinden.[427] Zwar wurden im 8. Titel des ersten Teils des Allgemeinen Landrechts für die Preußischen Staaten (ALR) gewisse baurechtliche Regelungen getroffen und in § 65 sogar eine Art Baufreiheit proklamiert.[428] Allerdings wurden diese baurechtlichen Regelungen in der Praxis durch zahlrei-

---

423 *Wagner*, Harmonisierungsbedürftigkeit von Bauplanungs- und Bauordnungsrecht S. 27 f.
424 *Wagner*, Harmonisierungsbedürftigkeit von Bauplanungs- und Bauordnungsrecht S. 28.
425 *Wagner*, Harmonisierungsbedürftigkeit von Bauplanungs- und Bauordnungsrecht S. 33.
426 Zur Entwicklung des Baurechts in Preußen *Krautzberger* in *Ernst/Zinkahn/Bielenberg*, Einl. Rn. 3 ff.
427 *Breuer*, Das sächsische Baurecht und die baurechtliche Entwicklung in anderen deutschen Staaten während des 19. Jahrhunderts in *Bauer*, 100 Jahre Allgemeines Baugesetz Sachsen S. 228; *Proksch*, Das Bauordnungsrecht in der Bundesrepublik Deutschland S. 19.
428 Bspw. eine Generalklausel zur Gefahrenabwehr und zum Verunstaltungsschutz in den §§ 66 und 71, eine Kenntnisgabepflicht in § 67 sowie nachbarschützende Vorschriften über den Abstand von Schweineställen, Kloaken Dünger- und Lohgruben in § 125, über einzuhaltende Abstände zur ordnungsgemäßen Belichtung in den §§ 137 ff. und das Verbot neuer Türen, welche unmittelbar auf des Nachbars Grund und Boden führen in § 148. Zur Baufreiheit nach § 65 I 8 ALR *Baltz*, Preußisches

che örtliche Polizeiverordnungen ergänzt, die auf die polizeiliche Generalklausel des § 10 im 17. Titel des zweiten Teils des ALR gestützt wurden.[429] § 10 II 17 ALR lautete wie folgt: „Die nöthigen Anstalten zur Erhaltung der öffentlichen Ruhe, Sicherheit, und Ordnung, und zur Abwendung der dem Publico, oder einzelnen Mitgliedern desselben, bevorstehenden Gefahr zu treffen, ist das Amt der Polizey". Neben die auf die Generalklausel gestützten Polizeiverordnungen traten Polizeiverordnungen der staatlichen Ortspolizeibehörden auf Grundlage des § 6 lit. i) des Gesetzes über die Polizeiverwaltung vom 11.03.1850,[430] wonach mittels ortspolizeilicher Vorschriften „alles andere, was im besonderen Interesse der Gemeinden und ihrer Angehörigen polizeilich geordnet werden muss" geregelt werden konnte.[431] Diese Vorgänger der heutigen polizeirechtlichen Generalklausel wurden entgegen der heutigen Auffassung nicht nur zu gefahrenabwehrrechtlichen Zwecken, sondern auch zu Zwecken der Wohlfahrtspflege herangezogen.[432] Entsprechend wurden von den örtlichen (Polizei-) Behörden verschiedenste baurechtliche Regelungen mittels Polizeiverordnungen erlassen. So wurden beispielsweise in der Polizeiordnung für Berlin vom 21.04.1953,[433] die auf Grundlage der §§ 6 lit i), 11 des Gesetzes über die Polizeiverwaltung vom 11.03.1850 erlassen wurde, in den §§ 11 ff. Regelungen über Fluchtlinien, in § 26 über das Erschließungsbedürfnis, in § 28 über die Gebäudehöhe, in den §§ 29 ff. über den Brandschutz, in § 31 über Gebäudeabstände und in den §§ 87 ff. über gesunde Wohnverhältnisse insbesondere hinsichtlich der Belüftung und Belichtung getroffen. In anderen Polizeiverordnungen erfolgte auch die Ausweisung bestimmter Gebietstypen.[434] Hieraus resultierte

---

Baupolizeirecht S. 71 ff. Zu den landrechtlichen Beschränkung *Baltz*, Preußisches Baupolizeirecht S. 81 ff.
429 *Baltz*, Preußisches Baupolizeirecht S. 76; *Wagner*, Harmonisierungsbedürftigkeit von Bauplanungs- und Bauordnungsrecht S. 34. Zur inhaltlichen Divergenz der einzelnen Bauordnungen *Buff*, Bauordnung im Wandel S. 51 ff.
430 Gesetzessammlung für die Königlich-Preußischen Staaten 1850, S. 265 ff.
431 *Baltz*, Preußisches Baupolizeirecht S. 76. Das Beispiel einer solchen, sehr ausführlichen Polizeiverordnung, die Baupolizeiverordnung für den Stadtkreis Berlin, findet sich abgedruckt und kommentiert bei *Baltz*, Preußisches Baupolizeirecht S. 201 ff.
432 *Klein*, Kommunale Baugestaltungssatzungen S. 27 f.
433 Beilage zum 19. Stück des Amtsblattes der Königlichen Regierung zu Potsdam und der Stadt Berlin für das Jahr 1853.
434 *Breuer*, Das sächsische Baurecht und die baurechtliche Entwicklung in anderen deutschen Staaten während des 19. Jahrhunderts in *Bauer*, 100 Jahre Allgemeines Baugesetz Sachsen S. 232; *Weyreuther*, Eigentum, öffentliche Ordnung und Baupolizei S. 22.

Kapitel 5 Entwicklung eines Zuordnungs- und Abgrenzungsansatzes

ein sehr örtlich geprägtes Baurecht, das von den jeweiligen Polizeibehörden ohne nennenswerten rechtlichen Rahmen geschaffen wurde.

Neben den genannten Polizeiverordnungen existierten auch Fluchtlinienpläne, die auf Grundlage des Gesetzes betreffend die Anlegung und Veränderung von Straßen und Plätzen in Städten und ländlichen Ortschaften vom 2. Juli 1875 (preußisches Fluchtliniengesetz)[435] erlassen wurden. Nach § 1 dieses Gesetzes konnte die Gemeinde mit Zustimmung der staatlichen Ortspolizeibehörde für die Anlegung oder Veränderung von Straßen und Plätzen in Städten und ländlichen Ortschaften Straßen- und Baufluchtlinien – also Baugrenzen – festsetzen.[436] Dies war insofern eine Neuerung, als die Regelungshoheit der Gemeinde und nicht der Polizeibehörde zukam, die Gemeinde agierte hier als „Fluchtlinienpolizei".[437] Die auf Grund des Erlasses des Preußischen Ministeriums für Handel und Gewerbe über die Aufstellung städtischer Bebauungspläne respektive Retablissementspläne vom 12.05.1855 bestehende Möglichkeit zum Erlass von Bebauungsplänen wurde dagegen kaum genutzt.[438]

Damit bestand das preußische Baurecht, abgesehen von den Fluchtlinienplänen,[439] die in ihrem Regelungsumfang deutlich begrenzt waren,[440] maßgeblich aus örtlichen Polizeiverordnungen, die entweder auf die polizeiliche Generalklausel des § 10 II 17 ALR oder die ebenfalls äußerst weit gefassten Tatbestandsvoraussetzungen nach § 6 lit. i) des Gesetzes über die Polizeiverwaltung vom 11.03.1850 gestützt wurden.[441] Nahezu sämtliche baurechtlichen Regelungen, ob gefahrenabwehrrechtlich oder wohlfahrts-

---

435 Preußische Gesetzessammlung 1875 S. 561.
436 Ausführlich und kritisch zum Instrument des Fluchtlinienplans *Breuer*, Das sächsische Baurecht und die baurechtliche Entwicklung in anderen deutschen Staaten während des 19. Jahrhunderts in *Bauer*, 100 Jahre Allgemeines Baugesetz Sachsen S. 229 ff. Ebenso kritisch *Krautzberger* in *Ernst/Zinkahn/Bielenberg*, Einl. Rn. 7; *Schmidt-Aßmann*, Grundfragen des Städtebaurechts S. 27 ff.
437 *Wagner*, Harmonisierungsbedürftigkeit von Bauplanungs- und Bauordnungsrecht S. 38.
438 *Wagner*, Harmonisierungsbedürftigkeit von Bauplanungs- und Bauordnungsrecht S. 37.
439 *Weyreuther*, Eigentum, öffentliche Ordnung und Baupolizei S. 23 sieht die Schaffung des Fluchtliniengesetzes als klare Ermächtigungsgrundlage allerdings eher als Zufall und weniger als bewusste Schaffung baurechtlicher Ermächtigungsgrundlagen aus liberal-rechtsstaatlichen Gesichtspunkten.
440 *Breuer*, Das sächsische Baurecht und die baurechtliche Entwicklung in anderen deutschen Staaten während des 19. Jahrhunderts in *Bauer*, 100 Jahre Allgemeines Baugesetz Sachsen S. 229 ff.
441 Zur Rechtszersplitterung *Buff*, Bauordnung im Wandel S. 50.

B. Die verbleibende landesrechtliche Kompetenz

pflegerisch, ob ordnungs- oder planungsrechtlich wurden durch die örtlichen Polizeibehörden auf polizeirechtlicher Grundlage erlassen, spezielle Ermächtigungsgrundlagen hierfür gab es mit Ausnahme des Fluchtliniengesetzes nicht.

b) Die Kreuzbergurteile

Einschneidend für die polizeilichen Möglichkeiten zur Schaffung baurechtlicher Regelungen waren die als Kreuzbergurteile bekannt gewordenen Urteile des Preußischen Oberverwaltungsgerichts vom 10.06.1880[442] und vom 14.06.1882.[443] Gegenstand der Urteile war eine auf die §§ 5, 6 und 11 des Gesetzes über die Polizeiverordnung vom 11.03.1850 gestützte Polizeiverordnung vom 10.03.1879, wonach Gebäude nahe des Berliner Kreuzberges nur so hoch errichtet werden durften, dass die Aussicht auf das Kreuzbergdenkmal, das an die Befreiungskriege von 1813–1815 erinnerte, nicht beeinträchtigt wurde.[444]

Der Kläger, der Eigentümer eines Grundstücks nahe des Kreuzbergs war, klagte zunächst in den Jahren 1879/1880 gegen eine ihm gegenüber ergangene und auf die oben genannte Verordnung gestützte Versagung einer Baugenehmigung.[445] Das königliche Polizeipräsidium zu Berlin argumentierte damit, dass das Vorhaben die Sicht auf das Denkmal beeinträchtige und damit eine Verunstaltung darstelle. Das Oberverwaltungsgericht gab dem Kläger Recht. Die Polizeiverordnung sei mangels Ermächtigungsgrundlage unter anderem deshalb nichtig, weil § 10 II 17 ALR mangels gefahrenabwehrrechtlicher Zielsetzung nicht einschlägig sei und eine Verunstaltung nach den §§ 67, 78 I 8 ALR nicht vorliege.[446]

---

442 Preußisches Oberverwaltungsgericht, Erkenntnis vom 10.06.1880, PrVwBl 1879/1880, S. 401.
443 Preußisches Oberverwaltungsgericht, Endurteil vom 14.06.1882, PrOVGE 9, S. 353.
444 Die Verordnung findet sich im jeweiligen Urteilstext bei den genannten Fundstellen abgedruckt.
445 Preußisches Oberverwaltungsgericht, Erkenntnis vom 10.06.1880, PrVwBl 1879/1880, S. 401 (401). Zum Sachverhalt Preußisches Oberverwaltungsgericht, Endurteil vom 14.06.1882, PrOVGE 9, S. 353 (354 ff.). Zum Urteil *Weyreuther*, Eigentum, öffentliche Ordnung und Baupolizei S. 12 f.
446 Preußisches Oberverwaltungsgericht, Erkenntnis vom 10.06.1880, PrVwBl 1879/1880, S. 401 (402 f.).

Kapitel 5 Entwicklung eines Zuordnungs- und Abgrenzungsansatzes

Daran anschließend wurde die Errichtung eines anderen Vorhabens desselben Klägers untersagt, diesmal allerdings nicht nur aufgrund der Polizeiverordnung, sondern unter anderem auch auf Grundlage der polizeilichen Generalklausel des § 10 II 17 ALR. Die gegen die Versagung der Genehmigung gerichtete Klage hatte erneut Erfolg.[447] Das Gericht vertiefte darin seine Rechtsprechung aus dem Urteil vom 10.06.1880. Es führte hinsichtlich der Polizeiverordnung erneut aus, dass diese insbesondere deswegen nichtig sei, weil es an einer Rechtsgrundlage zu deren Erlass fehle. Aufgrund der polizeilichen Generalklausel könnten nur solche Regelungen erlassen werden, die der Erhaltung der öffentlichen Ruhe, Sicherheit und Ordnung und Abwendung der dem Publikum oder einzelnen Mitgliedern desselben bevorstehenden Gefahr dienen würden. Dies sei bei dem Verbot der Beeinträchtigung der Sicht auf das Kreuzbergdenkmal nicht der Fall. Das Oberverwaltungsgericht sah keines der genannten Tatbestandsmerkmale, insbesondere nicht das der Gefahr für die öffentliche Ordnung, als erfüllt an.[448] Diese Argumentation wurde vor allem auf eigentumsrechtliche Gedanken gestützt, die den eigentlichen Urteilsgründen vorangestellt wurden.[449] Insofern konnte nach der Auffassung des Preußischen Oberverwaltungsgerichts nicht jede eigentumsbeschränkende Vorschrift auf die Generalklausel des § 10 II 17 ALR und des § 6 lit. i) des Gesetzes über die Polizeiverwaltung vom 11.03.1850 gestützt werden. Das Gericht verwies in seinem Urteil aber darauf, dass derartige Beschränkungen spezialgesetzlich weiter möglich seien.[450] Insofern verlangte das Preußische Oberverwaltungsgericht für eigentumsbeschränkende Maßnahmen, die nicht der Gefahrenabwehr[451] beziehungsweise der Ordnungsbewahrung[452] dienten, eine einfachgesetzliche Ermächtigungsgrundlage.[453]

---

447 Preußisches Oberverwaltungsgericht, Endurteil vom 14.06.1882, PrOVGE 9, S. 353.
448 Preußisches Oberverwaltungsgericht, Endurteil vom 14.06.1882, PrOVGE 9, S. 353 (374 ff.).
449 Preußisches Oberverwaltungsgericht, Endurteil vom 14.06.1882, PrOVGE 9, S. 353 S. (360 ff.). Die eigentumsrechtlichen Besonderheiten des Urteils hervorhebend *Weyreuther*, Eigentum, öffentliche Ordnung und Baupolizei S. 6.
450 Preußisches Oberverwaltungsgericht, Endurteil vom 14.06.1882, PrOVGE 9, S. 353 (376 f.).
451 *Kroeschell*, VBlBW 1993, S. 268 (269).
452 So *Weyreuther*, Eigentum, öffentliche Ordnung und Baupolizei S. 16.
453 *Mick*, Instrumentarium und Grenzen öffentlicher Bau- und Stadtgestaltung im Kultur- und Rechtsstaat S. 52; *Weyreuther*, Eigentum, öffentliche Ordnung und Baupolizei S. 22.

c) Die Zeit nach den Kreuzbergurteilen

Der preußische Gesetzgeber folgte dieser Auffassung des Preußischen Oberverwaltungsgerichts und begann auf dem Gebiet des Baurechts nach und nach wohlfahrtspflegerische Ermächtigungsgrundlagen spezialgesetzlich zu regeln.[454] Dies geschah beispielsweise durch die preußischen Verunstaltungsgesetze von 1902[455] und 1907.[456] Diese sondergesetzlichen Regelungen wurden dann durch die Zuweisung der Zuständigkeit für deren Erlass an die bereits bestehenden Baupolizeibehörden dem Baupolizeirecht wieder „angeklebt".[457] Das führte dazu, dass sämtliches Baurecht, das nun nicht mehr auf Grundlage der Generalklausel erlassen werden konnte und entsprechend sondergesetzlich geregelt wurde, weiterhin als Baupolizeirecht galt.[458]

Diese Entwicklung zeigt sich vor allem auch im Preußischen Wohnungsbaugesetz vom 28.03.1918,[459] in dem erstmals der Versuch einer Zusammenfassung des baurechtlichen Stoffes unternommen wurde.[460] In diesem Gesetz wurde in Art. 1 zunächst das Preußische Fluchtliniengesetz dahingehend geändert, dass auch das Wohnungsbedürfnis bei der Aufstellung von Fluchtlinienplänen zu beachten war.[461] Bemerkenswert ist sodann Art. 4,

---

454 *Schulte*, Rechtsgüterschutz durch Bauordnungsrecht. S. 29. Allerdings wurde die Generalklausel aus § 10 II 17 ALR von den Gerichten auch nach 1882 nicht so rigoros gehandhabt, wie dies in der Rechtsprechung zu den Kreuzbergurteilen der Fall war. So wurde bspw. in einem Urteil vom 13.01.1894 die Festsetzung von landhausmäßiger Bebauung mittels Polizeiverordnung auf Grundlage der Generalklausel für rechtmäßig erklärt, Preußisches Oberverwaltungsgericht, Endurteil vom 13.01.1984, - Rep IV A 53/93 -, PrOVGE 26, S. 323 (328). Hierzu *Breuer*, Das sächsische Baurecht und die baurechtliche Entwicklung in anderen deutschen Staaten während des 19. Jahrhunderts in *Bauer*, 100 Jahre Allgemeines Baugesetz Sachsen S. 232. Zur Entwicklung der Rechtsprechung nach den Kreuzbergurteilen ebenfalls *Weyreuther*, Eigentum, öffentliche Ordnung und Baupolizei S. 23 ff.
455 Preußische Gesetzessammlung 1902, S. 159. Zusammengefasst bei *Klein*, Kommunale Baugestaltungssatzungen S. 29 f.
456 Preußische Gesetzessammlung 1907, S. 260 f. Zusammengefasst bei *Klein*, Kommunale Baugestaltungssatzungen S. 30 f. Zur Entstehungsgeschichte *Weyreuther*, Eigentum, öffentliche Ordnung und Baupolizei S. 25.
457 *Baltz*, Preußisches Baupolizeirecht S. 3; *Weyreuther*, Eigentum, öffentliche Ordnung und Baupolizei S. 26.
458 *Weyreuther*, Eigentum, öffentliche Ordnung und Baupolizei S. 26.
459 Preußische Gesetzessammlung 1918, S. 23 ff.
460 Zur Entstehungsgeschichte *Eberstadt*, Das Wohnungswesen S. 87 f.
461 *Eberstadt*, Das Wohnungswesen S. 88; *Schmidt-Aßmann*, Grundfragen des Städtebaurechts S. 34.

Kapitel 5 Entwicklung eines Zuordnungs- und Abgrenzungsansatzes

der ausweislich der amtlichen Überschrift „Baupolizeiliche Vorschriften" enthielt. Nach dessen § 1 konnten in Bauordnungen Regelungen über die Ausnutzbarkeit von Grundstücken, die Bauweise und die Geschosszahl (Nr. 1), über die Unzulässigkeit der Errichtung stark emittierender Anlagen in bestimmten Ortsteilen oder an bestimmten Straßen und Plätzen (Nr. 2), über „die Ausscheidung besonderer Ortsteile, Straßen und Plätze, in denen nur die Errichtung von Wohngebäuden mit Nebenanlagen oder nur die Errichtung von gewerblichen Anlagen mit Nebengebäuden zugelassen ist" (Nr. 3), über den Verputz und Anstrich oder die Ausführung von Wohngebäuden sowie über die einheitliche Gestaltung des Straßenbildes (Nr. 4) und über die Vorlage von Bauzeichnungen für alle Außenflächen von Wohngebäuden (Nr. 5) getroffen werden.[462] Daneben fanden sich in § 2 Abs. 1 Regelungen über Statik, Brandschutz und Verkehrssicherheit. Damit verband Art. 4 § 1, 2 unter der Überschrift „Baupolizeirecht" Festsetzungsmöglichkeiten, die heute typischerweise dem Bauplanungsrecht zugerechnet werden (Nrn. 1–3) mit Regelungen, die dem Bauordnungsrecht (Nrn. 4–5 und § 2 Abs. 1) zugerechnet werden. Der baupolizeirechtliche Charakter der Regelung ergab sich neben der Bezeichnung der Vorschriften als „baupolizeilich" auch daraus, dass nach § 2 Abs. 3 die Bauordnungen in Stadtkreisen als Ortspolizeiverordnung erlassen werden sollten.[463]

Auf das Wohnungsbaugesetz vom 28.03.1918 folgte 1919 die preußische Einheitsbauordnung vom 25.04.1919.[464] Hierbei handelte es sich, wie sich aus seiner Begründung ergibt, um das Muster einer Bauordnung für die Städte und Gemeinden. In der Einheitsbauordnung sollten alle diejenigen baurechtlichen Regelungen zusammengefasst werden, bei denen eine regionale Differenzierung nicht notwendig war. Entsprechend war die Einheitsbauordnung ausweislich des Erlasstextes wörtlich zu übernehmen.[465] In der Einheitsbauordnung wurden, nachdem in den §§ 1 ff. zunächst das

---

462 Zur Bedeutung der Möglichkeit zum Erlass von Regelungen über die Art der baulichen Nutzung nach Nr. 1 *Buff*, Bauordnung im Wandel S. 61 f.
463 Auch *Dittus*, DVBl 1956, S. 249 (252) nimmt einen baupolizeilichen Charakter der Vorschriften an. Nach seiner Auffassung war hierin die „gesamte Planungsaufgabe miteinbezogen". Ähnlich *Schmidt-Aßmann*, Grundfragen des Städtebaurechts S. 35; *Wagner*, Harmonisierungsbedürftigkeit von Bauplanungs- und Bauordnungsrecht S. 45.
464 Abgedruckt in Zentralblatt der Bauverwaltung 1919, S. 225 ff. Hierzu ausführlich *Buff*, Bauordnung im Wandel S. 62 ff.
465 Zum zwingenden Charakter auch *Wagner*, Harmonisierungsbedürftigkeit von Bauplanungs- und Bauordnungsrecht S. 45.

Genehmigungsverfahren geregelt wurde, in den §§ 6 ff. unter dem Titel „Bauvorschriften", der auf § 1 des Wohnungsbaugesetzes verwies, Vorschriften über Decken, § 15, Brandmauern, § 14, Treppen, § 17, Schornsteine, § 20, und über Wohn- und Fabrikgebäude, §§ 28 ff., getroffen. Darüber hinaus sollten in diesem Abschnitt der Bauordnung durch die zuständigen Behörden Regelungen über die Gebäudehöhe, § 9, und vor allem über die bauliche Ausnutzbarkeit von Grundstücken, § 7, getroffen werden, deren Inhalt aber den jeweiligen Behörden überlassen wurde. Damit setzte sich in der Einheitsbauordnung die in Art. 4 des Wohnungsbaugesetzes angelegte Vermischung von Bauordnungs- und Bauplanungsrecht nach heutigem Verständnis fort.[466]

Insofern bestand in Preußen bis zuletzt kein einheitliches, vom Polizeirecht abzugrenzendes Planungsrecht im heutigen Sinne, beziehungsweise in dem Sinne, wie es das Bundesverfassungsgericht seinem Gutachten zu Grunde gelegt hatte, nämlich in Form planerischer Regelungen jedenfalls über die Art der bauliche Nutzung und der Bauweise.[467] Vielmehr wurde unter den Begriff des Baupolizeirechts das gesamte Baurecht gefasst, wobei es sich nur um Polizeirecht im formellen Sinne handelte.[468] Dies entspricht auch der damaligen Auffassung in der Literatur. So wurden als Gegenstand des Baupolizeirechts „alle baulichen Anlagen im weitesten Sinne des Wortes" bezeichnet.[469] Zwar sei das Baupolizeirecht nach den Kreuzbergurteilen grundsätzlich auf die Gefahrenabwehr beschränkt, dies gelte allerdings nicht, soweit dem Baupolizeirecht durch Sondergesetze auch wohlfahrtspflegerische Tätigkeit zugewiesen sei.[470] Es sei insofern zutreffend, dass das Baupolizeirecht nach herrschender Auffassung „in erster Linie" der Wohlfahrtspolizei zuzurechnen wäre.[471] Dies ergebe sich unter anderem daraus, dass die in den Polizeiverordnungen getroffenen Regelungen im

---

466 *Buff*, Bauordnung im Wandel S. 64.
467 *Schmidt-Aßmann*, Grundfragen des Städtebaurechts S. 35. Zur Art der baulichen Nutzung beziehungsweise der Bauweise als planerische Elemente BVerfG, Gutachten vom 16.06.1954, - 1 PBvV 2/52 -, BVerfGE 3, S. 407 (424, 432).
468 *Schulte*, Rechtsgüterschutz durch Bauordnungsrecht S. 32 f.; *Wagner*, Harmonisierungsbedürftigkeit von Bauplanungs- und Bauordnungsrecht S. 68; *Weyreuther*, Eigentum, öffentliche Ordnung und Baupolizei S. 26. Eine andere Auffassung vertritt *Seybold*, Bauästhetisches Ortsrecht S. 11 ff., der dem materiellen Polizeirecht unzutreffender Weise aber auch das Gestaltungsrecht zurechnet.
469 *Baltz*, Preußisches Baupolizeirecht S. 1.
470 *Baltz*, Preußisches Baupolizeirecht S. 2 f.
471 *Baltz*, Preußisches Baupolizeirecht S. 3.

Kapitel 5 Entwicklung eines Zuordnungs- und Abgrenzungsansatzes

Wesentlichen wohlfahrtspflegerisch und nicht gefahrenabwehrrechtlich seien.[472]

2. Einheitliche Baugesetze in anderen deutschen Ländern und im Reich

Am Ende des 19. und zu Beginn des 20. Jahrhunderts wurden aber nicht nur in Preußen, sondern auch in anderen deutschen Ländern erstmals in umfangreicherem Maße moderne Baurechtsordnungen geschaffen. Um die gesamtdeutsche Entwicklung des Baupolizeirechts zu verdeutlichen, sollen im Folgenden exemplarisch die Baugesetze von Sachsen, Württemberg sowie der Entwurf eines Reichsstädtebaugesetzes von 1931, der Entwurf eines Deutschen Baugesetzbuches von 1942 und abschließend die Aufbaugesetze der Länder analysiert werden.[473]

Eine allgemeine Baugesetzgebung war den Ländern insbesondere deswegen möglich, weil in der Reichsverfassung von 1871 keine Gesetzgebungskompetenz für das Baurecht zu Gunsten des Reiches vorgesehen war.[474] Daneben stand während der Weimarer Republik dem Reich nach Art. 10 Nr. 4 1. Var. WRV nur eine Grundsatzgesetzgebungskompetenz für den Erlass bodenrechtlicher Normen zu.

a) Allgemeines Baugesetz Sachsen

Das allgemeine Baugesetz Sachsen[475] regelte das damals geltende Baurecht umfassend und beseitigte so die bisher bestehende Rechtszersplitterung über zahlreiche Gesetze hinweg, wobei die verschiedenen örtlichen Baugesetze, die auf Grundlage des Allgemeinen Baugesetzes erlassen wurden,

---

472 *Baltz*, Preußisches Baupolizeirecht S. 7 f.
473 Eine Übersicht über die Rechtslage in Bayern, Baden und Preußen findet sich bei *Breuer*, Das sächsische Baurecht und die baurechtliche Entwicklung in anderen deutschen Staaten während des 19. Jahrhunderts in *Bauer*, 100 Jahre Allgemeines Baugesetz Sachsen S. 228 ff. Zur Bauordnung für die Haupt- und Residenzstadt München vom 31.07.1895 *Roth*, Das Bauordnungsrecht als Polizeirecht? S. 43 ff.
474 *Breuer*, Das sächsische Baurecht und die baurechtliche Entwicklung in anderen deutschen Staaten während des 19. Jahrhunderts in *Bauer*, 100 Jahre Allgemeines Baugesetz Sachsen S. 228.
475 Abgedruckt bei *Rumpelt*, Das Allgemeines Baugesetz für das Königreich Sachsen vom 1. Juli 1900: nebst Ausführungsverordnung; Textausgabe mit Sachregister S. 80 ff.

B. Die verbleibende landesrechtliche Kompetenz

aber weiterhin zu einem sehr ortsabhängigen Baurecht führten.[476] Das Gesetz regelte nach den Allgemeinen Bestimmungen und den baurechtlichen Rechtsquellen in den §§ 1 ff. zunächst die sog. Ortsbaugesetze und örtlichen Polizeiverordnungen in den §§ 8 ff. und traf Regelungen über die Feststellung von Bebauungsplänen, Fluchtlinienplänen und Ortserweiterungsplänen in den §§ 15 ff. Darauf folgten Regelungen über die Beschaffung von Grundstücken in den §§ 39 ff., über die Umlegung und Enteignung von Grundstücken in den §§ 54 ff. sowie über Entschädigungen in den §§ 76 ff. Anschließend folgten in den §§ 79 ff. Regelungen über die allgemeinen Erfordernisse an die Bebauung von Grundstücken sowie in den §§ 139 ff. Regelungen über die Sicherheit der Bauausführung und in den §§ 147 ff. über die polizeiliche Bauaufsicht.[477]

Das Allgemeine Baugesetz Sachsen enthielt in materieller Hinsicht gefahrenabwehrrechtliche Vorschriften, beispielsweise in § 80 und in den §§ 106 f. über die Standsicherheit, in § 100 und § 105 über den Brandschutz und in § 85 über die Freihaltung von Hochwassergebieten, Vorschriften zur Verhinderung von sozialen Missständen und zur Gesundheitsvorsorge beispielsweise in § 81 über die Versorgung mit Trinkwasser und die Reinheit von Brunnen, in § 86 über den Schutz der Nachbarn vor Immissionen und in den §§ 90, 100 und 105 ff. über die Schaffung gesunder Wohn- und Arbeitsverhältnisse durch ausreichende Belichtung und Belüftung. Es enthielt darüber hinaus verkehrsrechtliche Aspekte wie die Sicherheit von Eisenbahnen in § 85 und die Beachtung der Bedürfnisse des Straßenverkehrs bei der Aufstellung von Bebauungsplänen in § 18 lit. c)-e), eigentumsschützende Vorschriften durch die Vermittlung von Bestandsschutz in § 98 S. 3 sowie Regelungen über den Verunstaltungsschutz in § 18 S. 1, abfallrechtliche Aspekte in § 135 und arbeitsrechtliche Vorschriften zum Schutz der Bauarbeiter in den §§ 139 ff. Damit regelte das Allgemeine Baugesetz Sachsen das

---

476 *Peine*, Die Einheit von Bauplanungs- und Bauordnungsrecht in *Bauer*, 100 Jahre Allgemeines Baugesetz Sachsen S. 256; *Buff*, Bauordnung im Wandel S. 50; *Rumpelt*, Das Allgemeines Baugesetz für das Königreich Sachsen vom 1. Juli 1900 Handausgabe mit den zugehörigen Bestimmungen, Erläuterungen und Sachregister S. 9 f. Eine Übersicht über die vor Schaffung des Gesetzes bestehende Rechtslage in Sachsen findet sich bei *Breuer*, Das sächsische Baurecht und die baurechtliche Entwicklung in anderen deutschen Staaten während des 19. Jahrhunderts in *Bauer*, 100 Jahre Allgemeines Baugesetz Sachsen S. 210 ff.

477 Eine Übersicht über das Gesetz findet sich bei *Breuer*, Das sächsische Baurecht und die baurechtliche Entwicklung in anderen deutschen Staaten während des 19. Jahrhunderts in *Bauer*, 100 Jahre Allgemeines Baugesetz Sachsen S. 220 ff.

Kapitel 5 Entwicklung eines Zuordnungs- und Abgrenzungsansatzes

damals bekannte Baurecht umfassend und unter jedem Gesichtspunkt.[478] Es enthielt somit neben gefahrenabwehrrechtlichen Vorschriften auch in hoher Zahl wohlfahrtspflegerische Regelungen.

Im Allgemeinen Baugesetz Sachsen wurden durch die Möglichkeit der Schaffung von Bebauungs- und Fluchtlinienplänen sowie durch die Möglichkeit der Schaffung von Ortsgesetzen in großem Umfang planerische Instrumente zu Gunsten der Gemeinden normiert.[479] Mit Bebauungsplänen konnten gem. § 15 neue, noch wesentlich unerschlossene Gebiete überplant werden. Neben Bebauungsplänen konnten auch Fluchtlinienpläne, § 27, und Ortserweiterungspläne, § 38, aufgestellt werden. In Ortserweiterungsplänen wurden von den staatlichen Ortspolizeibehörden, nicht den Gemeinden, Festsetzungen über Hauptverkehrsstraßen sowie Wasserversorgungs- und Entwässerungsanlagen für neue Baugebiete im Voraus festgesetzt. Sie dienten der Vorbereitung von Bebauungsplänen.[480] In Bebauungsplänen wurden nach § 16 Regelungen getroffen, die nach heutigem Verständnis ebenfalls als planungsrechtlich zu charakterisieren wären, beispielsweise über Fluchtlinien, über die Bauweise, über den Gebäudeabstand, über die Gebäudehöhe, über die Zulässigkeit gewerblicher Nutzungen, über die Zulässigkeit von Bebauung im Hinterland sowie über die Entwässerung. Bei der Aufstellung von Bebauungsplänen waren nach § 18 S. 1 allerdings auch Belange zu beachten, die einen nach aktuellem Verständnis ordnungsrechtlichen Gehalt haben, beispielsweise Anforderungen an die Feuersicherheit oder der Verunstaltungsschutz.[481] Als weiteres Instrument zur kommunalen Baurechtssetzung konnten Gemeinden neben dem Bebauungs- und dem Fluchtlinienplan auch Ortsgesetze nach den §§ 8 ff. erlassen. Diese stellten hinsichtlich der Regelungsmöglichkeiten gegenüber Bebauungsplänen das wesentlich umfangreichere Instrument dar. Der sächsische Gesetzgeber hatte das Allgemeine Baugesetz in weitem Umfang dispositiv gestaltet, sodass mit Ortsgesetzen von zahlreichen Normen des Baugesetzes abgewichen werden konnte.[482] Dies umfasste auch Vorschriften, die heute als planungsrechtlich verstanden werden, beispielsweise Regelun-

---

478 *Peine*, Die Einheit von Bauplanungs- und Bauordnungsrecht in *Bauer*, 100 Jahre Allgemeines Baugesetz Sachsen S. 256.
479 Ausführlich *Schmidt-Aßmann*, Grundfragen des Städtebaurechts S. 30 ff.
480 *Schmidt-Aßmann*, Grundfragen des Städtebaurechts S. 32.
481 So schon *Peine*, Die Einheit von Bauplanungs- und Bauordnungsrecht in *Bauer*, 100 Jahre Allgemeines Baugesetz Sachsen S. 254.
482 *Peine*, Die Einheit von Bauplanungs- und Bauordnungsrecht in *Bauer*, 100 Jahre Allgemeines Baugesetz Sachsen S. 259 ff.; *Rumpelt*, Das Allgemeines Baugesetz für

B. Die verbleibende landesrechtliche Kompetenz

gen über die Bauweise, § 94 S. 1, die Art der baulichen Nutzung, § 86 S. 2, die Gebäudehöhe und die Geschosszahl, §§ 91, 98 f. Daneben konnten aber auch ordnungsrechtliche Regelungen getroffen werden, beispielsweise über die Baustoffe und die Baukonstruktion in § 111, über Anforderungen an Räume, § 115, über die Größe von Fenstern, § 117, und über Toiletten, § 134.

Insofern normierte das Allgemeine Baugesetz Sachsen ein eigenes Planungsrecht, das mit dem vorbereitenden Ortserweiterungsplan und dem kleinteiligeren Bebauungsplan als Vorgänger des heutigen zweigliedrigen Planungsrechts angesehen werden kann.[483] Allerdings wurden bei diesen Plänen sowohl planungs- als auch ordnungsrechtliche Belange in den Blick genommen, wobei die getroffenen Festsetzungen nach heutiger Auffassung ausschließlich planungsrechtlich waren. Dagegen konnten mittels Ortsgesetzen, die die Schaffung eines allgemeinen gemeindlichen Baurechts zuließen, sowohl planungs- als auch ordnungsrechtliche Vorschriften geschaffen werden.

Im Ergebnis kann festgehalten werden, dass das Allgemeine Baugesetz Sachsen mit dem Bebauungs-, Fluchtlinien- und Ortserweiterungsplan ein eigenes Planungsrecht mit nach heutigem Verständnis planungsrechtlichen Festsetzungsmöglichkeiten bereithielt. Allerdings verschwammen die Grenzen zwischen dem Planungsrecht und dem übrigen Baurecht durch das sehr umfangreiche Instrument der Ortsgesetze, das neben ordnungsrechtlichen auch planungsrechtliche Regelungen im heutigen Sinne zuließ, insbesondere über die Art der baulichen Nutzung.[484] Von einem emanzipierten Planungsrecht kann damit nicht gesprochen werden. Das Allgemeine Baugesetz Sachsen regelte dementsprechend das gesamte Baurecht umfassend, unabhängig davon, ob es planungsrechtlichen, ordnungsrechtlichen oder wohlfahrtspflegerischen Inhalt hatte.[485]

---

    das Königreich Sachsen vom 1. Juli 1900 Handausgabe mit den zugehörigen Bestimmungen, Erläuterungen und Sachregister S. 32.

483 *Breuer*, Das sächsische Baurecht und die baurechtliche Entwicklung in anderen deutschen Staaten während des 19. Jahrhunderts in *Bauer*, 100 Jahre Allgemeines Baugesetz Sachsen S. 221 f.

484 Insofern zutreffend die Auffassung von *Peine*, dass das Allgemeine Baugesetz Sachsen Bauordnungs- und Bauplanungsrecht jedenfalls formell einheitlich regelte, *Peine*, Die Einheit von Bauplanungs- und Bauordnungsrecht in *Bauer*, 100 Jahre Allgemeines Baugesetz Sachsen S. 260 f.

485 *Peine*, Die Einheit von Bauplanungs- und Bauordnungsrecht in *Bauer*, 100 Jahre Allgemeines Baugesetz Sachsen S. 256 f.

Kapitel 5 Entwicklung eines Zuordnungs- und Abgrenzungsansatzes

b) Bauordnung für das Königreich Württemberg

Ebenso wie das Allgemeine Baugesetz Sachsen enthielt auch die Bauordnung für das Königreich Württemberg vom 28.07.1910[486] eine umfassende Regelung des Baurechts im Königreich Württemberg. Sie traf in den Art. 1 ff. zunächst allgemeine Vorschriften über die Baufreiheit, Art. 1, die Zulässigkeit staatlicher Polizeiverordnungen, Art. 2, und über das Zustandekommen gemeindlicher Ortsbausatzungen, Art. 3 ff. Darauf folgend wurden im zweiten Abschnitt die Voraussetzungen zum Erlass und der mögliche Festsetzungsinhalt von Ortsbauplänen dargestellt, Art. 7 ff. Im dritten Abschnitt wurden die „polizeilichen Bestimmungen für die einzelnen Bauten" festgelegt. Diese beinhalteten die allgemeinen Bestimmungen in den Art. 29 ff., die Bestimmungen über die Stellung und Lage der Bauten und die Abstandsflächen in den Art. 34 ff. sowie Regelungen über die Ausführung der Bauten, die insbesondere Aspekte des Gesundheits- und Brandschutzes betrafen, in den Art. 40 ff. Es folgten im vierten Abschnitt Regelungen über das Baulastenbuch, im fünften Abschnitt Regelungen über die Zuständigkeit, das Verfahren und die Kosten in Bausachen und im sechsten Abschnitt die Schlussbestimmungen.

Die Bauordnung enthielt in materieller Hinsicht gefahrenabwehrrechtliche Regelungen, beispielsweise über den Brandschutz, Art. 53, 69 ff., Regelungen zur Sicherung gesunder Wohn- und Arbeitsverhältnisse, beispielsweise über die Belüftung und Belichtung in Art. 44, über die Herstellung von Räumen in Art. 67 und das Verbot unterirdischer Wohn- und Arbeitsräume in Art. 94, über gesundheitliche Aspekte wie den Abstand zu Brunnen und Friedhöfen, Art. 63, und die Herstellung von Aborten, Düngerstätten und Jauchebehälter, Art. 41 f., straßenrechtliche Regelungen, beispielsweise in Art. 19 und 21, gestalterische Regelungen wie den Verunstaltungsschutz nach Art. 98 und denkmalschützende Regelungen, Art. 97.

Hinsichtlich der Schaffung kommunalen Baurechts trennte die württembergische Bauordnung zwischen Ortsbausatzungen nach Art. 3 ff. und Ortsbauplänen nach Art. 7 ff. In den Ortsbauplänen konnten insbesondere Baulinien, Höhenlagen sowie Ortsstraßen und Plätze, Art. 7 Abs. 3, 5, die Anlegung von Vorgärten oder Vorplätzen, Art. 11 Abs. 2, die Zulässigkeit der Bebauung entlang von Ortsstraßen, Art. 11 Abs. 3, sowie die Zulässigkeit der Bebauung des Blockinneren und die Baugrenzen, Art. 11 Abs. 4,

---

[486] Regierungsblatt für das Königreich Württemberg 1910, S. 333 ff.

festgesetzt werden. Als Mittel zur Plansicherung sah die württembergische Bauordnung unter anderem den Erlass von Bausperren nach Art. 13 vor. In Ortsbausatzungen konnten einerseits planungsrechtliche Regelungen im heutigen Sinne, beispielsweise über die Art der baulichen Nutzung und die Ausrichtung der Gebäude, Art. 36, 59, die Bauweise, die überbaubare Grundstücksfläche und die Abstandsflächen, Art. 56, und die Gebäudehöhe, Art. 39 Abs. 1, getroffen werden.[487] Neben diesen planungsrechtlichen Regelungen konnten mittels Ortsbausatzungen aber auch zahlreiche andere Regelungen über die Bebauung und Nutzung von Grundstücken getroffen werden, beispielsweise konnte nach Art. 20 Abs. 2 S. 2, Abs. 3 die Einleitung von Flüssigkeiten in öffentliche Dohlen gestattet beziehungsweise hierzu verpflichtet werden und nach Art. 21 die Nutzung öffentlicher Wege zu privaten Zwecken geregelt werden. Daneben konnte auch die Firstrichtung, Art. 36, festgesetzt werden und es konnten nach Art. 41 Abs. 7 Regelungen über die Einrichtung von Abortgruben getroffen werden.

Damit lässt sich für die Bauordnung für das Königreich Württemberg ein ähnliches Fazit wie für das Allgemeine Baugesetz Sachsen ziehen. Zum einen regelte auch die Bauordnung für das Königreich Württemberg neben materiell-polizeirechtlichen Aspekten in großer Zahl wohlfahrtspflegerische Belange. Zum anderen ließ sich auch bei dieser Bauordnung ein Planungsrecht nicht scharf von einem Bauordnungsrecht, jedenfalls nicht nach heutigem Verständnis, trennen. Zwar fanden sich in der Bauordnung mit dem Ortsbauplan und der Bausperre als Instrument der Plansicherung planerische Regelungen. Ein Großteil dessen, was nach heutigem Verständnis dem Planungsrecht zugeordnet wird, vor allem Festsetzungen über die Art der baulichen Nutzung, wurde aber in Ortsbausatzungen festgelegt. Die Ermächtigungsgrundlagen zu diesen Regelungen befanden sich in den Art. 29 ff., im dritten Abschnitt der Bauordnung. Dieser Abschnitt enthielt ausweislich seiner Überschrift „polizeiliche Bestimmungen". Insofern gilt auch für die Bauordnung für das Königreich Württemberg, dass das Baupolizeirecht im Sinne des Gesetzes formell-polizeirechtlich zu verstehen ist. Darüber hinaus ist festzuhalten, dass sich in dieser Bauordnung, wie in den bereits behandelten Baugesetzen, ein Planungsrecht nach heutigem Verständnis nicht aus den restlichen, baupolizeirechtlichen Regelungen herauslösen ließ.

---

487 Eine vollständige Übersicht findet sich bei *Holch*, Württembergische Bauordnung Anm. 5.

c) Referentenentwurf zum Erlass eines Reichsstädtebaugesetzes

Nachdem in die Weimarer Reichsverfassung mit Art. 10 Nr. 4 ein Kompetenztitel unter anderem für das Bodenrecht aufgenommen wurde, stand auch dem Reich die Möglichkeit offen, baurechtliche Normen zu erlassen. Der Versuch zur Schaffung eines reichseinheitlichen Städtebaugesetzbuchs wurde erstmals 1931 unternommen. Der entsprechende Referentenentwurf[488] sah in einem ersten Abschnitt Vorschriften über die Geländeerschließung vor, worunter sowohl die als „Planung" titulierten Regelungen des Teil A, §§ 1 ff., über den Erlass von Wirtschaftsplänen – heute Flächennutzungsplänen – und Bebauungsplänen sowie in Teil B über die Umlegung und Grenzberichtigung, §§ 29 ff., fielen. Darüber hinaus enthielt der Entwurf in Abschnitt II Regelungen über Anliegerbeiträge, §§ 35 ff., in Abschnitt III Regelungen über baurechtliche Vorschriften, §§ 38 ff., in Abschnitt IV über die Bodenbeschaffung, namentlich die Enteignung, Teil A, §§ 43 ff. und die Vorkaufsrechte, Teil B, §§ 78 ff. sowie in Abschnitt V Regeln über die Entschädigung für die Beschränkungen des Eigentums, §§ 84 ff.

Die Regelungen des Entwurfs berührten Belange des Verkehrs, der Feuersicherheit, der öffentlichen Gesundheit sowie der Gestaltung und des Denkmalschutzes, § 13, die bei der Aufstellung von Bebauungsplänen zu beachten waren. Dasselbe galt für die nach § 38 zu erlassenden Bauvorschriften. Darüber hinaus wurden in beachtlichem Maße eigentumsschützende oder die Beschränkungen des Eigentums ausgleichende Regelungen getroffen, vor allem über die Entschädigung in den §§ 84 ff.

Nach § 13 waren in einem von der Gemeinde aufzustellenden Bebauungsplan, § 27, die Grenzen der Verkehrs- und Grünflächen, der sonstigen Straßen, Wege und Plätze sowie die Grenzen der Bebaubarkeit durch Fluchtlinien festzusetzen, Abs. 1 S. 1. Soweit ein Bebauungsplan Bauflächen auswies, waren darüber hinaus die erforderlichen Bauvorschriften nach § 38 festzusetzen, insbesondere Bauklassen und die Bauweise. Nach § 38, der sich nicht im Abschnitt über die Planung, sondern über die baurechtlichen Vorschriften befand, konnten Vorschriften erlassen werden beispielsweise über die Ausführung von Bauten mit Rücksicht auf die Sicherheit des Baus, Feuer, Sicherheit und Schutz der Gesundheit sowie die Gestaltung, Abs. 1. Darüber hinaus konnten „insbesondere" Vorschriften getroffen werden über die bauliche Ausnutzbarkeit der Grundstücke, also Bauklassen,

---
488 Abgedruckt in Reichsarbeitsblatt 1931 Teil 1 Amtlicher Teil, S. 266 ff.

Baustufen und Baustaffeln, sowie über die Bauweise, Abs. 3. Die Vorschriften nach § 38 sollten nach Maßgabe des Landesrechts erlassen werden, soweit das Reichsrecht nicht entgegenstand.

In diesem Entwurf ließ sich damit, wie in den Baugesetzen von Sachsen und Württemberg, hinsichtlich der Gesetzessystematik eine Trennung zwischen den rudimentären planerischen Festsetzungen von Bebauungsplänen und den umfangreicheren Regelungen des Baupolizeirechts feststellen. Ein einheitliches Planungsrecht nach heutigem Verständnis bestand aber auch zu diesem Zeitpunkt, vor allem mit Blick auf Regelungen über die Art der baulichen Nutzung, nicht. Zwar verwies die Ermächtigungsgrundlage zum Erlass von Bebauungsplänen, § 13, auf § 38, wonach Regelungen über die Bauklassen und die Bauweise sowie sonstige baurechtliche Regelungen erlassen werden konnten. Diese in § 38 nicht abschließend aufgezählten Regelungen wurden aber weiterhin auf Grundlage des § 38 und damit auf baupolizeilicher Grundlage und nicht als Festsetzungen des Bebauungsplans auf planungsrechtlicher Grundlage erlassen. Der baupolizeiliche Charakter der Vorschriften nach § 38 ergab sich im Übrigen daraus, dass dieser sich in Abschnitt III des Entwurfs über baurechtliche Vorschriften befand. Dagegen fielen Bebauungspläne in den Regelungsbereich des Abschnitts I über die Geländeerschließung. Auch in dem Referentenentwurf aus dem Jahr 1931 lässt sich damit keine Herauslösung eines Planungsrechts nach heutigem Verständnis aus dem Baupolizeirecht erkennen.

d) Entwurf für ein Deutsches Baugesetzbuch

Ein erneuter Anlauf zur Vereinheitlichung des Baurechts wurde mit dem im Reichsarbeitsministerium erarbeiteten und nicht veröffentlichten Entwurf eines Deutschen Baugesetzes aus dem Jahr 1942 genommen.[489] Der Entwurf befasste sich im ersten Teil mit planerischen Regelungen, insbesondere mit dem Flächennutzungsplan, §§ 4–6, und dem Bebauungsplan, §§ 10–18, sowie der Veränderungssperre, §§ 20 f. Im zweiten Teil, §§ 30–51, behan-

---

489 Der Entwurf kann in digitaler Form über das Portal *invenio* des Bundesarchivs unter der Archivsignatur R 3901/20882 eingesehen werden. Der Gesetzesentwurf aus dem Jahr 1942 ist trotz seines Entstehungszeitpunktes im Wesentlichen frei von nationalsozialistischem Gedankengut, *Schulte*, Rechtsgüterschutz durch Bauordnungsrecht S. 43. Insofern kann der Entwurf für die Beantwortung der hier zu behandelnden Fragen ohne Bedenken hinsichtlich seiner Herkunft herangezogen werden.

Kapitel 5 Entwicklung eines Zuordnungs- und Abgrenzungsansatzes

delte der Entwurf die Umlegung, im dritten Teil, §§ 52–68, die Baulandbeschaffung und im vierten Teil, §§ 70–98, die Erschließung. Im anschließenden und sehr ausführlichen fünften Teil über die Bauordnung wurden unter anderem Regelungen über die Gestaltung baulicher Anlagen, §§ 101–108, die Ausnutzung von Grundstücken, §§ 124–144, Baustoffe und Bauarten, §§ 145–150, sowie über die Erteilung von Baugenehmigungen getroffen. Darüber hinaus waren laut Inhaltsverzeichnis in den §§ 151 ff. detaillierte Regelungen zu sämtlichen Bestandteilen von Gebäuden vorgesehen, die im Entwurf allerdings nicht präzisiert wurden. Im sechsten Teil, §§ 375–398, wurden sodann noch Regelungen über bestehende bauliche Anlagen getroffen und in Teil 7 abschließend Zuständigkeiten, Verwaltungsverfahren und Schlussbestimmungen geregelt.[490]

Die Regelungen des Entwurfs berührten unter anderem Belange der Landschaft und der Natur, sowie der Wirtschaft, § 4 Abs. 1 und § 101, Belange des Verkehrs, insbesondere mit den Regelungen über die Erschließung, Belange der Baugestaltung, §§ 101 ff., Belange des Denkmalschutzes, § 108, sowie Belange der allgemeinen Sicherheit und Ordnung, insbesondere des Brand- und Luft-, Wärme- und Schallschutzes, §§ 109 ff.

Nach § 11 Abs. 1 sollte der Bebauungsplan insbesondere auch einer einwandfreien städtebaulichen Gestaltung dienen, nach § 12 Abs. 1 Nr. 7 konnte die Gestaltung von Bauwerken mittels Bebauungsplan festgesetzt werden. Nach § 12 Abs. 1 Nr. 4 wurde – anders als noch im Entwurf aus dem Jahr 1931 – auch die Art der baulichen Nutzung in einem Bebauungsplan festgesetzt. Die Festsetzungen des Bebauungsplans insbesondere hinsichtlich des Maßes der baulichen Nutzung, der Bauweise und der überbaubaren Grundstücksfläche wurden allerdings nicht in Teil eins über die Planung, sondern in Teil fünf über die Bauordnung konkretisiert, in welchem sich auch sämtliche Regelungen über Brand- und Luft-, Wärme- und Schallschutz befanden. Ebenfalls im Teil über die Bauordnung und nicht über die Planung verortet war § 125, der eine mit den §§ 34, 35 BauGB vergleichbare Regelung traf. Zwar wurden diese nach heutigem Verständnis planungsrechtlichen Regelungen in Teil fünf über die Bauordnung zumindest in einem gesonderten Abschnitt C der Allgemeinen Anforderungen normiert. Allerdings finden sich hier auch Querverweise auf andere Abschnitte. So wird beispielsweise in § 133 mit Blick auf die Zulässigkeit nach

---

490 Eine Zusammenfassung findet sich auch bei *Schulte*, Rechtsgüterschutz durch Bauordnungsrecht S. 43 ff. Aus der Perspektive des Bauordnungsrechts *Buff*, Bauordnung im Wandel S. 135 ff.

der Art der baulichen Nutzung auf § 121 verwiesen, der das Verhältnis der Grundstücksnutzer zueinander betraf und sich nicht in Abschnitt C befand. Außerdem wurden die nach herrschendem Verständnis dem Bauordnungsrecht zugeschlagenen Abstandsflächenvorschriften in den §§ 140 ff. ebenfalls unter Abschnitt C gefasst.[491]

Insofern ist auch für den Entwurf eines Deutschen Baugesetzbuches, wie schon für den Referentenentwurf für ein Reichsstädtebaugesetz, für das Allgemeine Baugesetz für Sachsen und für die Württembergische Bauordnung, keine eindeutige Trennung eines Planungs- von einem Bauordnungsrecht zu konstatieren. Vielmehr wurde auch hier das gesamte Baurecht, im Falle dieses Entwurfs äußerst detailverliebt, einheitlich geregelt.[492]

e) Aufbaugesetze

Wesentlich klarere und isoliertere Regelungen der Rechtsmaterie, die heute als Planungsrecht bezeichnet wird, fanden sich in den Aufbaugesetzen der Länder ab 1948 wieder. Hierin wurden hauptsächlich Regelungen über die Planung des Neuaufbaus, zumeist anhand von Bebauungs- und Flächennutzungsplänen, sowie über die Umlegung, Enteignung und Sanierung von Grundstücken erlassen. Allerdings wurden auch in den Aufbaugesetzen planungsrechtliche und ordnungsrechtliche Elemente nach heutigem Verständnis vermischt. So wurden beispielsweise nach § 9 Abs. 2 des Hessischen Aufbaugesetzes vom 25.10.1948[493] Regelungen über die Mindestgröße und Höchstgröße der Baugrundstücke, die bauliche Ausnutzbarkeit der Grundstücke hinsichtlich der Gebäudehöhe und der bebaubaren Grundstücksfläche und die äußere Gestaltung von baulichen Anlagen und Vorgärten in Ortssatzungen und nicht in Bebauungsplänen getroffen. Bebauungspläne enthielten nur Festsetzungen über die endgültige Bestimmung der Bauplätze für öffentliche und private Bauwerke, die Begrenzung der künftigen Baugrundstücke, die Darstellung des bebaubaren Teils der Grundstü-

---

491 Zur kompetenzbedingten Aufteilung des damaligen Abschnitts C auf BauGB, BauNVO und Landesbauordnungen *Schulte*, Rechtsgüterschutz durch Bauordnungsrecht S. 45.
492 *Krautzberger* in *Ernst/Zinkahn/Bielenberg*, Einl. Rn. 44. *Schulte*, Rechtsgüterschutz durch Bauordnungsrecht S. 43 konstatiert insofern zutreffend eine Verbindung planerischer, bodenordnender und bauordnender Regelungen zu einer „organischen Einheit".
493 Gesetz- und Verordnungsblatt für das Land Hessen 1948, S. 139 ff.

Kapitel 5 Entwicklung eines Zuordnungs- und Abgrenzungsansatzes

cke und die Stellung der Bauwerke und die Darstellung der Entwässerung der Grundstücke und Straßen, § 7 Abs. 2. Regelungen über die Art der baulichen Nutzung wurden nach § 3 Abs. 2 nur in Flächennutzungsplänen getroffen. Das Badische Aufbaugesetz[494] unterteilte den Bebauungsplan in einen Fluchtlinienplan, Bebauungsvorschriften und einen Gestaltungsplan, § 8 Abs. 2. Der Fluchtlinienplan hatte nach § 8 Abs. 4 unter anderem die Grenzen des Plangebiets, die Grenzen und Eigenschaften zukünftiger Straßen und die Regelungen über die überbaubare Grundstücksfläche zu treffen. Dagegen wurden in den Bebauungsvorschriften nach § 8 Abs. 4 Regelungen über die Art der baulichen Nutzung, das Maß der baulichen Nutzung, die Höhe und äußere Gestaltung baulicher Anlagen sowie die Grundstückseinfriedung und Bepflanzung von Vorgärten getroffen. Der Gestaltungsplan stellte den Planteil der genannten Vorschriften dar, § 8 Abs. 5. Insofern stellte der Bebauungsplan nach badischem Recht eine Kombination aus örtlichen Bauvorschriften und Bebauungsplänen und damit auch eine Kombination planungs- und bauordnungsrechtlicher Regelungen nach heutigem Verständnis dar.

Insofern lässt sich auch aus den Aufbaugesetzen nicht auf eine Trennung eines entpolizeilichten Bauplanungs- vom übrigen Baurecht schließen. Dies gilt neben der Vermischung planungs- und ordnungsrechtlicher Regelungen in den Aufbaugesetzen auch deswegen, weil das Ziel der Aufbaugesetze allein darin bestand, einen geordneten und schnellen Wiederaufbau zu gewährleisten.[495] Weder sollte das Baurecht als Ganzes noch ein in Zukunft allgemein geltendes Planungsrecht geschaffen werden.[496] Vielmehr versuchte man lediglich, nur der größten Probleme schnellstmöglich Herr zu werden.[497] Der auch aus planungsrechtlicher Sicht rudimentäre Charakter der Aufbaugesetze lässt sich insbesondere auch im nahezu gänzlichen Verzicht der Aufbaugesetze auf abstrakte Regelungen über die Bebaubarkeit von Grundstücken, und zwar auch auf planungsrechtlicher Ebene, erkennen.[498] So finden sich beispielsweise keine mit den §§ 34, 35 BauGB vergleichbaren

---

494 Badisches Gesetz- und Verordnungsblatt 1950 S. 29 ff.
495 Hierzu *Krautzberger* in *Ernst/Zinkahn/Bielenberg*, Einl. Rn. 45; *Göderitz/Blunck*, Das Aufbaugesetz von Nordrhein-Westfalen S. 11 ff.
496 *Göderitz/Blunck*, Das Aufbaugesetz von Nordrhein-Westfalen S. 16.
497 *Krautzberger* in *Ernst/Zinkahn/Bielenberg*, Einl. Rn. 49.
498 So findet sich bspw. in § 27 des badischen Aufbaugesetzes die selbstverständliche Regelung, dass sich Vorhaben in den Bebauungsplan einfügen „sollen".

planersetzenden Regelungen.⁴⁹⁹ Schon aufgrund dieses bewusst unvollständigen Charakters der Aufbaugesetze ist auch deren Aussagekraft hinsichtlich der Frage nach der Entpolizeilichung des Planungsrechts deutlich eingeschränkt.

Dies gilt umso mehr, als das am 19.05.1955 und damit nach der Erstattung des Baurechtsgutachtens des Bundesverfassungsgerichts⁵⁰⁰ erlassene Saarländische Baugesetz ordnungs- und planungsrechtliche Regelungen gänzlich vermischte und damit anders als die Aufbaugesetze eine homogene und umfassende Regelung des Baurechts schuf.⁵⁰¹ Zwar sah auch dieses Gesetz Bebauungspläne vor, die durch die Gemeinden erlassen werden konnten, § 6 Abs. 1. Daneben konnten aber die Polizeibehörden in Form von Baupolizeiverordnungen, §§ 14, 15, Regelungen über rückwärtige Baugrenzen (Baufluchtlinien), § 69 Abs. 1, die Bauweise, §§ 72 Abs. 2, 74 Abs. 2, die Abgrenzung des Innen- vom Außenbereich im Sinne des heutigen § 34 Abs. 4 BauGB, § 78 Abs. 4, die überbaubare Grundstücksfläche, § 80 Abs. 10, die zulässige Gebäudehöhe, § 84 Abs. 2, und die zulässige Geschosszahl, § 87 Abs. 1, treffen. Von einem entpolizeilichten Planungsrecht kann insofern nicht die Rede sein. Und auch in Berlin sollte etappenweise der bereits behandelte Entwurf aus dem Jahr 1942 erlassen werden, in welchem ebenfalls das gesamte Baurecht samt zahlreicher Verknüpfungen von Bauordnungs- und Bauplanungsrecht geregelt wurde.⁵⁰²

Dass der Fokus der Aufbaugesetze auf einen schnellen und geordneten Wiederaufbau dazu führte, dass hauptsächlich Regelungen über Planung, Bodenordnung und Baulandbeschaffung getroffen wurden, lag damit mehr in der Sache selbst und weniger darin begründet, dass sich aus dogmatischer Sicht ein Planungsrecht aus dem sonstigen Baurecht abgespalten hätte. Dies ergibt sich insbesondere aus dem Saarländischen Baugesetz und dem geplanten Erlass des Entwurfs für ein Deutsches Baugesetz in Berlin,

---

499 Eine solche Regelung war dagegen im Entwurf für ein Deutsches Baugesetz aus dem Jahr 1942 mit § 125 noch enthalten.
500 Das Saarländische Baugesetz konnte deshalb ohne Beachtung des Baurechtsgutachtens erlassen werden, weil das Saarland zum Zeitpunkt des Gesetzerlasses noch nicht Teil der Bundesrepublik Deutschland war und erst am 01.01.1957 in die Bundesrepublik eingegliedert wurde. Hierzu *Hahn*, Das Saarland im doppelten Strukturwandel 1956 - 1970 S. 31 ff; *Hudemann/Heinen*, Das Saarland zwischen Frankreich, Deutschland und Europa S. 68 ff.
501 Saarl. Amtsblatt 1955, S. 1153. Hierzu *Krautzberger* in *Ernst/Zinkahn/Bielenberg*, Einl. Rn. 50.
502 *Krautzberger* in *Ernst/Zinkahn/Bielenberg*, Einl. Rn. 48.

Kapitel 5 Entwicklung eines Zuordnungs- und Abgrenzungsansatzes

die jeweils eine Vermischung baupolizeilicher und planungsrechtlicher Regelungen enthielten. Erschwerend kommt hinzu, dass ein Großteil der Bau- und Aufbaugesetze zum Zeitpunkt der Verabschiedung des Grundgesetzes am 08.05.1949 noch nicht in Kraft getreten war.[503] Es stellt sich insofern die Frage, ob bei der Auslegung der einzelnen Kompetenzräume überhaupt auf den Inhalt der Aufbaugesetze zurückgegriffen werden darf. Dies gilt umso mehr, als auch das Bundesverfassungsgericht selbst feststellt, der Kompetenztitel für das Bodenrecht sei „im Rückblick" auf die Weimarer Reichsverfassung formuliert worden.[504] Insofern rechtfertigen auch die nach dem Ende des Zweiten Weltkrieges verabschiedeten Bau- und Aufbaugesetze weder mit Blick auf ihren Inhalt noch mit Blick auf ihre Zielsetzung sowie ihre Entstehungsgeschichte und ihren Entstehungszeitpunkt die Auffassung des Bundesverfassungsgerichts, wonach sich ein entpolizeilichtes Bauplanungsrecht als Rechtsmaterie gegenüber dem übrigen Bau(polizei)recht verselbstständigt hätte.

3. Zwischenergebnis

Bezüglich der Argumentationslinie des Bundesverfassungsgerichts und der herrschenden Meinung lässt sich damit Folgendes sagen: Weder aus der baurechtlichen Entwicklungsgeschichte Preußens noch aus den Baugesetzen von Sachsen und Württemberg noch aus den Entwürfen zu reichseinheitlichen Gesetzen und Aufbaugesetzen ergibt sich die Abspaltung eines Planungsrechts im heutigen Sinne von einem Baupolizeirecht.[505] Zwar trifft es zu, dass sich mit der Zeit aus dem Baupolizeirecht planungsrechtliche Instrumente herausgebildet hatten, die jedenfalls in Preußen ursprünglich auf Grundlage der polizeilichen Generalklausel getroffen wurden. Dieses Planungsrecht wurde in den Baugesetzen als solches bezeichnet und hinsichtlich der Gesetzessystematik als eigener Teil normiert. Mit Blick hierauf trifft es zu, dass sich ein Planungsrecht aus dem Baupolizeirecht herausge-

---

503 In Kraft waren nur das Aufbaugesetz von Württemberg-Baden vom 18.08.1948 und das von Hessen vom 25.10.1948. Das Hamburgische Aufbaugesetz trat am 09.05.1949 in Kraft.
504 BVerfG, Gutachten vom 16.06.1954, - 1 PBvV 2/52 -, BVerfGE 3, S. 407 (414).
505 Selbiges gilt auch für die Rechtslage in Bayern, *Breuer*, Die Verwaltung 1986, S. 305 (319).

bildet hatte.[506] Hieraus lässt sich aber nicht schlussfolgern, dass diesem Planungsrecht derselbe Inhalt oder dieselbe Bedeutung wie heute zukam. Insbesondere ist darauf hinzuweisen, dass die Auffassung des Bundesverfassungsgerichts, wonach Regelungen über Bauzonen oder Bauklassen im „modernen Städtebau" nicht mehr baupolizeilich, sondern planerisch geregelt würden, in dieser Deutlichkeit nicht zutrifft.[507] Derartige Regelungen über die Art der baulichen Nutzung wurden sowohl in den Bauordnungen der Länder Preußen, Sachsen und Württemberg als auch im Referentenentwurf für ein Reichsstädtebaugesetz auf baupolizeilicher Grundlage erlassen. Darüber hinaus wurden auch in der Verordnung über die Regelung der Bebauung vom 15.02.1936[508] Regelungen über Art und Maß der baulichen Nutzung noch mittels Baupolizeiverordnungen getroffen.[509] Etwas anderes galt teilweise für den Entwurf für ein Deutsches Baugesetzbuch, wobei aber auch hier die Konkretisierung der Art der baulichen Nutzung der Systematik nach dem Baupolizeirecht zugeordnet war. Von einem entpolizeilichten Planungsrecht nach heutigem Verständnis kann damit weder hinsichtlich der tatsächlich in Kraft getretenen Baugesetze noch hinsichtlich der behandelten Entwürfe gesprochen werden.[510] Vielmehr stellte das Planungsrecht, insbesondere der Bebauungsplan, der als Aufgabe der Bauparzellierung

---

506 Insofern zutreffend *Manssen*, Stadtgestaltung durch örtliche Bauvorschriften S. 85 f.; *Schmidt-Aßmann*, Grundfragen des Städtebaurechts S. 60.
507 BVerfG, Gutachten vom 16.06.1954, - 1 PBvV 2/52 -, BVerfGE 3, S. 407 (432).
508 Reichsgesetzblatt Teil I Inneres, S. 104.
509 Auf Grundlage dieses Gesetzes konnten nach § 1 Abs. 1 Kleinsiedlungsgebiete, Wohngebiete, Geschäftsgebiete und Gewerbegebiete mittels Baupolizeiverordnung ausgewiesen werden. Nach Abs. 2 konnte in diesen Gebieten auch geregelt werden, welche Art an Gebäuden zugelassen oder nicht zugelassen wird. Darüber hinaus konnten ebenfalls mittels Baupolizeiverordnung Regelungen getroffen werden über die Geschosszahl, § 2 Abs. 1, über die Mindestgröße von Grundstücken, § 2 Abs. 2 und die Zulässigkeit von baulichen Anlagen im Außenbereich, § 3 Abs. 1.
510 Ähnlich *Schulte*, Rechtsgüterschutz durch Bauordnungsrecht S. 39; *Dittus*, DVBl 1956, S. 249 (252). Diese Auffassung deckt sich auch mit der Auffassung von *Eberstadt* aus dem Jahr 1920, der das Baupolizeirecht als Teil des Städtebaus angesehen hat, dessen Aufgabe es unter anderem war, Baugebiete und Bauklassen auszuweisen, sowie die Bauweise, die Tiefe der Baublöcke und die überbaubare Grundstücksfläche zu regulieren, *Eberstadt*, Handbuch des Wohnungswesens und der Wohnungsfrage S. 327, 329 f. Dagegen betrachtet er den Bebauungsplan als „Aufgabe der Bodenparzellierung" *Eberstadt*, Handbuch des Wohnungswesens und der Wohnungsfrage S. 228. Ebenso zur damaligen Rechtslage *Krautzberger* in Ernst/ Zinkahn/Bielenberg, Einl. Rn. 79.

Kapitel 5 Entwicklung eines Zuordnungs- und Abgrenzungsansatzes

betrachtet wurde,[511] gemeinsam mit sonstigen baupolizeilichen Regelungen ein einheitliches Baurecht dar.[512]

Im Umkehrschluss stellte auch das Baupolizeirecht keine, wie das Bundesverfassungsgericht meint, Materie „für sich" dar.[513] Insbesondere trifft auch die Auffassung des Bundesverfassungsgerichts nicht zu, wonach den Ländern eine solche Gesetzgebungskompetenz für das Baupolizeirecht deshalb zustünde, weil es sich hierbei um materielles Polizeirecht handele.[514] Das Baupolizeirecht bestand in Preußen seit den Kreuzbergurteilen und in den anderen Ländern ausweislich der entsprechenden Gesetze sowohl aus gefahrenabwehrrechtlichen als auch aus wohlfahrtspflegerischen Vorschriften, beispielsweise über die Schaffung gesunder Wohn- und Arbeitsverhältnisse, über den Verkehr, über den Arbeitsschutz, über die Abfallentsorgung und so weiter. Es handelte sich beim Baupolizeirecht also nicht um Polizeirecht im materiellen Sinne.[515] Auf baupolizeilicher Grundlage wurden neben typischerweise bauordnungsrechtlichen Regelungen im heutigen Sinne, insbesondere über die Abwehr von Verunstaltungen oder den Brandschutz auch zahlreiche heute als planerische Festsetzungen angesehene Regelungen getroffen, insbesondere über die Art der baulichen Nutzung und über die Bauweise. Auch Regelungen über die Zulässigkeit baulicher Anlagen im unbeplanten Bereich waren baupolizeirechtlich. Damit umfasste das Baupolizeirecht wesentliche Teile der Gesamtmaterie Baurecht.[516] Mit Blick auf das Planungsrecht spricht *Dittus* insofern zutreffend von einer „planhaften Baupolizei".[517] Nach alldem kann eine landesrechtliche Kompetenz für das „Baupolizeirecht im bisher gebräuchlichen Sinne" entgegen der Auffassung des Bundesverfassungsgerichts nicht angenommen werden.

---

511 *Eberstadt*, Handbuch des Wohnungswesens und der Wohnungsfrage S. 228.
512 So für das Allgemeine Baugesetz Sachsen ausdrücklich *Peine*, Die Einheit von Bauplanungs- und Bauordnungsrecht in *Bauer*, 100 Jahre Allgemeines Baugesetz Sachsen S. 255 f.
513 BVerfG, Gutachten vom 16.06.1954, - 1 PBvV 2/52 -, BVerfGE 3, S. 407 (434).
514 BVerfG, Gutachten vom 16.06.1954, - 1 PBvV 2/52 -, BVerfGE 3, S. 407 (433).
515 *Manssen*, Stadtgestaltung durch örtliche Bauvorschriften S. 57.
516 *Schulte*, Rechtsgüterschutz durch Bauordnungsrecht S. 63 f.; *Dittus*, DVBl 1956, S. 249 (254). Ähnlich *Wagner*, Harmonisierungsbedürftigkeit von Bauplanungs- und Bauordnungsrecht S. 56; *Weyreuther*, Eigentum, öffentliche Ordnung und Baupolizei S. 27 ff.
517 *Dittus*, DVBl 1956, S. 249 (254).

II. Bedeutung für das baurechtliche Kompetenzgefüge

Für die Kompetenzräume von Bundes- und Landesgesetzgeber bedeutet das zweierlei. Zum einen ist es auch dem Bundesgesetzgeber gestattet, aufgrund seiner konkurrierenden Gesetzgebungskompetenz für das Bodenrecht Regelungen über die Baugestaltung und die Gefahrenabwehr zu treffen, die dem „Baupolizeirecht im bisher gebräuchlichen Sinne" zuzuordnen sind.[518] Zum anderen sind aber auch die Landesgesetzgeber nicht darauf beschränkt, nur „baupolizeiliche" oder gestalterische Regelungen zu treffen. Vielmehr gilt für beide Kompetenzbereiche uneingeschränkt die Zuweisungsnorm des Art. 70 Abs. 1, 2 GG sowie Art. 72 Abs. 1 GG.[519] Damit ist für jede baurechtliche Regelung im Einzelfall zu ermitteln, ob sie der Kompetenz für das Bodenrecht zugeordnet werden kann oder nicht. Soweit sie weder dieser Kompetenz noch einer anderen Gesetzgebungskompetenz des Bundes zugewiesen werden kann oder der Bundesgesetzgeber von einer konkurrierenden Gesetzgebungskompetenz nicht oder nicht abschließend Gebrauch gemacht hat, steht den Ländern die Gesetzgebungskompetenz zu, unabhängig davon, ob die betreffende Regelung „baupolizeilich" ist oder nicht. Den Ländern kommt damit der Kompetenzaufteilung des Grundgesetzes entsprechend eine baurechtliche Residualkompetenz zu.[520]

C. Die Zuordnung baurechtlicher Regelungen

Sind damit die Kompetenzrahmen von Bund und Ländern abgesteckt, stellt sich im Anschluss die Frage nach der Zuordnung einfachgesetzlicher Nor-

---

518 Ähnlich argumentiert auch das Bundesverfassungsgericht, wenn es ausführt dass dem Bund eine Gesetzgebungskompetenz für das Polizeirecht, gemeint ist das materielle Polizeirecht, für die Lebensbereiche zusteht, die ihm kompetenziell zugewiesen sind, hier das Bodenrecht, BVerfG, Gutachten vom 16.06.1954, - 1 PBvV 2/52 -, BVerfGE 3, S. 407 (433).
519 Insofern ist es für die Zuordnung von Normen auch irrelevant, ob man sie als städtebauliche, planungsrechtliche, ordnungsrechtliche, baupolizeiliche oder gestaltungsrechtliche Normen bezeichnet. Es kommt lediglich darauf an, ob die Norm bodenrechtlich ist oder nicht. Die Zuordnung von Normen zu untergeordneten Rechtsgebieten, die sich in den Kompetenznormen des Grundgesetzes nicht wiederfinden, stiftet hier mehr Verwirrung, als dass sie zur exakten Zuordnung zum Kompetenztitel für das Bodenrecht beiträgt. So hinsichtlich der Zuordnung einer Norm zur im Grundgesetz nicht vorzufindenden Rechtsmaterie „städtebaulicher Denkmalschutz" auch *Manssen*, Stadtgestaltung durch örtliche Bauvorschriften S. 61.
520 Ebenso *Manssen*, Stadtgestaltung durch örtliche Bauvorschriften S. 57 f.

Kapitel 5 Entwicklung eines Zuordnungs- und Abgrenzungsansatzes

men zum jeweiligen Kompetenzbereich. Aufgrund der Residualkompetenz der Länder ist zunächst zu ermitteln, ob eine Regelung einem Kompetenztitel des Bundes, hier dem Kompetenztitel für das Bodenrecht, zugeordnet werden kann. Ist dies nicht der Fall oder hat der Bundesgesetzgeber von seiner konkurrierenden Gesetzgebungskompetenz keinen Gebrauch gemacht, fällt die Regelung in die Landeskompetenz. Im Folgenden wird allein die Frage behandelt, wie eine Regelung dem konkurrierenden Kompetenztitel für das Bodenrecht zugeordnet werden kann. Ob eine bodenrechtliche Regelung nach Art. 72 Abs. 1 GG dennoch durch den Landesgesetzgeber getroffen werden kann, weil der Bundesgesetzgeber von seiner konkurrierenden Gesetzgebungskompetenz für das Bodenrecht nicht oder nicht abschließend Gebrauch gemacht hat, kann dagegen nicht grundsätzlich sondern nur für die jeweilige Regelung beantwortet werden und ist entsprechend nicht Gegenstand der nachfolgenden Betrachtung.

I. Zuordnungskriterium

Die Zuordnung baurechtlicher Regelungen zur konkurrierenden Bundeskompetenz für das Bodenrecht erfolgt wie bei der Zuordnung zu anderen Kompetenztiteln grundsätzlich anhand des funktionalen Zuordnungsansatzes des Bundesverfassungsgerichts nach Regelungszweck und Regelungsgegenstand der zu qualifizierenden Norm.[521] Hinsichtlich der Frage, ob eine baurechtliche Norm entweder der konkurrierenden bodenrechtlichen Bundeskompetenz für das Baurecht oder der Landeskompetenz für das Baurecht zuzuordnen ist, stellt sich allerdings gesondert die Frage, inwiefern die Zuordnungskriterien Regelungsgegenstand und Regelungszweck jeweils eine Zuordnung gerade zur einen und nicht zur anderen Kompetenz erlauben, also zur Abgrenzung von Bundes- und Landesbaurecht dienen.

---

521 Eine andere Auffassung zum für die Zuordnung zum Kompetenztitel Bodenrecht heranzuziehenden Kriterium vertritt *Drechsler*, Der Staat 2022, S. 261 (284 f.). *Drechsler* geht zunächst zutreffender Weise davon aus, dass die Zuordnung maßgeblich davon abhängt, wie ein Kompetenztitel zu definieren ist und meint dann, dass beim Kompetenztitel Bodenrecht als normativ-rezeptiven Kompetenztitel die Zuordnung nach dem Regelungszweck bedeutungslos sei. Dies trifft nach der hier vertretenen Auffassung insofern nicht zu, als der Kompetenztitel für das Bodenrecht den Ausgleich verschiedener öffentlicher und privater Interessen am Grundeigentum bezweckt.

1. Zuordnung nach dem Regelungszweck

a) Allgemeines

Der Regelungszweck stellt den objektivierten Willen des historischen Gesetzgebers dar.[522] Der Zweck von bodenrechtlichen Regelungen, also solchen, die die wirtschaftliche Nutzung von Grund und Boden beschränken, besteht in der Förderung unbestimmter Allgemeininteressen. Die in Frage stehende Regelung darf folglich nicht ein Rechtsgut bevorteilen, ohne dabei andere betroffene Rechtsgüter zu berücksichtigen.

Mit Blick auf die Zuordnung baurechtlicher Normen stellt sich allerdings die Frage, inwiefern dieses Zuordnungskriterium zur Abgrenzung der auf den Kompetenztitel für das Bodenrecht gestützten konkurrierenden Bundeskompetenz für das Baurecht und der baurechtlichen Residualkompetenz der Länder dienen kann. Eine Abgrenzung dieser beiden Kompetenzbereiche durch die Zuordnung nach dem Regelungszweck kann nur Erfolg haben, wenn sich der Zweck des auf die Landeskompetenz stützbaren Baurechts von dem auf die konkurrierende Bundeskompetenz stützbaren Baurechts unterscheidet. Ob dies der Fall ist, ist im Folgenden zu prüfen.

b) Entstehungsgeschichte

Vor der durch das Grundgesetz ausgelösten kompetenzbedingten Aufteilung des Baurechts wurde das Baurecht als Gesamtmaterie normiert. Zwar fanden sich in den jeweiligen Regelwerken auch planerische Instrumente. Aus den oben analysierten Gesetzen beziehungsweise Gesetzesentwürfen lässt sich allerdings keine Trennung eines Planungsrechts vom übrigen Baurecht anhand des jeweils verfolgten Zwecks erkennen. Vielmehr verfolgten die in den verschiedenen Gesetzen getroffenen Regelungen alle möglichen Zwecke unabhängig davon, ob sie zur Planung ermächtigten oder die Zulässigkeit baulicher Anlagen regelten. Mittels baurechtlicher Regelungen sollten beispielsweise Brandgefahren abgewehrt, gesunde Wohn- und Arbeitsverhältnisse und hygienische Mindeststandards garantiert, ausreichende Verkehrswege geschaffen und eine ansprechende Gestaltung der Gebäude gewährleistet werden.[523] Insofern war das öffentliche Baurecht

---

522 Siehe hierzu die Nachweise in Fußnote 170.
523 Siehe hierzu im Einzelnen die Behandlung der historischen Baugesetze ab S. 124 ff.

nicht auf die Verfolgung bestimmter Zwecke oder den Schutz bestimmter Rechtsgüter beschränkt, vielmehr regelte es das Bauwesen umfänglich aus jeder denkbaren Perspektive.

c) Grundgesetzliche Kompetenzaufteilung

Auch die grundgesetzliche Kompetenzaufteilung gibt eine Unterscheidung nach dem Gesetzeszweck nicht her. Das Bodenrecht dient, wie gezeigt, gerade nicht der Förderung eines oder mehrerer bestimmter Rechtsgüter, sondern dient dazu, sämtliche denkbaren Interessen der Öffentlichkeit an der Grundstücksnutzung mit den Eigentümerinteressen zu koordinieren und in Ausgleich zu bringen. Darüber hinaus ist auch die verbleibende landesrechtliche Kompetenz als Residualkompetenz nicht auf das baurechtliche Gefahrenabwehrrecht oder das Gestaltungsrecht beschränkt.[524] Vielmehr dürfen die Länder das gesamte Baurecht regeln, soweit es nicht dem Kompetenztitel für das Bodenrecht unterfällt oder der Bundesgesetzgeber von dieser konkurrierenden Kompetenz nicht oder nicht abschließend Gebrauch gemacht hat. Der landesrechtliche und der bundesrechtliche Kompetenzbereich für das Baurecht lassen sich demnach nicht anhand des jeweils verfolgten Zwecks unterscheiden.

d) Vorzufindender Normbestand

Dieses Ergebnis, wonach die beiden Kompetenzbereiche sich schon kraft der grundgesetzlichen Kompetenzverteilung nicht aufgrund der Verfolgung unterschiedlicher Zwecke unterscheiden lassen, deckt sich auch mit dem im Landes- und Bundesbaurecht vorzufindenden Normbestand. § 1 Abs. 6 BauGB enthält diejenigen öffentlichen und privaten Belange, die bei der Aufstellung eines Bauleitplans zu beachten sind. Die zu beachtenden Belange erstrecken sich von den allgemeinen Anforderungen an gesunde Wohn- und Arbeitsverhältnisse und die Sicherheit der Wohn- und Arbeitsbevölkerung, Nr. 1, über soziale, kulturelle und ästhetische Belange, Nrn. 3, 5, Belange der Kirchen und Religionsgemeinschaften, Nr. 6, des Umweltschutzes, Nr. 7, und so weiter. Belange, die von dieser Aufzählung nicht erfasst

---

524 Siehe hierzu S. 121 ff.

sind, sind schon deshalb nicht denkbar, weil § 1 Abs. 6 BauGB nicht abschließend ist.[525] Insofern ist die Gemeinde bei der Aufstellung von Bauleitplänen auch nach geltender Rechtslage nicht auf die Verfolgung bestimmter Ziele beschränkt.

Dasselbe gilt spiegelbildlich für die von den Landesbauordnungen verfolgten Ziele. Betrachtet man exemplarisch die Landesbauordnung von Baden-Württemberg, so finden sich hierin Regelungen zum Schutz der Natur, §§ 3 Abs. 1, 4 Abs. 3 S. 1 BW LBO, zur Gewährleistung ausreichender Belüftung, Belichtung und Besonnung, §§ 5 f. BW LBO, zur Abwehr von durch Bebauung ausgehenden Gefahren durch Regelungen über die Statik, § 13 BW LBO, und über die Beschaffenheit von Baustellen, § 12 BW LBO, sowie über den Brandschutz, § 15 BW LBO, und über den Immissionsschutz, § 14 Abs. 1 BW LBO. Darüber hinaus finden soziale Belange, beispielsweise durch die Verpflichtung zur Errichtung von Kinderspielplätzen, § 9 Abs. 2 BW LBO, und ästhetische Belange, §§ 10 f. BW LBO, Beachtung. Eine Einschränkung der Landesbauordnung hinsichtlich bestimmter Zwecke ist nicht erkennbar. Die von der Landesbauordnung geförderten Belange und die in § 1 Abs. 6 BauGB genannten Belange decken sich damit im Wesentlichen, eine Beschränkung der Landesbauordnung Baden-Württemberg oder des BauGB auf die Verfolgung bestimmter Zwecke lässt sich nicht erkennen.

e) Zwischenergebnis

Eine Unterscheidung der Gesetzgebungskompetenzen für den Erlass baurechtlicher Regelungen nach ihrem Zweck ist damit in der Entwicklungsgeschichte des Baurechts nicht angelegt, lässt sich aus der grundgesetzlichen Kompetenzverteilung nicht ableiten und besteht auch nach geltender Gesetzeslage nicht.[526] Wenn sich aber die Bundes- und die verbleibende Landeskompetenz für das Baurecht hinsichtlich der von ihnen verfolgten Zwecke nicht voneinander unterscheiden, kann die Zuordnung nach dem Gesetzeszweck in der Folge auch nicht dazu dienen, die Bundes- von der Landeskompetenz für das Baurecht abzugrenzen. Dies gilt vor allem deshalb, weil durch eine derartige Zuordnung die verfassungsrechtlich unzu-

---

525 Siehe hierzu die Nachweise in Fußnote 407.
526 So im Ergebnis auch *Manssen*, NWVBl 1992, S. 381 (382 ff.). In eine ähnliche Richtung gehend *Dittus*, DVBl 1956, S. 249 (251 ff.).

Kapitel 5 Entwicklung eines Zuordnungs- und Abgrenzungsansatzes

lässigen Doppelkompetenzen[527] nicht wirksam vermieden werden können. Damit spielt die Zuordnung nach dem Gesetzeszweck bei der Zuordnung baurechtlicher Normen zur Landes- oder Bundeskompetenz für das Baurecht keine Rolle. Der finale Zuordnungsansatz des Bundesverwaltungsgerichts geht folglich fehl.[528]

2. Zuordnung nach dem Regelungsgegenstand

Damit verbleibt aus der funktionalen Zuordnung bei der Frage nach der Zuordnung zur Bundes- oder Landeskompetenz für das Baurecht lediglich die Zuordnung nach dem Regelungsgegenstand. Der Regelungsgegenstand ist das durch die Norm aufgegebene Tun, Dulden oder Unterlassen, also die konkret vorgesehene Rechtsfolge. Gegenstand bodenrechtlicher Regelungen ist, wie oben hergeleitet, die Beschränkung der wirtschaftlichen Ausnutzung des Grundstücks. Im Verhältnis zwischen der Bundes- und der Landeskompetenz für das Baurecht ist somit danach abzugrenzen, ob eine Regelung die wirtschaftliche Ausnutzung eines Grundstücks beschränkt oder nicht. Tut sie dies, handelt es sich um eine Regelung, die in die konkurrierende Kompetenz des Bundes fällt. Tut sie es nicht oder hat der Bundesgesetzgeber von seiner konkurrierenden Kompetenz nicht oder nicht abschließend Gebrauch gemacht, fällt sie in die Landeskompetenz.

3. Sonstige Zuordnungskriterien

Die vom Bundesverfassungsgericht neben dem Regelungszweck und dem Regelungsgegenstand herangezogenen Kriterien des historischen Zusammenhangs sowie im Einzelfall des Themas, der wesensmäßigen Zugehörigkeit, der Regelungswirkung, des Normadressaten sowie des Gesamtzusammenhangs der Regelung sind für die Zuordnung baurechtlicher Normen entweder zur Bundes- oder zur Landeskompetenz ohne wesentliche Bedeutung. Dies gilt insbesondere für das Kriterium des historischen Zusammen-

---

527 Siehe hierzu 58 f.
528 Zum finalen Zuordnungsansatz siehe S. 74 ff. Mangels verschiedener Zweckrichtungen von Bundes- und Landesbaurecht ist auch die vielfach anzutreffende Argumentationslinie, wonach eine Regelung deshalb der Bundeskompetenz zuzuordnen sei, weil sie nicht näher definierte „städtebauliche Ziele" verfolge, nicht haltbar.

hangs, da sich hier eine entsprechende historische Aufteilung gerade nicht feststellen lässt.[529]

II. Der Vorgang der Zuordnung

Bei der Zuordnung baurechtlicher Regelungen anhand des Regelungsgegenstandes ist zwischen einfachgesetzlichen baurechtlichen Normen und den auf deren Grundlage getroffenen baurechtlichen Regelungen zu unterscheiden. Bei einfachgesetzlichen baurechtlichen Normen ist die Kompetenzmäßigkeit der Norm unmittelbare Voraussetzung für deren Rechtmäßigkeit, eine kompetenzwidrig erlassene Norm ist nichtig.[530] Bei Regelungen, die auf Grundlage dieser baurechtlichen Normen getroffen werden, ist das Verhältnis zwischen Kompetenzmäßigkeit und Rechtmäßigkeit nur mittelbar. Voraussetzung für die Rechtmäßigkeit der Regelung ist nicht, dass sie kompetenzgemäß im eigentlichen Sinne erlassen wurde, sondern dass sie die Tatbestandsvoraussetzungen der Norm erfüllt, auf die sie sich stützt. Ist diese Norm kompetenzgemäß erlassen und hält sich die auf Grundlage der Norm getroffene Regelung innerhalb des Tatbestands der Norm, ist die Regelung, soweit sie nicht gegen sonstiges höherrangiges Recht verstößt, rechtmäßig.[531]

1. Zuordnung einfachgesetzlicher baurechtlicher Normen

a) Zuordnung nicht auslegungsbedürftiger Normen

Soweit sich der Regelungsgegenstand einfachgesetzlicher Normen aus dem Wortlaut der Norm abschließend bestimmen lässt, ergeben sich für die Zuordnung entweder zur Bundes- oder zur Landeskompetenz für das Baurecht keine Besonderheiten. Es ist allein zu fragen, ob Gegenstand der

---

529 Siehe hierzu die Nachweise in Fußnote 309.
530 *Grzeszick* in *Dürig/Herzog/Scholz/Herdegen*, Art. 20 Abs. 3 Rn. 43; *Rux* in *Epping/Hillgruber*, Art. 20 Rn. 165 ff.; *Herbst*, Gesetzgebungskompetenzen im Bundesstaat S. 4; *Maurer*, Staatsrecht I Rn. 50a.
531 Die Kompetenzverteilungsnormen der Art. 70 ff. GG gehören nicht zu dem zu beachtenden sonstigen höherrangigen Recht, da sie gem. Art. 70 nur auf die Schaffung formeller Gesetze Anwendung finden und nicht auf Verwaltungsakte und Satzungen, *Kment* in *Jarass/Pieroth*, Art. 70 Rn. 4; *Uhle* in *Dürig/Herzog/Scholz/Herdegen*, Art. 70 Rn. 42.

Kapitel 5 Entwicklung eines Zuordnungs- und Abgrenzungsansatzes

Regelung die Beschränkung der wirtschaftlichen Ausnutzung von Grund und Boden ist. Exemplarisch kann dies am Beispiel der Regelung über die Notwendigkeit von Abstandsflächen nach § 5 Abs. 1 BW LBO gezeigt werden. Hiernach müssen vor den Außenwänden von baulichen Anlagen Abstandsflächen liegen, die von oberirdischen baulichen Anlagen freizuhalten sind, wenn nicht nach planungsrechtlichen Vorschriften an die Grenze gebaut werden muss oder an die Grenze gebaut werden darf und öffentlich-rechtlich gesichert ist, dass auf dem Nachbargrundstück ebenfalls an die Grenze gebaut wird.

In diesem Fall kann der Regelungsgegenstand der Norm aus dem Wortlaut heraus eindeutig und abschließend ermittelt werden. Das aufgegebene Tun, Dulden oder Unterlassen ist die grundsätzliche Freihaltung von Abstandsflächen zwischen den Außenwänden baulicher Anlagen und der Grundstücksgrenze. Anhand dieses Regelungsgegenstandes wird die Norm einer Gesetzgebungskompetenz zugeordnet. Im vorliegenden Fall ist die Regelung dem konkurrierenden Kompetenztitel für das Bodenrecht zuzuordnen. Soweit eine bauliche Anlage Grenzabstände einzuhalten hat, hat sie zur nächsten Grundstücksgrenze einen Abstand von mindestens 2,5 m einzuhalten, § 5 Abs. 7 S. 2 BW LBO. Damit ist zumindest innerhalb einer Zone von 2,5 m von der Grundstücksgrenze eine bauliche Nutzung des Grundstücks, ausgenommen privilegierte Vorhaben nach § 6 Abs. 1 S. 1 BW LBO, unzulässig. Dies schränkt die wirtschaftliche Ausnutzung nicht nur kleinerer Grundstücke deutlich ein. Es handelt sich folglich um eine Regelung, die dem konkurrierenden Kompetenztitel für das Bodenrecht und damit der konkurrierenden Bundeskompetenz zuzuordnen ist.[532]

Allein aus der Zuordnung einer landesrechtlichen Norm, hier § 5 Abs. 1 BW LBO, zum Kompetenztitel für das Bodenrecht folgt allerdings nicht, dass diese Norm zwangsläufig kompetenzwidrig erlassen wurde und nichtig ist. Vielmehr ist zu prüfen, ob der Bundesgesetzgeber von seiner konkurrierenden Gesetzgebungskompetenz abschließend Gebrauch gemacht hat. Dies ist hier nicht der Fall. Zwar wird allgemein davon ausgegangen, dass der Bundesgesetzgeber mit der Normierung des BauGB das Bodenrecht ab-

---

532 Ebenso *Schönfeld* in *Spannowsky/Mannssen*, Art. 6 Rn. 7 ff.; *Schönfeld/Numberger*, BayVBl 2000, S. 678 (679 f.). Eine andere Auffassung vertreten *Breyer* in *Große-Suchsdorf*, § 5 Rn. 38; *Gierke* in *Brügelmann*, § 9 Rn. 195 ff.; *Sauter* § 5 Rn. 15; *Otto*, ZfBR 2014, S. 24 (24).

C. Die Zuordnung baurechtlicher Regelungen

schließend regeln wollte.[533] Hinsichtlich der Regelung von Abstandsflächen ist dies aber nach dem ausdrücklichen Willen des Gesetzgebers nicht der Fall. Der Gesetzgeber führt zur Begründung der Neuschaffung von § 9 Abs. 1 Nr. 2a BauGB, wonach die Gemeinden in Bebauungsplänen vom Bauordnungsrecht abweichende Maße der Tiefe der Abstandsflächen festsetzen können, aus: „Um auch dann, wenn das bauordnungsrechtliche Abstandsflächenrecht nur noch gefahrenabwehrrechtlichen Zwecken dient, städtebaulich gebotene Abstandsflächen vorsehen zu können, soll den Gemeinden die neue Festsetzungsmöglichkeit gegeben werden. Das Wort „abweichend" bedeutet dabei Folgendes: Zum einen soll das Abstandsflächenrecht der Landesbauordnungen durch die Schaffung dieser Festsetzungsmöglichkeit unberührt bleiben. Auch soweit es – anders als § 6 Abs. 5 MBO 2002 – wie bisher auch städtebauliche Gründe berücksichtigt, steht diesen landesrechtlichen Regelungen Artikel 72 Abs. 1 des Grundgesetzes nicht entgegen; denn der Bundesgesetzgeber macht insoweit von seiner Gesetzgebungszuständigkeit für das Bodenrecht (Artikel 74 Abs. 1 Satz 1 Nr. 18 des Grundgesetzes) keinen Gebrauch. Zum anderen soll mit dem Wort „abweichend" ausgedrückt werden, dass Festsetzungen zum Maß der Abstandsflächentiefe in Bebauungsplänen dem Abstandsflächenrecht der Landesbauordnungen vorgehen. Für die Berechnung der Abstandsflächentiefe verbleibt es bei den Vorschriften der Landesbauordnungen."[534] Der Bundesgesetzgeber bringt damit eindeutig zum Ausdruck, dass er hinsichtlich der Regelung grundsätzlicher Abstandsflächen, die nicht als Festsetzungen über die überbaubare Grundstücksfläche nach § 9 Abs. 1 Nr. 2, 2a BauGB i.V.m. § 23 BauNVO in Bebauungsplänen aufgenommen werden, von seiner konkurrierenden Gesetzgebungskompetenz keinen Gebrauch macht.[535]

b) Zuordnung auslegungsbedürftiger Normen

Problematischer ist die Zuordnung von Normen, bei denen sich der Regelungsgegenstand nicht abschließend aus dem Wortlaut ergibt. Als Bei-

---

533 *Gierke* in *Brügelmann*, § 1 Rn. 106; *Erbguth/Schubert*, Öffentliches Baurecht § 2 Rn. 2; BVerwG, Urteil vom 24.02.1978, - 4 C 12/78 -, BVerwGE 55, S. 272 (277); *Langguth*, ZfBR 2011, S. 436 (440).
534 BT-Drs. 16/3308 S. 17.
535 *Schönfeld* in *Spannowsky/Mannssen*, Art. 6 Rn. 10; *Söfker* in *Ernst/Zinkahn/Bielenberg*, § 9 Rn. 42; *Schulte*, BauR 2007, S. 1514 (1524).

Kapitel 5 Entwicklung eines Zuordnungs- und Abgrenzungsansatzes

spiel kann § 74 Abs. 1 S. 1 Nr. 1 BW LBO genannt werden, wonach Gemeinden zur Durchführung baugestalterischer Absichten, zur Erhaltung schützenswerter Bauteile, zum Schutz bestimmter Bauten, Straßen, Plätze oder Ortsteile von geschichtlicher, künstlerischer oder städtebaulicher Bedeutung sowie zum Schutz von Kultur- und Naturdenkmalen in bestimmten bebauten oder unbebauten Teilen des Gemeindegebiets durch Satzung örtliche Bauvorschriften unter anderem über Anforderungen an die äußere Gestaltung baulicher Anlagen einschließlich Regelungen über Gebäudehöhen und -tiefen sowie über die Begrünung erlassen können. Dem Wortlaut nach könnten auf dieser Grundlage – aus baugestalterischen Absichten – auch Regelungen über den Grundriss und damit über die überbaubare Grundstücksfläche sowie über die Geschosszahl getroffen werden, schließlich wirken sich sowohl der Grundriss als auch die Stockwerkszahl auf das Erscheinungsbild des Gebäudes aus und stellen damit Anforderungen an die äußere Gestaltung baulicher Anlagen dar. Regelungen über die Geschosszahl und die überbaubare Grundstücksfläche beschränken jedoch die wirtschaftliche Ausnutzung des Grundstücks und sind entsprechend der konkurrierenden Gesetzgebungskompetenz des Bundes für das Bodenrecht zuzuordnen. § 74 Abs. 1 S. 1 Nr. 1 BW LBO wäre kompetenzwidrig erlassen und damit unwirksam, da der Gesetzgeber mit § 9 Abs. 1 BauGB hinsichtlich planerischer Regelungen von seiner konkurrierenden Gesetzgebungskompetenz abschließend Gebrauch gemacht hat.[536] Dieses Ergebnis kann durch eine kompetenz- und damit verfassungskonforme Auslegung von § 74 Abs. 1 S. 1 Nr. 1 BW LBO verhindert werden. Normen, bei denen sich der Regelungsgegenstand nicht abschließend aus dem Wortlaut der Norm ergibt, müssen also so ausgelegt werden, dass sie die grundgesetzliche Kompetenzordnung nicht verletzen. Für § 74 Abs. 1 S. 1 Nr. 1 BW LBO bedeutet das, dass die Gemeinden auf dieser Grundlage nur solche Anforderungen an die äußere Gestaltung baulicher Anlagen erlassen können, die die wirtschaftliche Ausnutzung im oben dargelegten Sinne nicht beschränken.[537] Die auf Grundlage von § 74 Abs. 1 S. 1 Nr. 1 BW LBO erlassenen

---

536 Eine abschließende Regelung des Bodenrechts liegt in diesem Bereich aufgrund der Regelungen über die Bauleitplanung im BauGB vor. Vgl. auch Fußnote 533.
537 Für § 74 Abs. 1 S. 1 Nr. 1 ähnlich *Balensiefen* in *Spannowsky/Uechtritz*, § 74 Rn. 17.1; *Schlotterbeck* in *Schlotterbeck/Hager/Busch/Gammerl*, § 74 Rn. 32. Entsprechend der herrschenden finalen Abgrenzungsmethode nehmen die genannten Autoren die kompetenzkonforme Einschränkung der Norm aber auf Ebene der Zweckbestimmung und nicht auf Ebene der regelungsfähigen Gegenstände vor.

C. Die Zuordnung baurechtlicher Regelungen

örtlichen Bauvorschriften haben sich dann innerhalb des so ermittelten Tatbestands zu bewegen.

2. Zuordnung von aufgrund einfachgesetzlicher Normen getroffenen Regelungen

Bei der Beurteilung der Rechtmäßigkeit einer Regelung, die sich auf eine baurechtliche Ermächtigungsgrundlage stützt, welche keiner kompetenzkonformen Auslegung bedarf, stellen sich keine weiteren kompetenzrechtlichen Fragen. Soweit die Regelung unter den Tatbestand der Ermächtigungsgrundlage fällt, ist sie rechtmäßig.

Etwas anders stellt sich dies für Regelungen dar, die auf eine kompetenzkonform auszulegende Ermächtigungsgrundlage gestützt werden. Auch hier ist zu prüfen, ob sich die Regelung innerhalb der tatbestandlichen Grenzen der Ermächtigungsgrundlage bewegt. Diese Grenze wird jedoch durch den Kompetenzrahmen des Grundgesetzes gebildet. Das bedeutet für die Subsumtion der Regelung unter die Ermächtigungsgrundlage, dass die Regelung selbst einer Gesetzgebungskompetenz zuzuordnen ist. Eine auf eine auslegungsbedürftige bundesrechtliche Ermächtigungsgrundlage gestützte Regelung ist somit dann aus kompetenzrechtlicher Sicht rechtmäßig, wenn sie selbst einem (konkurrierenden) Kompetenztitel des Bundes zuzuordnen ist. Eine auf eine auslegungsbedürftige landesrechtliche Ermächtigungsgrundlage gestützte Regelung ist aus kompetenzrechtlicher Sicht rechtmäßig, wenn sie keinem Kompetenztitel des Bundes zuzuordnen ist oder einem konkurrierenden Kompetenztitel des Bundes zuzuordnen ist, von dem der Bundesgesetzgeber nicht oder nicht abschließend Gebrauch gemacht hat.

Hinsichtlich des Zuordnungsvorgangs, insbesondere der Heranziehung des maßgeblichen Kriteriums des Regelungsgegenstandes, ergeben sich zwischen der Zuordnung einer Norm und der Zuordnung einer Regelung keine Unterschiede. Damit realisiert sich die Zuordnungsfrage bei nicht auslegungsbedürftigen Normen auf Ebene der Überprüfung der Verfassungsmäßigkeit der Norm, bei auslegungsbedürftigen Normen auf Ebene der Subsumtion einer Regelung unter die Norm.

D. Ergebnis, Bedeutung für ortsbildschützende und ortsbildgestaltende Regelungen

Für die Anwendung ortsbildschützender und -gestaltender Regelungen ergibt sich damit das Folgende. Da sich die Bundes- und die Landeskompetenz für das öffentliche Baurecht in ihrer Zweckrichtung nicht unterscheiden lassen, können sowohl der Bund als auch die Länder Regelungen zum Schutz und zur Gestaltung des Ortsbildes erlassen oder dazu ermächtigen. Es bestehen keine kompetenzrechtlichen Einschränkungen dahingehend, dass einer der Kompetenzträger nur ein bestimmtes Ortsbild schützen darf. Dementsprechend besteht auch kein Unterschied zwischen dem bundesrechtlichen und dem landesrechtlichen Ortsbildbegriff.[538] Insofern scheidet eine tatbestandliche Unterscheidung landes- und bundesrechtlicher Regelungen zum Ortsbildschutz aus. Vielmehr ist die kompetenzrechtliche Problematik ortsbildschützender und -gestaltender Regelungen nach dem oben Gesagten auf Rechtsfolgenseite zu lösen, es kommt auf den Regelungsgegenstand der in Frage stehenden Regelung an. Werden beispielsweise weit von den Grundstücksgrenzen abgerückte Baugrenzen festgesetzt, um das Bild einer vorhandenen, durch aufgelockerte Bebauung geprägten Villensiedlung zu erhalten, so beschränkt diese Regelung, unabhängig von ihrem Zweck, die wirtschaftliche Ausnutzung von Grund und Boden und ist damit der konkurrierenden Bundeskompetenz für das Bodenrecht zuzuordnen. Werden in derselben Villensiedlung, also zum Schutz desselben Ortsbildes, Regelungen darüber getroffen, dass an baulichen Anlagen bestimmte Fenster anzubringen und sämtliche Fassaden in weiß zu halten sind, beschränken diese Regelungen die wirtschaftliche Ausnutzung von Grund und Boden nicht, es handelt sich um Regelungen, die vom Kompetenztitel für das Bodenrecht nicht erfasst werden und, da sie auch keinem anderen Kompetenztitel des Bundes zugeordnet werden können, in die Gesetzgebungskompetenz der Länder fallen. Welche Regelungen aufgrund welcher ortsbildschützenden oder ortsbildgestaltenden Regelung konkret getroffen werden können, wird im Folgenden näher erläutert.

---

538 Ebenso im Ergebnis, allerdings mit anderer Begründung *Vilsmeier*, Das bauplanungsrechtliche Verbot der Ortsbildbeeinträchtigung und seine Bedeutung für die Zulässigkeit von Baugerüstwerbung S. 75 f.

Teil 3
Instrumente des Ortsbildschutzes

Kapitel 6 Herkömmliche Instrumente

Wie gezeigt finden sich ortsbildschützende Regelungen sowohl im BauGB als auch in den Landesbauordnungen an verschiedenen Stellen.[539] Dabei fällt auf, dass jeweils ein landes- und ein bundesrechtlich geregeltes Pendant für die verschiedenen Ebenen der baurechtlichen Verwaltungstätigkeit besteht. Auf der Ebene der Planung ist bei Bauleitplänen nach § 1 Abs. 2 BauGB gem. § 1 Abs. 5 S. 2, Abs. 6 Nr. 5 BauGB die Gestaltung des Ortsbildes zu berücksichtigen. Nach Landesrecht können mittels Aufstellung örtlicher Bauvorschriften Regelungen zum Schutz und zur Gestaltung des Ortsbildes erlassen werden, in Baden-Württemberg beispielsweise nach § 74 Abs. 1 BW LBO.[540] Auf der Ebene der Zulässigkeit von baulichen Anlagen und Vorhaben, soweit diese nicht durch eine Satzung geregelt ist, findet das Ortsbild auf bundesrechtlicher Ebene in § 34 Abs. 1 S. 2 2. HS BauGB sowie in § 35 Abs. 3 S. 1 Nr. 5 BauGB und auf landesrechtlicher Ebene in den jeweiligen Verunstaltungsverboten Berücksichtigung.[541] Soll gegen ortsbildbeeinträchtigende Zustände eingeschritten werden, stellt das BauGB mit dem Instandsetzungsgebot nach § 177 Abs. 1, 3 Nr. 2 BauGB und dem Rückbaugebot nach § 179 Abs. 1 S. 1 Nr. 1 BauGB Instrumente zur Verfügung. Auf landesrechtlicher Ebene kommt ein Eingreifen auf Grundlage der jeweiligen Generalklausel in Verbindung mit den Verunstaltungsverboten in Betracht. Daneben wird in einigen Landesbauordnungen zum Erlass von Beseitigungsanordnungen gegenüber verfallenden und nicht mehr genutzten baulichen Anlagen ermächtigt.[542] Im Folgenden sollen diese Regelungen jeweils aus kompetenzrechtlichen Gesichtspunkten voneinander abgegrenzt und Lücken des Ortsbildschutzes und der Ortsbildgestaltung ermittelt werden.

---

539 Siehe hierzu S. 15 f.
540 Zu den Regelungen in anderen Bauordnungen der Länder vgl. Fußnote 4.
541 Zu den Regelungen in den Bauordnungen der Länder vgl. Fußnote 4.
542 § 65 Abs. 2 BW LBO, § 79 Abs. 2 HB LBO, § 80 Abs. 2 Bbg BauO, § 80a Abs. 3 MV LBO, § 79 Abs. 3 N BauO, § 82 Abs. 2 BauO NRW, § 82 RP LBO, § 80 S. 1 SH LBO, § 79 Abs. 2 Thür BauO. Siehe hierzu auch *Weiblen* in *Spannowsky/Uechtritz*, § 65 Rn. 112; *Guckelberger*, NVwZ 2010, S. 743 sowie ausführlich *Seibert*, Dauerhaft aufgegebene Anlagen S. 1 ff; *Wunderle*, VBlBW 2020, S. 221; *Wunderle*, VBlBW 2020, S. 272.

Kapitel 6 Herkömmliche Instrumente

A. Ortsbildschutz und Ortsbildgestaltung durch Planung

I. Bebauungspläne

Bei der Aufstellung von Bebauungsplänen sind nach § 1 Abs. 5 S. 2 und Abs. 6 Nr. 5 BauGB die Gestaltung und die Erhaltung von Ortsbildern zu berücksichtigen.[543] Hierzu stehen dem Satzungsgeber verschiedene Festsetzungsmöglichkeiten zur Verfügung. Dies sind namentlich Festsetzungen über Art und Maß der baulichen Nutzung nach § 9 Abs. 1 Nr. 1 BauGB, insbesondere über die Geschosszahl und die Gebäudehöhe,[544] und Festsetzungen über die Bauweise, die überbaubare Grundstücksfläche sowie die Stellung baulicher Anlagen nach § 9 Abs. 1 Nr. 2 BauGB, beispielsweise durch die Festsetzung einer geschlossenen Bauweise nach § 22 Abs. 1 BauNVO zur Schaffung von Reihenhaussiedlungen, durch die Festsetzung weit von den Grundstücksgrenzen abgerückter Baugrenzen zum Erhalt einer Villensiedlung oder durch die Beeinflussung der Firstrichtung zum Erhalt einer giebelständigen mittelalterlichen Bebauung samt Traufgassen mittels Festsetzung über die Stellung der baulichen Anlagen.[545] Darüber hinaus kommen Festsetzungen nach § 9 Abs. 1 Nr. 10 BauGB über die von Bebauung freizuhaltenden Flächen in Betracht, womit unter anderem ortsbildrelevante Sichtbeziehungen beispielsweise auf herausragende Bauwerke oder landschaftliche Gegebenheiten wie Seen aufrechterhalten werden

---

543 Ein eindrucksvolles Beispiel für die Möglichkeit mittels Festsetzungen eines Bebauungsplans auf die Gestaltung eines Ortsbilds Einfluss zu nehmen, stellt der sich im Entwurf befindliche Bebauungsplan „Dietenbach – Am Frohnholz" der Stadt Freiburg im Breisgau dar. In diesem Bebauungsplan werden ausweislich der Entwurfsbegründung über zahlreiche der genannten Festsetzungen beispielsweise größerer und kleiner Plätze, S. 96 der Entwurfsbegründung, sowie Vorgartenzonen und begrünten Blockinnenhöfen, S. 98 f., geschaffen und außerdem eine „ausdifferenzierte Höhenentwicklung" des Quartiers durch Festsetzungen über die zulässige Geschosshöhe, S. 92 der Entwurfsbegründung, gewährleistet.
544 *Decker* in *Schlichter/Stich/Driehaus/Paetow*, § 9 Rn. 18; *Söfker* in *Ernst/Zinkahn/Bielenberg*, § 9 Rn. 33; *Fickert/Fieseler* § 16 Rn. 1; *Mitschang*, ZfBR 2000, S. 379 (383).
545 *Mitschang/Reidt* in *Battis/Krautzberger/Löhr*, § 9 Rn. 29; *Fickert/Fieseler* § 22 Rn. 1, § 23 Rn. 1; *Mitschang*, ZfBR 2000, S. 379 (383 f.); *Scheidler*, KommJur 2020, S. 125 (125 ff.). Dagegen meint *Gierke* in *Brügelmann*, § 9 Rn. 189, dass baugestalterische Absichten für Festsetzungen über die Stellung baulicher Anlagen nicht genügen würden, da baugestalterische Regelungen den Ländern überlassen seien. Diese Auffassung trifft nicht zu. Ihr liegt ein unzutreffendes Verständnis der Kompetenzaufteilung zwischen Bund und Ländern zugrunde und lässt sich mit der Beachtung der Belange nach § 1 Abs. 6 Nr. 5 BauGB nicht vereinbaren.

können.⁵⁴⁶ Außerdem kommen Festsetzungen öffentlicher und privater Grünflächen nach § 9 Abs. 1 Nr. 15 BauGB beispielsweise zum Schutz und zur Anlegung öffentlicher oder privater Parks⁵⁴⁷ sowie Festsetzungen zur Anpflanzung oder Erhaltung von Bäumen und Sträuchern für einzelne Flächen oder für ein Bebauungsplangebiet oder Teile davon sowie für Teile baulicher Anlagen nach § 9 Abs. 1 Nr. 25 BauGB, beispielsweise zur Durchgrünung einer gartenstadtähnlichen Siedlung oder bei der Schaffung klimagerechter urbaner Umgebungen, in Frage.⁵⁴⁸

II. Örtliche Bauvorschriften

In den Landesbauordnungen finden sich zur Einflussnahme auf das Ortsbild durch örtliche Bauvorschriften Ermächtigungen zum Erlass besonderer Anforderungen an die äußere Gestaltung baulicher Anlagen, beispielsweise mittels Regelungen über die Fassadengestaltung und Dachgestaltung,⁵⁴⁹ sowie an die Gestaltung von Werbeanlagen und Warenautoma-

---

546 *Decker* in *Schlichter/Stich/Driehaus/Paetow*, § 9 Rn. 32; *Mitschang/Reidt* in *Battis/Krautzberger/Löhr*, § 9 Rn. 56; *Schrödter/Möller* in *Schrödter*, § 9 Rn. 64; *Mitschang*, ZfBR 2000, S. 379 (384). Aus der Rechtsprechung: VGH Mannheim, Urteil vom 25.03.2015, - 5 S 1047/14 - juris Rn. 46 ff. bzgl. der Freihaltung zum Erhalt traditioneller Streusiedlungen und zur Aufrechterhaltung von Sichtbeziehungen zwischen der Insel Reichenau, dem Bodensee und dem gegenüberliegenden Schweizer Seeufer und VGH München, Urteil vom 16.02.2004, - 26 N 01.2887 -, BRS 77, S. 536 bzgl. der Freihaltung zum Schutz der Aussicht auf die Wallfahrtskirche Maria Schnee im Markt Rettenbach.

547 *Mitschang/Reidt* in *Battis/Krautzberger/Löhr*, § 9 Rn. 83; *Söfker* in *Ernst/Zinkahn/Bielenberg*, § 9 Rn. 128. Aus der Rechtsprechung: BVerwG, Urteil vom 18.05.2001, - 4 CN 4/00 -, BVerwGE 114, S. 247 (253 ff.) zur Festsetzung privater Hausgärten zum Erhalt des „Böhmischen Dorfs" in Berlin-Neukölln und OVG Berlin-Brandenburg, Urteil vom 03.05.2010, - OVG 2 A 18.08 - juris Rn. 29 ff. zur Festsetzung einer privaten Grünfläche zum Erhalt eines aus verschiedenen Parkanlagen bestehenden landschaftlich-architektonischen Gefüges im Nordosten Potsdams.

548 *Decker* in *Schlichter/Stich/Driehaus/Paetow*, § 9 Rn. 66; *Mitschang/Reidt* in *Battis/Krautzberger/Löhr*, § 9 Rn. 154; *Söfker* in *Ernst/Zinkahn/Bielenberg*, § 9 Rn. 225 f. Dagegen lehnen *Chilla/Stephan/Röger/Radtke*, ZuR 2002, S. 249 (252) aus kompetenzrechtlichen Gründen eine Festsetzung von Fassaden- und Dachbegrünungen allein zum Zwecke des Ortsbildschutzes ab.

549 Eine ausführliche Aufzählung regulierbarer Gestaltungselemente findet sich bei *Schlotterbeck* in *Schlotterbeck/Hager/Busch/Gammerl*, § 74 Rn. 34; *Wiechert/Lenz* in *Große-Suchsdorf*, § 84 Rn. 64 ff.; *Wiesmann* in *Schulte/Radeisen/Schulte/van Schewick/Rasche-Sutmeier/Wiesmann*, § 89 Rn. 4; *Sauter* § 74 Rn. 46. Aus der Rechtsprechung: OVG Schleswig, Urteil vom 09.05.1995, - 1 L 165/94 - juris Rn. 43 zu einer

Kapitel 6 Herkömmliche Instrumente

ten[550] und zum Erlass von Regelungen über die Gestaltung der Plätze für bewegliche Abfallbehälter sowie der unbebauten Grundstücksflächen, beispielsweise das Verbot von Stein- und Kiesgärten.[551] Außerdem wird zum Erlass von Regelungen über die Notwendigkeit, Art, Gestaltung und Höhe von Einfriedungen ermächtigt,[552] wobei nach einigen Landesbauordnungen auch bestimmt werden kann, dass Vorgärten nicht als Arbeitsflächen oder Lagerflächen benutzt werden dürfen.[553] Im Übrigen ermächtigen die Landesbauordnungen zum Erlass von Regelungen über die Begrünung baulicher Anlagen,[554] zum Verbot von Werbeanlagen und Warenautomaten,[555]

Ortsgestaltungssatzung der Gemeinde Sylt, in der für den Ort Keitum besondere Anforderungen an Bestandsgebäude im „alten sylter-friesischen Stil" gestellt sowie die verpflichtende Reeteindeckung von Dächern angeordnet wurde und OVG Lüneburg, Urteil vom 12.05.1993, - 1 K 67/91 -, BRS 55, S. 354 (355 ff.) zur verpflichtenden Verwendung bestimmter Ziegelarten zum Schutz der Dachlandschaft der Altstadt von Duderstadt.

550 § 74 Abs. 1 S. 1 Nr. 1 BW LBO, Art. 81 Abs. 1 Nr. 1 BayBO, § 12 Abs. 1 Berl AGBauGB § 86 Abs. 1 Nr. 1 HB LBO, § 87 Abs. 1 Nr. 1 Bbg BauO, § 81 Abs. 2a HH LBO, § 91 Abs. 1 S. 1 Nr. 1, 2 Hes BauO, § 86 Abs. 1 Nr. 1 MV LBO, § 84 Abs. 3 Nr. 1, 2 und 5 N BauO, § 89 Abs. 1 Nr. 1 BauO NRW, § 5 Abs. 2 S. 1, § 88 Abs. 1 Nr. 1 RP LBO, § 85 Abs. 1 Nr. 1 Saarl LBO, § 89 Abs. 1 Nr. 1 Sächs BauO, § 85 Abs. 1 S. 1 Nr. 1 LSA BauO, § 86 Abs. 1 Nr. 1 SH LBO, § 88 Abs. 1 Nr. 1 Thür BauO sowie § 86 Abs. 1 Nr. 1 der Musterbauordnung. Die Bundesländer Baden-Württemberg, Brandenburg, Hamburg, Hessen, Mecklenburg-Vorpommern, Niedersachsen, Rheinland-Pfalz, das Saarland, Sachsen, Schleswig-Holstein, Thüringen und die Musterbauordnung verlangen hierfür jeweils eine gestalterische Zweckrichtung der Regelung beziehungsweise den Schutz aus bestimmten Gründen erhaltenswerter Umgebungen.

551 *Schlotterbeck* in *Schlotterbeck/Hager/Busch/Gammerl*, § 74 Rn. 39. § 87 Abs. 1 Nr. 1 Bbg BO enthält zum Verbot von Schottergärten eine eigene, ausdrückliche Ermächtigungsgrundlage.

552 Entsprechende Regelungen finden sich in den Ermächtigungsgrundlagen zum Erlass örtlicher Bauvorschriften sämtlicher Bundesländer mit Ausnahme von Sachsen-Anhalt, Berlin und Hamburg. In Brandenburg besteht lediglich die Möglichkeit zur Verpflichtung bzw. zum Verbot der Errichtung von Einfriedungen und zum Verbot von Schottergärten.

553 Dies ist der Fall in Bayern, Mecklenburg-Vorpommern, Nordrhein-Westfalen, Rheinland-Pfalz, dem Saarland, Sachsen, Sachsen-Anhalt, Schleswig-Holstein und der Musterbauordnung.

554 Dies ist in sämtlichen Bundesländern mit Ausnahme von Hamburg und Berlin der Fall.

555 Eine solche Ermächtigungsgrundlage findet sich in allen Landesbauordnungen sowie in § 12 Abs. 1 Berl AGBauGB. In Hamburg können nur Anforderungen an Art, Zahl, Größe und Anbringungsort der Werbeanlage gestellt werden, sie können aber nicht ausgeschlossen werden, § 81 Abs. 2a S. 2 HH BauO.

zur Verringerung der Abstandsflächen aus gestalterischen Gründen[556] und zur Regulierung von Außenantennen.[557] Darüber hinaus treffen die Landesbauordnungen vereinzelt besondere Regelungen, auf deren Grundlage das Ortsbild beeinflusst werden kann. So ermächtigt Art. 81 Abs. 1 Nr. 7 Bay BO zum Verbot der Beseitigung oder Beschädigung von Bäumen auf den nicht überbaubaren Grundstücksflächen, nach § 88 Abs. 1 Nr. 5 RP LBO können Regelungen über den Anbringungsort und die Gestaltung von Hausnummern getroffen werden, nach § 87 Abs. 1 Nr. 1 Bbg BauO kann das Verbot von Schottergärten angeordnet werden und nach § 87 Abs. 8 Bbg BauO können Anforderungen an die Gestaltung von Erschließungsanlagen gestellt werden.[558]

III. Abgrenzung und Schutzlücken

Bei der Überprüfung der Kompetenzmäßigkeit der in den Ermächtigungsgrundlagen nach § 9 Abs. 1 BauGB und den jeweiligen Normen zu den örtlichen Bauvorschriften vorgesehenen Rechtsetzungsmöglichkeiten sollen zunächst diejenigen Normen ermittelt werden, die nach der hier vertretenen Auffassung zur Abgrenzung von Bundes- und Landesbaurecht kompetenzwidrig sind. Soweit eine Norm kompetenzkonform ausgelegt werden muss, sollen hierfür die entsprechenden Grenzlinien aufgezeigt werden. Aufgrund der Ausführlichkeit des § 9 BauGB wird mit Blick auf Art. 72 Abs. 1 GG im Folgenden davon ausgegangen, dass der Bundesgesetzgeber hinsichtlich der planhaften Steuerung der Bebauung und deren Gestaltung

---

556 Dies ist in allen Bundesländern mit Ausnahme von Berlin, Hamburg und Niedersachsen der Fall.
557 So in Baden-Württemberg, Rheinland-Pfalz und Niedersachsen. Im Saarland kann nach § 85 Abs. 1 Nr. 10 Saarl LBO nur die die Unzulässigkeit mehr als einer Empfangsanlage angeordnet werden. In Baden-Württemberg und Niedersachsen können zusätzlich noch Regeln über die Zulässigkeit von Niederspannungsfreileitungen erlassen werden.
558 Hinsichtlich der Ermächtigungsgrundlagen zum Erlass örtlicher Bauvorschriften kann mit Blick darauf, dass sich Bundes- und Landesbaurecht hinsichtlich ihrer Zweckrichtung nicht unterscheiden, auch auf den häufig anzutreffenden Zusatz der Normen verzichtet werden, wonach örtliche Bauvorschriften zu gestalterischen Zwecken oder mit baugestalterischer Absicht erlassen werden müssen. Aus kompetenzrechtlicher Sicht könnten damit genauso gut ökologische oder sonstige städtebauliche Ziele verfolgt werden. Mit Blick auf den Schutz und die Gestaltung von Ortsbildern schadet der Zusatz jedoch nicht.

von seiner konkurrierenden Gesetzgebungskompetenz für das Bodenrecht im Wesentlichen abschließend Gebrauch gemacht hat.[559]

1. Kompetenzüberschreitung durch Festsetzungen nach § 9 Abs. 1 BauGB

Unproblematisch bodenrechtlicher Natur sind die Festsetzungen in Bebauungsplänen über Art und Maß der baulichen Nutzung sowie die überbaubare Grundstücksfläche und die Bauweise nach § 9 Abs. 1 Nrn. 1–3 BauGB in Verbindung mit den jeweiligen, sie nach § 9a BauGB konkretisierenden Regelungen der BauNVO. Sie beschränken allesamt die wirtschaftliche Ausnutzung von Grund und Boden. Dasselbe gilt für Festsetzungen nach § 9 Abs. 1 Nr. 10 BauGB über Flächen, die von Bebauung freizuhalten sind, sowie die Festsetzung öffentlicher oder privater Grünflächen nach § 9 Abs. 1 Nr. 15 BauGB.

Kompetenzrechtliche Probleme ergeben sich allerdings bei Pflanz-, Bindungs- und Erhaltungsgeboten nach § 9 Abs. 1 Nr. 25 BauGB. Derartige Festsetzungen sind sowohl aus Gründen des Umweltschutzes als auch aus Gründen des Ortsbildschutzes denkbar. Es kann nach herrschender Auffassung die Neuanpflanzung, welche auch die Nachpflanzung erfasst,[560] von Pflanzen, Bäumen und Sträuchern angeordnet werden, wobei auch Bestimmungen über deren Art, Mischung und Dichte zulässig sind.[561] Darüber hinaus kann der Erhalt bestimmter Pflanzen, Bäume und Sträucher angeordnet werden, wobei diese Festsetzungen für den Fall des Untergangs der jeweiligen Pflanze, des jeweiligen Baums oder des jeweiligen Strauchs auch das Gebot einer Ersatzpflanzung enthalten.[562] Festsetzungen nach § 9 Abs. 1 Nr. 25 BauGB sollen nicht nur für einzelne, zeichnerisch näher bestimmte Pflanzen möglich sein, sondern auch pauschal, beispielsweise für ganze

---

559 Vgl. Fußnote 533. Eine Ausnahme hiervon besteht hinsichtlich des Abstandsflächenrechts, siehe S. 153 ff.
560 *Söfker* in *Ernst/Zinkahn/Bielenberg*, § 9 Rn. 221; BVerwG, Urteil vom 08.10.2014, - 4 C 30/13 -, ZfBR 2015, S. 158 (159).
561 *Decker* in *Schlichter/Stich/Driehaus/Paetow*, § 9 Rn. 66; *Mitschang/Reidt* in *Battis/Krautzberger/Löhr*, § 9 Rn. 154; *Söfker* in *Ernst/Zinkahn/Bielenberg*, § 9 Rn. 221; *Spannowsky* in *Spannowsky/Uechtritz*, § 9 Rn. 117; *Stüer*, Kapitel B Bauleitplanung in *Hoppenberg/de Witt*, Handbuch des öffentlichen Baurechts Band 1 Rn. 328; BVerwG, Beschluss vom 24.04.1991, - 4 NB 24/90 -, NVwZ 1991, S. 877 (878).
562 *Mitschang/Reidt* in *Battis/Krautzberger/Löhr*, § 9 Rn. 153; *Spannowsky* in *Spannowsky/Uechtritz*, § 9 Rn. 118.1; *Stüer*, Kapitel B Bauleitplanung in *Hoppenberg/de Witt*, Handbuch des öffentlichen Baurechts Band 1 Rn. 329; BVerwG, Urteil vom 08.10.2014, - 4 C 30/13 -, ZfBR 2015, S. 158 (159).

A. Ortsbildschutz und Ortsbildgestaltung durch Planung

Grundstücke oder sämtliche nicht überbaubaren Grundstücksflächen.[563] Pflanz- und Erhaltungsgebote werden häufig nur für solche Teile des Plangebiets getroffen, die aufgrund anderer Festsetzungen, beispielsweise über die überbaubare Grundstücksfläche nach § 9 Abs. 1 Nr. 2 BauGB oder über öffentliche oder private Grünflächen nach § 9 Abs. 1 Nr. 15, ohnehin nicht bebaubar sind,[564] sie können aber auch als selbstständige Festsetzung in den Bebauungsplan aufgenommen werden.[565]

Vollumfänglich kompetenzwidrig ist die bundesrechtliche Ermächtigung zur Festsetzung von Dach- und Fassadenbegrünungen. Das Grundstück wird hierdurch in seiner Ausnutzung als Wirtschaftsgut schon deswegen nicht beschränkt, weil die Festsetzungen von Dach- und Fassadenbegrünungen nur einen Annex zur eigentlichen Grundstücksnutzung durch die Errichtung von Gebäuden darstellen. Darüber hinaus wird der Wert des Grundstücks allenfalls dadurch beeinflusst, dass bei der Errichtung und Pflege einer baulichen Anlage etwas höhere Kosten anfallen.[566] Im Übrigen wird durch das Gebot der Dachbegrünung die Nutzung des Dachs durch Photovoltaik nicht beeinträchtigt, sodass sich auch hieraus keine Einschränkungen der wirtschaftlichen Nutzung des Grundstücks ergeben.[567]

Bei den übrigen Pflanz- und Erhaltungsgeboten nach § 9 Abs. 1 Nr. 25 BauGB ist dagegen zu differenzieren. Derartige Gebote können die wirtschaftliche Ausnutzung eines Grundstücks beschränken und damit der konkurrierenden Kompetenz für das Bodenrecht zuzuordnen sein.[568] Dies gilt sowohl für den Fall, dass die Pflanz- und Bindungsgebote als Annex

---

563 BVerwG, Beschluss vom 29.12.1995, - 4 NB 40/95 -, NVwZ-RR 1996, S. 629 (629).
564 *Söfker* in *Ernst/Zinkahn/Bielenberg*, § 9 Rn. 216.
565 *Gierke* in *Brügelmann*, § 9 Rn. 1100; *Mitschang/Reidt* in *Battis/Krautzberger/Löhr*, § 9 Rn. 151.
566 Die Fachvereinigung Bauwerksgrün e.V. rechnet bei einer bodengebundenen Fassadenbegrünung mit Kosten i.H.v. 15 €-35 € pro Quadratmeter, S. 3 der Informationsbroschüre, abrufbar unter https://www.gebaeudegruen.info/fileadmin/website/downloads/bugg-fachinfos/Fassadenbegruenung/FBB-Fassadenbegruenung.pdf, zuletzt abgerufen am 25.05.2024. Damit ergeben sich für ein freistehendes zweigeschossiges, würfelförmiges Haus mit einer Wohnfläche von 128 m² und einer Gesamthöhe von 5,5 m bei Begrünungskosten i.H.v. 25 € pro m² Mehrkosten i.H.v. ca. 4.400 € zzgl. Pflegekosten.
567 Vielmehr wird die Funktionsfähigkeit von Solar- und Photovoltaikanlagen durch eine Dachbegrünung sogar verbessert, *Zebe*, BBauBl 2010 3, S. 38 (38, 41).
568 Die Tatsache, dass Pflanzgebote erheblichen Einfluss auf den Wert eines Grundstücks haben können, zeigt sich nicht zuletzt in der Entschädigungsregelung des § 41 Abs. 2 Nr. 2 BauGB.

zu Festsetzungen über die nicht überbaubare Grundstücksfläche festgesetzt werden, als auch für den Fall, dass die Pflanz- und Bindungsgebote isoliert festgesetzt werden. Die wirtschaftliche Ausnutzung insbesondere durch die Bebauung eines Grundstücks kann durch derartige Festsetzungen eingeschränkt werden, da an den Stellen, an denen Pflanzen, Bäume und Sträucher gepflanzt werden müssen, keine andere Nutzung zulässig ist. Im Falle der isolierten Festsetzung wird an diesen Stellen die Errichtung sämtlicher baulicher Anlagen unterbunden, im Falle der Festsetzung als Annex wird die Bebaubarkeit dadurch beschränkt, dass die auch in den nicht überbaubaren Grundstücksflächen grundsätzlich zulässigen Nebenanlagen nach § 23 Abs. 5 in Verbindung mit § 14 BauNVO nicht errichtet werden können.

Eine bodenrechtliche Regelung liegt allerdings erst dann vor, wenn die wirtschaftliche Nutzung eines Grundstücks durch die Pflanz- und Bindungsgebote tatsächlich beschränkt wird. Dies ist erst dann der Fall, wenn die Festsetzung eine gewisse Flächigkeit erreicht, also beispielsweise durch die Festsetzung eines Pflanzgebots für eine Vielzahl von Bäumen und Sträuchern im Vorgartenbereich eines mit Wohnhäusern bebaubaren Grundstücks die Errichtung eines Stellplatzes nicht mehr möglich ist. Die Festsetzung von Pflanzgeboten für nur vereinzelte Bäume und Sträucher, insbesondere im rückwärtigen Grundstücksbereich, in Innenhöfen oder an Grundstücksgrenzen beschränken die wirtschaftliche Ausnutzung dagegen nicht. Eine Beschränkung der wirtschaftlichen Ausnutzung des Grundstücks liegt ebenfalls nicht vor, wenn die Pflanz- und Bindungsgebote im Wesentlichen eine „ergänzende Funktion" haben, beispielsweise auf Flächen für Spiel-, Freizeit- und Erholungsflächen nach § 9 Abs. 1 Nr. 4 BauGB oder für Grünflächen nach § 9 Abs. 1 Nr. 15 BauGB.[569] In diesen Fällen wird die wirtschaftliche Nutzung bereits durch die Hauptfestsetzung eingeschränkt. Eine darüberhinausgehende zusätzliche Beschränkungswirkung geht von den Pflanz- und Bindungsgeboten in diesen Fällen nicht aus. Dagegen werden Festsetzungen über die isolierte Pflicht zur Erhaltung von größeren Gewässern nach § 9 Abs. 1 Nr. 25 lit. b) regelmäßig als bodenrechtlich zu qualifizieren sein.

Nach dem oben Gesagten ist die Festsetzungsmöglichkeit nach § 9 Abs. 1 Nr. 25 BauGB kompetenzkonform dahingehend auszulegen, dass von ihr nur ausreichend großflächige Festsetzungen erfasst sind. In diesen Konstel-

---

569 Hierzu *Söfker* in *Ernst/Zinkahn/Bielenberg*, § 9 Rn. 216.

A. Ortsbildschutz und Ortsbildgestaltung durch Planung

lationen dürfte im Regelfall aber ohnehin auch die Festsetzung einer öffentlichen oder privaten Grünfläche nach § 9 Abs. 1 Nr. 15 BauGB in Betracht kommen. Insofern bietet es sich an, § 9 Abs. 1 Nr. 15 BauGB dahingehend zu erweitern, dass mit den privaten Grünflächen auch die Anpflanzung oder Bindung bestehender Bäume, Pflanzen oder Sträucher festgesetzt werden kann. Dagegen sind die Möglichkeiten zur Festsetzung kleinflächiger Pflanz- und Bindungsgebote und zur Festsetzung von Dach- und Fassadenbegrünungen der Landeskompetenz zuzuordnen. Zwar könnte diese Festsetzungsmöglichkeit nach § 9 Abs. 1 Nr. 25 BauGB womöglich auch auf den Kompetenztitel für den Naturschutz und die Landschaftspflege nach Art. 74 Abs. 1 Nr. 29 GG gestützt werden. Dann könnten auf Grundlage von § 9 Abs. 1 Nr. 25 BauGB aber auch nur Festsetzungen zum Schutz der Landschaft und nicht zum Schutz oder zur Gestaltung von Ortsbildern getroffen werden.[570]

2. Kompetenzüberschreitungen durch Regelungen über örtliche Bauvorschriften

In den Ermächtigungsgrundlagen zum Erlass örtlicher Bauvorschriften finden sich unter Zugrundelegung der hier vertretenen Auffassung sowohl ortsbildschützende und -gestaltende Regelungsmöglichkeiten, die vollumfänglich kompetenzwidrig sind, als auch solche, die einer kompetenzkonformen Auslegung bedürfen.

a) Kompetenzwidrige Ermächtigungen

Kompetenzwidrig sind zunächst diejenigen Normen, die zum Erlass von Regelungen über Gebäudehöhen, Gebäudetiefen sowie über die Dachform und -neigung ermächtigen. Derartige Regelungen beschränken die wirtschaftliche Ausnutzung des Grundstücks durch Bebauung, da mit ihnen maßgeblicher Einfluss auf die Gebäudekubatur genommen wird. Ebenso der konkurrierenden Kompetenz für das Bodenrecht zuzuordnen sind die Regelungen, die zum Ausschluss von Werbeanlagen ermächtigen. Das Auf-

---

[570] Zum Kompetenztitel für das Naturschutzrecht nach Art. 74 Abs. 1 Nr. 29 GG als zielbezogenen Kompetenztitel *Drechsler*, Der Staat 2022, S. 261 (266). Zum Verhältnis von naturschutzrechtlichen Regelungen zu § 9 Abs. 1 Nr. 25 BauGB *Söfker* in *Ernst/Zinkahn/Bielenberg*, § 9 Rn. 217a.

Kapitel 6 Herkömmliche Instrumente

stellen sowie das Anbringen von Werbeanlagen stellen eine eigene Form der Bodennutzung dar. Ein Ausschluss auf landesrechtlicher Grundlage kommt nur für sehr kleinflächige Werbeanlagen in Betracht, da diese nicht der Kompetenz für das Bodenrecht zuzuordnen sind.[571] Dies gilt ebenso für die Ermächtigungen zum Ausschluss von Warenautomaten, und zwar unabhängig von der Größe des Warenautomaten. Denn anders als bei Werbeanlagen resultiert die wirtschaftliche Bedeutung des Warenautomaten als eigenständige Bodennutzung nicht aus seiner Größe, sondern daraus, dass dort zu jeder Uhrzeit Waren wie Zigaretten oder Süßigkeiten erworben werden können.[572] Darüber hinaus sind die Ermächtigungen, auf deren Grundlage bestimmt werden kann, dass Vorgärten nicht als Arbeits- oder Lagerfläche benutzt werden dürfen, kompetenzwidrig.[573] Mit diesen Regelungen wird einem – je nach Zuschnitt der überbaubaren beziehungsweise überbauten Grundstücksfläche – erheblichen Teil des Grundstücks die Nutzungsmöglichkeit entzogen. Derartige Beschränkungen der wirtschaftlichen Ausnutzung von Grund und Boden, hier zu Lager- beziehungsweise Arbeitsflächen, sind dem Kompetenztitel für das Bodenrecht zuzuordnen.[574] Außerdem sind auch die Regelungen zum Abweichen von

---

571 Siehe hierzu bereits S. 117. Insbesondere kann auch bei der Qualifikation von Regelungen über die Zulässigkeit von Werbeanlagen nicht nach der Zielrichtung der jeweiligen Norm zugeordnet werden, so aber die ganz herrschende Auffassung, *Wiechert/Sander* in *Große-Suchsdorf*, § 50 Rn. 16; *Kollmann*, Die Behandlung von Anlagen der Außenwerbung im öffentlichen Baurecht S. 482 ff. m.w.N.; BVerwG, Urteil vom 28.04.1972, - IV C 11.69 -, BVerwGE 40, S. 94 (96); BVerwG, Urteil vom 11.10.2007, - 4 C 8/06 -, NVwZ 2008, S. 311 (321 f.); VGH München, Beschluss vom 20.01.2015, - 15 ZB 13.2245 -, NVwZ-RR 2015, S. 471 (474); *Jäde*, ZfBR 2010, S. 34 (44). Nach der hier vertretenen Auffassung trifft auch das auf den S. 79 ff. dargestellte Urteil des BVerwG vom 11.10.2007 im Ergebnis nicht zu. Der durch § 13 Abs. 3 S. 1 BauO NRW in der Fassung vom 01.03.2000 geregelte generelle Ausschluss von Fremdwerbeanlagen außerhalb von im Zusammenhang bebauten Ortsteilen ist eine bodenrechtliche Regelung, die landesrechtliche Norm ist folglich kompetenzwidrig. Wie hier *Erbguth/Schubert*, Öffentliches Baurecht § 12 Rn. 21.
572 So im Ergebnis auch *Stock* in *König/Roeser/Stock/Petz*, § 14 Rn. 12a; *Ziegler* in *Brügelmann*, § 14 BauNVO Rn. 127; *Fickert/Fieseler* § 14 Rn. 10 f. Kritisch OVG Münster, Urteil vom 03.06.1986, - 11 A 1091/84 -, NVwZ 1987, S. 67 (68).
573 Soweit sich eine solche Regelung der Ermächtigungsgrundlage für den Erlass örtlicher Bauvorschriften nicht eindeutig entnehmen lässt, kann sie aus kompetenzrechtlichen Gründen auch nicht in andere Ermächtigungsgrundlagen wie die zur Gestaltung und Nutzung der unbebauten Flächen hineingelesen werden. So aber *Schlotterbeck* in *Schlotterbeck/Hager/Busch/Gammerl*, § 74 Rn. 39.
574 Dieses Ergebnis deckt sich auch mit der Rechtsprechung des BVerwG, Beschluss vom 31.05.2005, - 4 B 14/05 -, ZfBR 2005, S. 559, wonach die Herstellung von

den landesrechtlichen Abstandsflächen dem Bodenrecht zuzuordnen. Diese sind allerdings deswegen nicht kompetenzwidrig, weil der Bund hier von seiner Gesetzgebungskompetenz nicht abschließend Gebrauch gemacht hat.[575]

b) Auslegungsbedürftige Ermächtigungen

Neben diesen kompetenzwidrigen Ermächtigungen bedürfen weitere Ermächtigungsgrundlagen der kompetenzgemäßen Auslegung. Dies gilt zunächst für die Ermächtigungen zum Erlass von Regelungen über die Gestaltung baulicher Anlagen. Diese Regelungen sind unproblematisch, so lange sie sich auf gestalterische Vorgaben beschränken, die ohne Einfluss auf die bundesrechtlich regelbare und geregelte Gebäudekubatur sind. Von der Landeskompetenz sind damit vor allem Vorgaben an die Fassadengestaltung, beispielsweise zur Herstellung in Klinker- oder Holzbauweise, oder Anforderungen an die farbliche Gestaltung, die Gestaltung von Fenstern, beispielsweise die Pflicht zur Verwendung von Sprossenfenstern, oder die Dacheindeckung erfasst.[576] Regelungen, die allein Vorgaben an die Gestaltung der baulichen Anlage und ihrer Teile enthalten, beschränken die wirtschaftliche Ausnutzung des Grundstücks nicht derart, dass dies Auswirkungen auf den Grundstückswert oder die wirtschaftliche Verwendung des Grundstücks hat. Etwas anderes gilt für gestalterische Regelungen, die vergleichbar zu den Ermächtigungsgrundlagen zum Ausschluss von Werbeanlagen solche Gebäudeteile verbieten, die die Nutzfläche des Gebäudes vergrößern. Dies betrifft insbesondere den Ausschluss von größeren Balkonen, Erkern, Gauben und Zwerchhäusern. Derartige Regelungen können auf landesrechtlicher Grundlage nur für solche Gebäudeteile getroffen werden, die keinen maßgeblichen Einfluss auf den umbauten Raum und damit die wirtschaftliche Nutzung des Grundstücks haben. Das bedeutet, dass beispielsweise auf landesrechtlicher Grundlage nur Dachgauben bis zu einer Größe von etwa 1 m^3 ausgeschlossen werden können.[577] Größere

---

Stellplätzen im Vorgartenbereich nicht auf Grundlage örtlicher Bauvorschriften untersagt werden darf. Die Nutzung als Lager- oder Arbeitsfläche steht dem – insbesondere aus wirtschaftlicher Perspektive – gleich.

575 Vgl. hierzu S. 154 f.
576 *Hornmann* in *Hornmann*, § 91 Rn. 42 ff.; *Schlotterbeck* in *Schlotterbeck/Hager/Busch/Gammerl*, § 74 Rn. 74; *Sauter* § 74 Rn. 46.
577 Siehe hierzu S. 118.

Kapitel 6 Herkömmliche Instrumente

Dachgauben blieben weiter zulässig und müssten auf bundesrechtlicher Grundlage ausgeschlossen werden. Im Übrigen können Regelungen über die Dachform nicht unter die Ermächtigungsgrundlage zum Erlass gestalterischer Regelungen gefasst werden.[578]

Ermächtigungen zum Erlass von Anforderungen an die Gestaltung, Bepflanzung und Nutzung der unbebauten Flächen sind demgegenüber grundsätzlich zulässig, weil sie nur Anforderungen an die unbebauten und damit normalerweise nicht wirtschaftlich genutzten Grundstücksteile betreffen. Eine kompetenzmäßige Grenze ist dort zu ziehen, wo durch die Anforderungen eine andere wirtschaftlich relevante Nutzung als die bauliche Nutzung untersagt wird.[579] Dies betrifft beispielsweise die in der dargestellten Rechtsprechung des Verwaltungsgerichtshofs München und nachfolgend des Bundesverwaltungsgerichts behandelten Fälle, in welchen die Errichtung von Stellplätzen im Vorgartenbereich untersagt wurde. Eine solche Vorschrift ist der konkurrierenden Bundeskompetenz für das Bodenrecht zuzuordnen und kann aufgrund der abschließenden Regelungen des BauGB in diesem Bereich kompetenzkonform nicht auf landesrechtlicher Grundlage erlassen werden.[580] Die Pflicht zur Begrünung baulicher Anlagen sowie der nicht überbauten Grundstücksfläche begegnet dagegen keinen kompetenzrechtlichen Bedenken.[581]

Aus kompetenzieller Sicht unproblematisch sind auch die Ermächtigungsgrundlagen zum Verbot von Außenantennen. Zwar werfen solche

---

578 Siehe hierzu S. 116 f.
579 Ähnlich *Sauter* § 74 Rn. 52 wonach Regelungen nach § 74 Abs. 1 Nr. 3 BW LBO „nicht dazu führen (dürfen), dass eine an sich planungsrechtliche Nutzung dadurch unmöglich wird, dass gestalterische Anforderungen an die nichtüberbauten Flächen gestellt werden". Die genannte Grenze gilt insbesondere auch für die Regelung nach § 88 Abs. 1 Nr. 7 RP LBO, nach der unabhängig von der Bebauung eines Grundstücks Regelungen über die Anpflanzung von Bäumen und Sträuchern getroffen werden können. Hier beginnt die Landeskompetenz dort, wo die Bundeskompetenz für die Festsetzung von Flächen nach § 9 Abs. 1 Nr. 15 BauGB und für die Festsetzung von Pflanzgeboten nach § 9 Abs. 1 Nr. 15 BauGB endet. Entsprechend ist auch die Niedersächsische Regelung nach § 84 Abs. 3 Nr. 6 N BauO auszulegen, wonach das Anlegen von Vorgärten vorgeschrieben werden kann.
580 BVerwG, Beschluss vom 31.05.2005, - 4 B 14/05 -, ZfBR 2005, S. 559; VGH München, Urteil vom 20.12.2004, - 25 B 98.1862 -, ZfBR 2005, S. 560. So zur Regelung nach § 74 Abs. 1 S. 1 Nr. 3 BW LBO *Balensiefen* in *Spannowsky/Uechtritz*, § 74 Rn. 55.1 und zur Regelung nach Art. 81 Abs. 1 Nr. 5 Bay BO *Busse* in *Busse/Dirnberger*, Art. 81 Rn. 412.
581 Siehe hierzu bereits die Ausführungen zur mangelnden bodenrechtlichen Relevanz von Begrünungsgeboten, S. 169 ff.

Verbote mit Blick auf die aus Art. 5 Abs. 1 S. 1 2. HS GG herleitbare Rundfunkempfangsfreiheit regelmäßig verfassungsrechtliche Probleme auf.[582] Eine Überschreitung der Gesetzgebungskompetenz der Länder ist mangels wirtschaftlicher Relevanz der Nutzung von Außenantennen aber nicht zu konstatieren.

3. Regelungslücken und praktische Probleme

Ausgehend hiervon stellt sich die Frage nach den praktischen Auswirkungen dieses Verständnisses der Zuordnung der Ermächtigungsgrundlagen aus ortsbildgestaltender und ortsbildschützender Perspektive. Im Folgenden soll zur Beantwortung dieser Frage zunächst untersucht werden, inwieweit ausgehend von den oben gefundenen Ergebnissen Regelungslücken in der aktuellen Gesetzeslage bestehen. Anschließend werden praktische Probleme für die planende Gemeinde dargestellt.

a) Regelungslücken

Eine Regelungslücke besteht jedenfalls nicht bei denjenigen Regelungsgegenständen, hinsichtlich derer sich eine Ermächtigungsgrundlage sowohl im Bundes- als auch im Landesrecht findet. Dies betrifft zunächst die Regelungen über die Dach- und Fassadenbegrünung, da sich hierzu in sämtlichen Landesbauordnungen, mit Ausnahme von Berlin und Hamburg, Ermächtigungsgrundlagen finden. Dasselbe gilt für die Pflanzgebote nach § 9 Abs. 1 Nr. 25 lit a) BauGB, da auch hier die Landesbauordnungen Ermächtigungsgrundlagen vorsehen,[583] sowie für die in den Landesbauordnungen vorgesehenen Möglichkeiten zur Regelung der Gebäudehöhen und -tiefen, da diese mittels planerischer Festsetzungen über das Maß der baulichen Nutzung nach § 9 Abs. 1 Nr. 1 2. Alt. BauGB sowie die überbaubare Grund-

---

582 Zum Ausschluss mittels örtlicher Bauvorschriften *Grünewald* in *Spannowsky/Mannssen*, Art. 81 Rn. 96; *Wiechert/Lenz* in *Große-Suchsdorf*, § 84 Rn. 72; BayVerfGH, Entscheidung vom 27.09.1985, - Vf. 20 - VII/84 -, NJW 1986, S. 833; *Sauter* § 74 Rn. 57. Grundlegend zum durch Art. 5 Abs. 1 S. 1 2. HS GG geschützten Recht auf Anbringung einer Parabolantenne, allerdings jeweils zu einem mietrechtlichen Sachverhalt BVerfG, Beschluss vom 09.02.1994, - 1 BvR 1687/92 -, BVerfGE 90, S. 27 und BVerfG, Beschluss vom 31.03.2013, - 1 BvR 1314/11 -, NJW 2013, S. 2180.
583 Eine derartige Regelung existiert allerdings nicht in Berlin, Brandenburg, Hamburg und Sachsen-Anhalt.

stücksfläche nach § 9 Abs. 1 Nr. 2 BauGB in Bebauungsplänen getroffen werden können. Der Ausschluss von Werbeanlagen ab einer bodenrechtlich relevanten Größe sowie von Warenautomaten unabhängig von ihrer Größe ist mittels Festsetzungen über die zulässige Art der baulichen Nutzung nach § 9 Abs. 1 Nr. 1 1. Alt. BauGB möglich.[584] Ebenfalls keine Regelungslücke besteht hinsichtlich der Regelungen über Abstandsflächen, da diese auf planerischer Ebene mittels Festsetzungen über die überbaubare Grundstücksfläche nach § 9 Abs. 1 Nr. 2 2. Var BauGB erlassen werden können.

Eine Regelungslücke besteht dagegen hinsichtlich der Bindungsgebote nach § 9 Abs. 1 Nr. 25 lit. b) BauGB, da die Landesbauordnungen, mit Ausnahme von Art. 81 Abs. 1 Nr. 7 Bay BauO, nur die Verpflichtung zur Neuanpflanzung und nicht die Verpflichtung zum Erhalt von Pflanzen zulassen. Eine Regelungslücke besteht ebenfalls hinsichtlich der Festsetzung der Dachform aus gestalterischen Gründen.[585] Eine derartige Regelung kann in § 9 Abs. 1 Nr. 2 BauGB aufgenommen werden. Daneben fehlt für die momentan im Landesrecht vorzufindenden Ermächtigungsgrundlagen zur Untersagung der Nutzung des Vorgartenbereichs als Lager- oder Arbeitsfläche eine bundesrechtliche Ermächtigungsgrundlage. Eine derartige Nutzung ist zulässig, soweit sie den Festsetzungen des Bebauungsplans über die Art der baulichen Nutzung nicht widerspricht, beziehungsweise sich nach § 34 Abs. 1 BauGB nach der Art der baulichen Nutzung in die nähere Umgebung einfügt.[586] Soweit zu Lager- und Arbeitszwecken keine Nebenanlagen nach § 14 Abs. 1 S. 1 BauNVO errichtet werden, kann diese Nutzungsart nicht gesondert untersagt werden.[587] Es kommt allenfalls die Festsetzung einer privaten Grünfläche in Betracht. Darüber hinaus besteht eine Regelungslücke hinsichtlich der Steuerung größerer baulicher Gestaltungsmerkmale wie Erker, Balkone und Zwerchhäuser. Zwar kann hierauf mit einer Feinsteuerung der Regelungen über die überbaubare Grundstücksflä-

---

584 Zur bauplanungsrechtlichen Beurteilung und Steuerung von Warenautomaten mittels Festsetzungen über die Art der baulichen Nutzung als Gewerbebetrieb *Stock* in *König/Roeser/Stock/Petz*, § 4 Rn. 24 f. m.w.N.; *Fickert/Fieseler* § 14 Rn. 10 f.
585 Eine Festsetzung der Dachform explizit zur Nutzung erneuerbarer Energien ist schon jetzt auf Grundlage von § 9 Abs. 1 Nr. 23 lit. b) BauGB möglich, *Mitschang/Reidt* in *Battis/Krautzberger/Löhr*, § 9 Rn. 137; *Söfker* in *Ernst/Zinkahn/Bielenberg*, § 9 Rn. 197e.
586 Soweit es sich um Vorgartenbereiche von Wohngebäuden handelt, kann es sich insbesondere um eine der Wohnnutzung untergeordnete Nutzungsart handeln, vgl. *Fickert/Fieseler* § 3 Rn. 2 ff.
587 Im Falle der Errichtung von Nebenanlagen ist ein Ausschluss nach § 14 Abs. 3 BauNVO möglich.

che nach § 23 Abs. 2 S. 3, Abs. 3 S. 2 und Abs. 5 S. 1, 2 BauNVO Einfluss genommen werden. Die Möglichkeit zum Ausschluss solcher Gestaltungselemente besteht allerdings nicht.

b) Praktische Probleme

Neben diesen Regelungslücken, die sich durch gesetzgeberische Tätigkeit lösen lassen, ergeben sich durch den hier vertretenen Abgrenzungsansatz auch andere praktische Probleme in der gemeindlichen Planung zur Ortsbildgestaltung und zum Ortsbildschutz. Dies betrifft vor allem Regelungen über bestimmte Nutzungen, insbesondere Werbeanlagen, sowie gestalterische Anforderungen an Grundstücke und bauliche Anlagen, bei denen die kompetenzielle Qualifikation des Regelungsgegenstandes von der jeweiligen bodenrechtlichen Relevanz, also insbesondere der Größe oder der Flächigkeit, abhängt. Hier bedarf es, um den jeweiligen Sachverhalt vollständig zu regeln, zwangsläufig sowohl einer Regelung auf landesrechtlicher als auch einer Regelung auf bundesrechtlicher Grundlage. So können beispielsweise Werbeanlagen an einer bestimmten Stelle nur mit einer Regelung sowohl im Bebauungsplan als auch in örtlichen Bauvorschriften gänzlich ausgeschlossen werden. Auf Grundlage der landesrechtlichen Ermächtigungsgrundlage können die kleineren, nicht in die Kompetenz für das Bodenrecht fallenden Werbeanlagen ausgeschlossen werden. Die größenmäßig darüberhinausgehenden Werbeanlagen müssen auf bundesrechtlicher Grundlage mittels Festsetzungen über die Art der baulichen Nutzung ausgeschlossen werden.[588] Dasselbe gilt für bauliche Gestaltungsmerkmale. So kann beispielsweise auf landesrechtlicher Grundlage die Errichtung kleinvolumiger Dachgauben untersagt werden, während die Untersagung großvolumiger Dachgauben auf eine bundesrechtliche Grundlage gestützt werden muss. Insofern bedarf es auf planerischer Ebene häufig ineinandergreifender, paralleler Regelungen sowohl in Bebauungsplänen als auch in örtlichen Bauvorschriften.

---

588 Aus Gesichtspunkten der Verhältnismäßigkeit folgt hieraus im Regelfall, dass sobald ein Ausschluss der genannten Gestaltungsmerkmale oder Werbeanlagen auf landesrechtlicher Grundlage erfolgt, auch eine Regelung auf bundesrechtlicher Grundlage über die jeweils größeren Varianten der genannten Anlagen oder Anlagenteile erfolgen muss. Denn der Ausschluss der kleineren Anlagen oder Anlagenteile wird nur aus gestalterischen Gesichtspunkten nur dann geeignet sein, wenn gleichzeitig das größere Pendant ebenfalls ausgeschlossen wird.

Kapitel 6 Herkömmliche Instrumente

B. Ortsbildschutz und Zulässigkeit von Vorhaben und baulichen Anlagen

Auf Ebene der Zulässigkeit baulicher Anlagen finden sich, ebenso wie auf planerischer Ebene, mit § 34 Abs. 1 S. 2 2. HS BauGB und § 35 Abs. 3 S. 1 Nr. 5 BauGB bundesrechtliche ortsbildschützende Regelungen samt einem landesrechtlichen Pendant, das in diesem Falle die jeweiligen Verunstaltungsverbote in den Landesbauordnungen darstellen.[589] Nach § 34 Abs. 1 S. 2 2. HS BauGB ist ein Vorhaben im unbeplanten Innenbereich nur zulässig, wenn das Ortsbild nicht beeinträchtigt ist. Nach § 35 Abs. 3 S. 1 Nr. 5 BauGB darf ein nicht privilegiertes Vorhaben im Außenbereich das Ortsbild nicht verunstalten. Nach den landesrechtlichen Verunstaltungsverboten darf das Ortsbild durch bauliche Anlagen ebenfalls nicht verunstaltet werden.[590]

Eine Beeinträchtigung des Ortsbildes stellt ebenso wie die Verunstaltung des Ortsbildes eine unter optisch-gestalterischen Gesichtspunkten negative Beeinflussung des Ortsbildes dar.[591] Dabei unterscheiden sich die Beeinträchtigung und die Verunstaltung im Grad der negativen Beeinflussung.[592] Während eine Verunstaltung erst vorliegt, wenn eine bauliche Anlage mit Blick auf das Ortsbild als hässlich und das ästhetische Empfinden verlet-

---

589 § 11 Abs. 1 S. 1 BW LBO, Art. 8 Abs. 2 Bay BO, § 9 Abs. 2 Bln BauO, § 9 HB LBO, § 9 S. 2 Bbg BauO, § 12 Abs. 1 S. 2, Abs. 2 HH LBO, § 9 S. 2 Hes BauO, § 9 S. 2 MV LBO, § 10 N BauO, § 9 Abs. 2 S. 1 BauO NRW, § 5 Abs. 2 S. 1 RP LBO, § 4 S. 2 Saarl LBO, § 9 S. 2 Sächs BauO, § 9 S. 2 LSA BauO, § 9 SH LBO, § 9 S. 2 Thür BauO sowie § 9 S. 2 der Musterbauordnung.
590 In manchen Landesbauordnungen wird das Verbot der Verunstaltung ergänzt durch das Verbot, die beabsichtigte Gestaltung zu beeinträchtigen oder zu stören, bspw. § 11 Abs. 1 S. 1 2. Alt. BW LBO und § 9 Abs. 2 S. 1 2. Alt. BauO NRW.
591 *Rieger* in *Schrödter*, § 34 Rn. 77; *Schlotterbeck* in *Schlotterbeck/Hager/Busch/Gammerl*, § 11 Rn. 9; *Hirschelmann*, Die Verunstaltung des Orts- und Landschaftsbildes im Sinne des § 35 Abs. 3 Satz 1 Nr. 5 BauGB und ihre verfassungsrechtlichen Bezüge zur Kunst- und Glaubensfreiheit S. 156. Anders wohl *Mitschang/Reidt* in *Battis/Krautzberger/Löhr*, § 34 Rn. 40; *Spannowsky* in *Spannowsky/Uechtritz*, § 34 Rn. 46, die meinen das Ortsbild in § 34 Abs. 1 S. 2 2.HS BauGB erfasse nur städtebaulich-funktionale Aspekte, während baugestalterische und ästhetische Aspekte nicht erfasst seien. Dies trifft schon insofern nicht zu, als die Norm das Bild des Ortes schützen will und damit bereits dem Wortlaut nach deutlich Bezug auf optisch-gestalterische Aspekte nimmt.
592 *Hirschelmann*, Die Verunstaltung des Orts- und Landschaftsbildes im Sinne des § 35 Abs. 3 Satz 1 Nr. 5 BauGB und ihre verfassungsrechtlichen Bezüge zur Kunst- und Glaubensfreiheit S. 156; BVerwG, Urteil vom 11.05.2000, - 4 C 14/98 -, NVwZ 2000, 1169 (1170). Kritisch dagegen *Boeddinghaus*, BauR 2001, S. 1675 (1675 f.).

zend angesehen wird,⁵⁹³ soll die Beeinträchtigung bereits diejenigen Fälle erfassen, in denen die negative Einflussnahme über ein bloßes Berühren des Ortsbildes hinausgeht und das Ortsbild gestört ist.⁵⁹⁴

I. Herrschende Auffassung zur Abgrenzung von den §§ 34 Abs. 1 S. 2 2. HS, 35 Abs. 3 S. 1 Nr. 5 BauGB und den Verunstaltungsverboten

Die Abgrenzung des bundesrechtlichen Ortsbildbeeinträchtigungs- beziehungsweise Ortsbildverunstaltungsverbots nach den §§ 34 Abs. 1 S. 2 2. HS, 35 Abs. 3 S. 1 Nr. 5 BauGB von den landesrechtlichen Ortsbildverunstaltungsverboten erfolgt nach herrschender Auffassung sowohl anhand der Tatbestandsmerkmale Beeinträchtigung beziehungsweise Verunstaltung als auch anhand des Tatbestandsmerkmals des Ortsbildes. Bei den Tatbestandsmerkmalen Beeinträchtigung und Verunstaltung auf bundesrechtlicher Ebene und der Verunstaltung auf landesrechtlicher Ebene wird davon ausgegangen, dass von den bundesrechtlichen Regelungen aus kompetenzrechtlichen Gründen nur städtebauliche Ortsbildbeeinträchtigungen erfasst sind.⁵⁹⁵ Dabei soll das Verbot der Ortsbildbeeinträchtigungen nach § 34 Abs. 1 S. 2 2. HS BauGB dazu dienen, negative Einflüsse der baulichen Anlage auf die Umgebung zu verhindern, während es bei den landesrechtlichen Verunstaltungsverboten um die bauliche Anlage als solche gehen soll; diese soll nicht unschön sein. Insofern sollen bei Ortsbildbeeinträchtigungen nach § 34 Abs. 1 S. 2 2. HS BauGB nicht gestalterische Aspekte im Vordergrund stehen, sondern vielmehr städtebaulich-funktionale Aspekte. Hieraus folgt das Bundesverwaltungsgericht, dass nach § 34 Abs. 1 S. 2 2. HS BauGB das Bauwerk an sich nicht unschön sein muss, um ein Orts-

---

593 *Dirnberger* in *Busse/Kraus*, Art. 8 Rn. 54; *Dürr* in *Brügelmann*, § 35 Rn. 193 m.w.N.; *Hornmann* in *Hornmann*, § 9 Rn. 14; *Schlotterbeck* in *Schlotterbeck/Hager/Busch/Gammerl*, § 11 Rn. 10; BVerwG, Urteil vom 28.06.1955, - 1 C 146/53 -, NJW 1955, S. 1647 (1649); VGH Mannheim, Urteil vom 22.03.2017, - 11 S 266/13 -, VBlBW 2017, S. 466 (468); VGH München, Beschluss vom 12.05.2014, - 2 ZB 12.2498 - juris Rn. 3.

594 *Mitschang/Reidt* in *Battis/Krautzberger/Löhr*, § 34 Rn. 40; *Söfker* in *Ernst/Zinkahn/Bielenberg*, § 34 Rn. 69; BVerwG, Urteil vom 11.05.2000, - 4 C 14/98 -, NVwZ 2000, 1169 (270); VGH München, Urteil vom 18.11.2010, - 2 B 09.1497 -, BRS 76, S. 706 (707).

595 *Mitschang/Reidt* in *Battis/Krautzberger/Löhr*, § 34 Rn. 40; *Söfker* in *Ernst/Zinkahn/Bielenberg*, § 34 Rn. 68; *Spannowsky* in *Spannowsky/Uechtritz*, § 34 Rn. 46; *Wiechert/Sander* in *Große-Suchsdorf*, § 10 Rn. 10 f.

bild zu beeinträchtigen, nach den Verunstaltungsverboten die Anlage das Ortsbild aber nur dann verunstalten kann, wenn sie selbst unschön ist.[596] Neben diesem Unterschied zwischen Beeinträchtigung und Verunstaltung gehen Literatur und Rechtsprechung im Übrigen davon aus, dass die bundes- und landesrechtlichen Normen auf Zulassungsebene aus kompetenziellen Gründen ein verschieden großes Ortsbild schützen.[597] Während § 34 Abs. 1 S. 2 2. HS BauGB einen größeren Bereich des Ortes beziehungsweise Ortsteile betreffen soll,[598] soll das landesrechtliche Verunstaltungsverbot nur den unmittelbaren Nahbereich betreffen.[599]

II. Abgrenzung anhand des Regelungsgegenstandes

Diesem Abgrenzungsansatz, der den vom jeweils geschützten Ortsbild räumlich erfassten Bereich sowie die Unterscheidung zwischen einem Anlagen- oder Umgebungsbezug der Beeinträchtigung beziehungsweise Verunstaltung in den Mittelpunkt stellt, kann auf Grundlage des hier vertretenen, am Regelungsgegenstand orientierten Zuordnungsansatz nicht gefolgt werden. Beide Teile des geschilderten Abgrenzungsansatzes gehen unzutreffender Weise davon aus, dass sich die Bundes- und die Landeskompetenz für das Baurecht hinsichtlich der von ihnen verfolgten Zielrichtung unterscheiden.

Für die Abgrenzung der bundesrechtlichen Regelungen zum Ortsbildschutz von den landesrechtlichen Verunstaltungsverboten dahingehend,

---

596 *Dirnberger* in *Busse/Kraus*, Art. 8 Rn. 9; *Kersten*, Kapitel 3 Baurecht in *Schoch*, Besonderes Verwaltungsrecht Rn. 330; BVerwG, Urteil vom 11.05.2000, - 4 C 14/98 -, NVwZ 2000, 1169 (1170); VGH München, Urteil vom 18.07.2013, - 14 B 11.1238 - juris Rn. 29; *Sauter* § 11 Rn. 3. Anders *Vilsmeier*, Das bauplanungsrechtliche Verbot der Ortsbildbeeinträchtigung und seine Bedeutung für die Zulässigkeit von Baugerüstwerbung S. 98.

597 *Johlen* in *Schlichter/Stich/Driehaus/Paetow*, § 34 Rn. 60; *Spannowsky* in *Spannowsky/Uechtritz*, § 34 Rn. 46; BVerwG, Urteil vom 11.05.2000, - 4 C 14/98 -, NVwZ 2000, 1169 (1170). Neben den kompetenzrechtlichen Argumenten wird die größenmäßige Unterscheidung auch auf systematische Argumente gestützt, die allerdings nicht näher ausgeführt werden, BVerwG, Urteil vom 11.05.2000, - 4 C 14/98 -, NVwZ 2000, 1169 (1170).

598 *Dürr* in *Brügelmann*, § 35 Rn. 194; *Dürr* in *Brügelmann*, § 34 Rn. 109; BVerwG, Urteil vom 11.05.2000, - 4 C 14/98 -, NVwZ 2000, 1169 (1170).

599 *Dürr* in *Brügelmann*, § 34 Rn. 109; *Johlen* in *Schlichter/Stich/Driehaus/Paetow*, § 34 Rn. 60. Ausdrücklich von einem großen und einem kleinen Ortsbild sprechend VGH München, Urteil vom 18.11.2010, - 2 B 09.1497 -, BRS 76, S. 706 (706).

B. Ortsbildschutz und Zulässigkeit von Vorhaben und baulichen Anlagen

dass das Bauwerk an sich nicht unschön sein muss, um ein Ortsbild zu beeinträchtigen, nach den Verunstaltungsverboten die Anlage das Ortsbild aber nur dann verunstalten kann, wenn es selbst unschön ist,[600] findet sich weder im Wortlaut noch der Systematik der landesrechtlichen Verunstaltungsverbote eine Stütze. Nach dem Wortlaut der Verunstaltungsverbote dürfen die baulichen Anlagen „das Ortsbild nicht verunstalten". Grammatikalisch ist das verunstaltete Objekt das Ortsbild, nicht die bauliche Anlage. Darüber hinaus enthalten die Verunstaltungsverbote zusätzlich zum umgebungsbezogenen Verunstaltungsverbot ein objektbezogenes Verunstaltungsverbot, wonach die Errichtung von sich heraus verunstalteter Anlagen untersagt ist.[601] Damit würde sich das umgebungsbezogene, landesrechtliche Verunstaltungsverbot auf diejenigen Anlagen beschränken, bei denen die Anlage als solche noch nicht ausreichend unschön ist, um von sich heraus eine Verunstaltung darzustellen, aber dennoch so unschön ist, dass sie das Ortsbild nicht nur beeinträchtigt sondern verunstaltet. Der Anwendungsbereich des umgebungsbezogenen Verunstaltungsverbots wäre nach dieser Auslegung auf sehr wenige, eher theoretische Fälle beschränkt. Dies entspricht nicht dem Zweck der Norm, das Ortsbild besonders und gesondert vor optisch-gestalterischen Beeinträchtigungen zu schützen. Unabhängig davon lässt sich aber auch unter kompetenzrechtlichen Gesichtspunkten nicht zwischen einer funktional-städtebaulichen und einer gestalterischen Einflussnahme auf das Ortsbild unterscheiden. Die Bundes- und die Landeskompetenz für das Baurecht unterscheiden sich hinsichtlich der von ihnen verfolgten Zielrichtung nicht. Insofern bedarf es keiner Einschränkung der Tatbestände der jeweiligen Regelungen auf eine umgebungsbezogene oder objektbezogene Zielsetzung. Sowohl die bundesrechtlichen als auch die landesrechtlichen Regelungen bezwecken gleichermaßen das Ortsbild aus optisch-gestalterischer Perspektive als architektonische „Summe seiner Teile" zu schützen. Ob das Objekt dabei selbst unschön sein muss oder nicht, gibt die grundgesetzliche Kompetenzaufteilung nicht vor.

Aus demselben Grund bedarf es - wie bereits gezeigt - aus kompetenzrechtlicher Sicht auch keiner Unterscheidung des durch das jeweilige Ortsbild erfassten räumlichen Bereichs. Weder der Landes- noch der Bundesgesetzgeber sind aus kompetenzrechtlichen Gründen darauf beschränkt, nur

---

600 So BVerwG, Urteil vom 11.05.2000, - 4 C 14/98 -, NVwZ 2000, 1169 (1170).
601 Zu dieser Unterscheidung *Dirnberger* in *Busse/Kraus*, Art. 8 Rn. 4; *Hornmann* in *Hornmann*, § 9 Rn. 7 f; 20 ff.; *Schlotterbeck* in *Schlotterbeck/Hager/Busch/Gammerl*, § 11 Rn. 20; *Sauter* § 11 Rn. 4.

bestimmte Ortsbilder zu schützen. Im Übrigen sprechen auch systematische Argumente entgegen der Auffassung des Bundesverwaltungsgerichts[602] nicht dafür, das Ortsbild der landesrechtlichen Verunstaltungsverbote nur auf den Nahbereich der baulichen Anlage zu beschränken, sondern dagegen. Zum einen geht es bei den Verunstaltungsverboten ebenso wie bei den bundesrechtlichen, das Ortsbild schützenden Normen um die Zulässigkeit einer bestimmten baulichen Anlage beziehungsweise eines bestimmten Vorhabens. Insofern lässt sich hieraus keine Fokussierung der landesrechtlichen Regelungen auf das einzelne Objekt ableiten. Zum anderen enthalten die Landesbauordnungen mit den objektbezogenen Verunstaltungsverboten und den Verboten der Verunstaltung des Straßenbildes bereits Regelungen, die den Nahbereich vor einzelnen verunstalteten Objekten schützen sollen.[603] Dies spricht dafür, dass die umgebungsbezogenen Verunstaltungsverbote einen deutlich größeren geschützten Raum als den bloßen Nahbereich erfassen.

Entgegen den genannten Abgrenzungsansätzen hat die Unterscheidung der bundesrechtlichen von den landesrechtlichen Regelungen anhand ihres Regelungsgegenstandes zu erfolgen. Es muss die Frage gestellt werden, ob das von der Norm konkret vorgesehene Tun, Dulden oder Unterlassen die wirtschaftliche Ausnutzung des Grundstücks in oben beschriebener Weise beschränkt. Die genannten Normen ordnen an, es zu unterlassen das Ortsbild durch die Errichtung baulicher Anlagen auf dem jeweiligen Grundstück zu beeinträchtigen beziehungsweise zu verunstalten. Dabei wird nicht die Errichtung als solche untersagt,[604] vielmehr wird die Errichtung der Anlage mit bestimmten baulichen Merkmalen untersagt, die zur Verunstaltung beziehungsweise Beeinträchtigung des Ortsbildes führen. Es ist demzufolge darauf abzustellen, ob die Untersagung der Errichtung der baulichen Anlage gerade mit dem die Beeinträchtigung oder Verunstaltung hervorrufenden Merkmal die wirtschaftliche Ausnutzung von Grund und Boden beeinträchtigt. Hinsichtlich dieser Merkmale kann auf die Abgrenzung auf Planungsebene verwiesen werden.[605]

---

602 BVerwG, Urteil vom 11.05.2000, - 4 C 14/98 -, NVwZ 2000, 1169 (1170).
603 Ebenso *Vilsmeier*, Das bauplanungsrechtliche Verbot der Ortsbildbeeinträchtigung und seine Bedeutung für die Zulässigkeit von Baugerüstwerbung S. 76.
604 Nach BVerwG, Urteil vom 23.05.1980, - IV C 79.77 -, BauR 1980, S. 449 (450) kann auf Grundlage von § 34 Abs.1 S. 2 2. HS BauGB aus Gesichtspunkten des Eigentumsschutzes ohnehin nicht die Bebauung als solche untersagt werden.
605 Beispielshaft aus der Rechtsprechung: Der Bundeskompetenz zuzuordnen sind Ortsbildbeeinträchtigungen durch einen zweigeschossigen Anbau, anders OVG Bre-

B. Ortsbildschutz und Zulässigkeit von Vorhaben und baulichen Anlagen

Vor diesem Hintergrund findet auch der nach der Entscheidung des Bundesverwaltungsgerichts vom 31.05.2005[606] in der Literatur und vom Verwaltungsgerichtshof München vertretene „instrumentelle" Ansatz,[607] wonach von § 34 Abs. 1 S. 2 2. HS BauGB nur solche beeinträchtigenden Bebauungsmerkmale erfasst sein sollen, die auch mittels Bebauungsplan nach § 9 Abs. 1 BauGB regelbar sind, jedenfalls teilweise seine Rechtfertigung. Zwar sind, wie gezeigt, nicht alle Festsetzungsmöglichkeiten nach § 9 Abs. 1 BauGB der Kompetenz für das Bodenrecht zuzuordnen. Außerdem enthält der abschließende Katalog des § 9 Abs. 1 BauGB auch nicht alle sonstigen, denkbaren bodenrechtlichen Festsetzungsmöglichkeiten. Allerdings trifft der am Regelungsgegenstand der Norm orientierte Ansatz dem Grunde nach zu.[608]

---

men, Urteil vom 18.12.1973, - II BA 112/73 -, BRS, S. 178, durch die Errichtung eines Gebäudes mit 50 m² Grundfläche im Außenbereich, zutreffend OVG Münster, Urteil vom 16.03.1976, - IV C 72.74 -, BRS 30, S. 128, durch die Errichtung von Verteilerkästen mit einer Länge von 6,62 m und einer Höhe von 1,58 m, anders VGH München, Beschluss vom 20.04.2010, - 9 ZB 08/319 - juris Rn. 2, wobei auch eine Verunstaltung verneint wurde, sowie durch die Errichtung einer 8 m hohen Mobilfunkbasisstation auf einem Dach, zutreffend VGH Kassel, Urteil vom 06.12.2004, - 9 UE 2582/03 -, ZfBR 2005, S. 278 (279). Dagegen sind der Landeskompetenz zuzuordnen die Einflussnahme auf das Ortsbild durch die Dacheindeckung, zutreffend VGH München, Urteil vom 11.06.1969, - 157 II 68 -, BayVBl, S. 259 (259), sowie durch die Errichtung eines Jägerzauns, zutreffend ebenfalls VGH München, Beschluss vom 14.12.2001, - 14 ZB 01.1952 - juris Rn. 2.

606 BVerwG, Beschluss vom 31.05.2005, - 4 B 14/05 -, ZfBR 2005, S. 559.
607 Hierzu bereits oben und mit weiteren Nachweisen S. 75 ff.
608 Eine im Ergebnis ähnliche Auffassung mit Blick auf die kompetenzielle Abgrenzung von § 34 Abs. 1 S. 2 2. HS BauGB und § 35 Abs. 3 Nr. 5 BauGB von den Verunstaltungsverboten scheinen auf den ersten Blick auch Teile der Kommentarliteratur zu vertreten. So meinen *Söfker* in *Ernst/Zinkahn/Bielenberg*, § 34 Rn. 68; *Spannowsky* in *Spannowsky/Uechtritz*, § 34 Rn. 46; *Wiechert/Sander* in *Große-Suchsdorf*, § 10 Rn. 10, dass aus kompetenzrechtlichen Gründen auf bundesgesetzlicher Grundlage nur solche Beeinträchtigungen bzw. Verunstaltungen verhindert werden können, hinsichtlich derer auch Festsetzungen nach § 9 Abs. 1 BauGB möglich wären. Allerdings beziehen sich diese Kommentatoren nahezu wortgleich auf die Rechtsprechung des BVerwG vom 11.05.2000. Zwar hat das BVerwG dort tatsächlich ausgeführt, dass § 34 Abs. 1 S. 2 2. HS BauGB „nur insoweit vor Beeinträchtigungen schützt, wie dies im Geltungsbereich eines Bebauungsplans durch planerische Festsetzungen möglich wäre", BVerwG, Urteil vom 11.05.2000, - 4 C 14/98 -, NVwZ 2000, 1169 (1170). Allerdings stützt das BVerwG dieses Ergebnis weniger auf kompetenzrechtliche Gründe, sondern vielmehr darauf, dass § 34 Abs. 1 BauGB als planersetzende Regelung nicht mehr regeln kann als der Plan selbst. Im Übrigen verweist das Gericht sogar darauf, dass eine Regelung über die in Frage stehende Dachform, die nicht nach § 9 Abs. 1 BauGB festsetzbar ist, bauplanungsrechtlich über eine

III. Schutzlücken

Grenzt man die bundes- und landesrechtlichen Regelungen zum Verbot der Verunstaltung beziehungsweise Beeinträchtigung des Ortsbildes allein anhand des Regelungsgegenstandes voneinander ab, dann werden von diesen Vorschriften kompetenzübergreifend sämtliche Bebauungsmerkmale erfasst. Unterschiede ergeben sich auch nicht dahingehend, dass die landesrechtlichen Normen nur solche Anlagen erfassen, die „an sich unschön" sind, während das bundesrechtliche Pendant auch „an sich schöne" Anlagen erfasst. Verschiedenheiten zwischen den ortsbildschützenden Normen auf Zulässigkeitsebene bestehen aber insofern, als § 34 Abs. 1 S. 2 2. HS BauGB über die Verunstaltung hinaus auch die Beeinträchtigung des Ortsbildes untersagt. Das Ortsbild ist demzufolge im unbeplanten Innenbereich gegenüber negativen Einflüssen durch bodenrechtlich relevante Baumerkmale umfangreicher geschützt als gegenüber Baumerkmalen, die die Schwelle der bodenrechtlichen Relevanz nicht überschreiten. Dies ist aus ortsbildschützerischer Sicht insofern problematisch, als die Intensität der optisch-gestalterischen Einflussnahme nicht davon abhängt, ob ein Bebauungsmerkmal bodenrechtlich relevant ist oder nicht. Zwar hängt die Frage der bodenrechtlichen Relevanz häufig davon ab, wie groß eine bauliche Anlage oder ein Bestandteil der Anlage ist, beispielsweise im Falle von Werbeanlagen, Gauben oder Erkern, was auch für eine stärkere Einflussnahme auf das Ortsbild spricht. Allerdings können auch bodenrechtlich nicht relevante Merkmale wie die Fassadengestaltung oder die Dacheindeckung einen mindestens genauso hohen Einfluss auf das Ortsbild haben. Insofern spricht einiges dafür, die landesrechtlichen Verunstaltungsverbote *de lege ferenda* in Beeinträchtigungsverbote umzuwandeln. Dasselbe gilt für die Regelung des § 35 Abs. 3 S. 1 Nr. 5 BauGB.[609] Grundrechtliche Probleme,

---

Satzung nach § 172 BauGB möglich sei. Wie die bereits zitierte Kommentarliteratur aber ohne (ausdrücklichen) Verweis auf kompetenzrechtliche Gründe dagegen *Mitschang/Reidt* in *Battis/Krautzberger/Löhr*, § 34 Rn. 40; *Rieger* in *Schrödter*, § 34 Rn. 76.

609 Ebenso *Vilsmeier*, Das bauplanungsrechtliche Verbot der Ortsbildbeeinträchtigung und seine Bedeutung für die Zulässigkeit von Baugerüstwerbung S. 70 f. Eine andere Auffassung vertritt *Hirschelmann*, Die Verunstaltung des Orts- und Landschaftsbildes im Sinne des § 35 Abs. 3 Satz 1 Nr. 5 BauGB und ihre verfassungsrechtlichen Bezüge zur Kunst- und Glaubensfreiheit S. 156 f., der meint, dass eine Abstufung des Verunstaltungsbegriffs unpraktikabel sei. Dem ist aber entgegenzuhalten, dass es mit der Beeinträchtigung und der Verunstaltung ohnehin schon zwei verschiedene

insbesondere mit Blick auf die Eigentumsfreiheit aus Art. 14 GG, stellen sich dabei nicht.[610] Abgesehen von dem unterschiedlichen Schutzniveau hinsichtlich der Intensität der Ortsbildbeeinträchtigung ergeben sich auf Zulassungsebene keine Schutzlücken.[611]

C. Ortsbildschutz durch Beseitigung bestehender Beeinträchtigungen

Wird das Ortsbild durch bauliche Anlagen beeinträchtigt, die wegen mangelnder Pflege oder Zerfall erst im Laufe der Zeit hervortreten, sieht das BauGB in § 177 Abs. 1 S. 1 2. Alt, Abs. 3 S. 1 Nr. 2 BauGB die Möglichkeit zum Erlass eines Instandsetzungsgebots und in § 179 Abs. 1 S. 1 Nr. 2 BauGB die Möglichkeit zum Erlass eines Rückbaugebots vor. Auf landesrechtlicher Ebene kann sowohl auf Grundlage der Generalklauseln in Verbindung mit den Verunstaltungsverboten als auch auf Grundlage spezialgesetzlicher Regelungen der Abriss oder die Instandsetzung verunstaltender baulicher Anlagen angeordnet werden.[612]

Intensitätsstufen gibt. Eine Vereinheitlichung der Eingriffsschwellen würde vielmehr zu einer vereinfachten Anwendung führen.

610 *Vilsmeier*, Das bauplanungsrechtliche Verbot der Ortsbildbeeinträchtigung und seine Bedeutung für die Zulässigkeit von Baugerüstwerbung S. 48. Mit zutreffender Herleitung insbesondere unter Berücksichtigung umgebungsabhängiger und umgebungsunabhängiger Gestaltungsvorschriften *Manssen*, Stadtgestaltung durch örtliche Bauvorschriften S. 173 ff., 199. Kritisch hinsichtlich der Kunstfreiheit allerdings *Kapell*, Das Recht selbstbestimmter Baugestaltung S. 144 ff.

611 Insbesondere bestehen keine Schutzlücken hinsichtlich der Möglichkeiten zum Erlass von Ausnahmen, Befreiungen und Abweichungen von den gestalterischen Vorgaben. Eine Befreiungsmöglichkeit von den bundesrechtlichen Regelungen besteht nicht, *Mitschang/Reidt* in Battis/Krautzberger/Löhr, § 34 Rn. 46; BVerwG, Urteil vom 04.05.1979, - 4 C 23/76 -, NJW 1980, S. 605 (605 f.). § 34 Abs. 3a BauGB findet keine Anwendung, da dieser sich ausdrücklich nur auf § 34 Abs. 1 S. 1 BauGB bezieht. Abweichungen von den landesrechtlichen Verunstaltungsverboten kommen ebenso nicht in Betracht. Zwar sehen die Landesbauordnungen Möglichkeiten zur Abweichung von den Anforderungen der Landesbauordnungen vor, wobei die Verunstaltungsverbote mitenthalten sind. Allerdings können die Abweichungen nach den landesrechtlichen Vorschriften nur erteilt werden, wenn öffentliche Belange nicht entgegenstehen, insbesondere mit Blick auf den Zweck der Regelung, von der abgewichen werden soll. Hier impliziert aber die Verunstaltung des Ortsbildes die Beeinträchtigung öffentlicher Belange. Sachverhalte, in denen von den Verunstaltungsverboten abgewichen werden kann, sind damit nicht denkbar. Ebenso *Sauter* § 11 Rn. 8.

612 Siehe zu den spezialgesetzlichen Regelungen bereits Fußnote 542. Besonderheiten bestehen in Hamburg und Berlin. In Berlin besteht zwar keine ausdrückliche

Kapitel 6 Herkömmliche Instrumente

I. Ermächtigungsgrundlagen des besonderen Städtebaurechts und der Landesbauordnungen

Der Beseitigung als milderes Mittel vorgelagert[613] kann nach § 177 Abs. 1 S. 1 2. Alt, Abs. 3 S. 1 Nr. 2 BauGB der Eigentümer eines Grundstücks verpflichtet werden, dass bauliche Anlagen, die nach ihrer äußeren Beschaffenheit das Straßen- oder Ortsbild nicht nur unerheblich beeinträchtigen, instandgesetzt werden müssen, soweit sich die Ortsbildbeeinträchtigung durch eine Instandsetzung beheben lässt. Das Tatbestandsmerkmal der nicht unerheblichen Ortsbildbeeinträchtigung liegt hinsichtlich der Beeinträchtigungsintensität zwischen der Beeinträchtigung nach § 34 Abs. 1 S. 2 2. HS BauGB und der Verunstaltung nach den landesrechtlichen Verunstaltungsverboten und § 35 Abs. 3 S. 1 Nr. 5 BauGB. Es wird zumeist ein verwahrlost wirkender Eindruck der Anlage verlangt.[614] Als Gegenstand des Instandsetzungsgebots werden vor allem Schäden an der Fassade und am Dach sowie an Fenstern genannt.[615] Nach § 179 Abs. 1 S. 1 Nr. 2 BauGB kann der Eigentümer eines Grundstücks dazu verpflichtet werden zu dulden, dass eine bauliche Anlage ganz oder teilweise beseitigt wird, wenn sie Mängel im Sinne des § 177 Abs. 3 S. 1 Nr. 2 BauGB aufweist, also das Ortsbild nicht unerheblich beeinträchtigt, und die Mängel auch durch eine

---

Ermächtigung zum Erlass einer Beseitigungsanordnung, allerdings sind nach § 81 Abs. 1 Bln BauO bauliche Anlagen so zu erhalten, dass die Störung des Ortsbildes vermieden wird. In Hamburg kann angeordnet werden, dass verwahrloste oder durch Beschriftung und Bemalung verunstaltete Bau- und Werbeanlagen oder Teile von ihnen ganz oder teilweise in Stand gesetzt werden, dass ihr Anstrich erneuert oder dass die Fassade gereinigt wird; ist eine Instandsetzung nicht möglich, so kann die Bauaufsichtsbehörde die Beseitigung der Anlage verlangen, § 76 Abs. 2 Nr. 1 HH BauO. Die Beseitigung kann nur verlangt werden, wenn die Instandsetzung nicht möglich ist. Darüber hinaus kann zum Schutz des Ortsbildes auch angeordnet werden, dass Grundstücke aufgeräumt oder ordnungsgemäß hergerichtet werden oder dass endgültig nicht mehr genutzte Anlagen beseitigt oder dauerhaft gesichert werden, § 76 Abs. 2 Nr. 2 HH BauO.

613 *Bank* in *Brügelmann*, § 177 Rn. 12; *Petz* in *Schlichter/Stich/Driehaus/Paetow*, § 177 Rn. 15.
614 *Bank* in *Brügelmann*, § 177 Rn. 24; *Stock* in *Ernst/Zinkahn/Bielenberg*, § 177 Rn. 47; *Preussner*, VBlBW 1990, S. 1 (2).
615 *Petz* in *Schlichter/Stich/Driehaus/Paetow*, § 177 Rn. 8; *Seifert/Ferner* in *Kröninger/Aschke/Jeromin*, § 177 Rn. 4; *Stock* in *Ernst/Zinkahn/Bielenberg*, § 177 Rn. 48; *Goldschmidt*, Kapitel C Besonderes Städtebaurecht in *Hoppenberg/de Witt*, Handbuch des öffentlichen Baurechts Band 2 Rn. 2076. Nach *Bank* in *Brügelmann*, § 177 Rn. 23 kommt eine Verfügung zur Wiederherstellung eines abbröckelnden Außenanstrichs dagegen nicht in Betracht, ebenso *Stock* in *Ernst/Zinkahn/Bielenberg*, § 177 Rn. 48.

C. Ortsbildschutz durch Beseitigung bestehender Beeinträchtigungen

Instandsetzung nach § 177 Abs. 1 BauGB nicht behoben werden können. Die praktische Bedeutung sowohl des Instandsetzungs- als auch des Rückbaugebots wird als gering eingeschätzt.[616]

Auf Landesebene findet sich mit § 76 Abs. 2 Nr. 1 HH BauO nur eine Ermächtigungsgrundlage zum Erlass von Instandsetzungsgeboten. Darüber hinaus sind nach § 81 Abs. 1 Berl BauO bauliche Anlagen mindestens in dem Zustand zu erhalten, der den bei ihrer Errichtung geltenden Vorschriften entspricht. Sie sind im Übrigen so zu erhalten, dass ihre Verunstaltung sowie eine Störung des Straßen-, Orts- oder Landschaftsbildes vermieden werden. Bei einem Verstoß hiergegen kann ein Instandsetzungsgebot auf Grundlage der Generalklausel nach § 58 Abs. 1 Berl BauO erlassen werden.[617] In den übrigen Ländern kann die Instandsetzung ebenso wie die Beseitigung auf Grundlage der bauordnungsrechtlichen Generalklausel angeordnet werden, wenn eine bauliche Anlage gegen das jeweilige Verunstaltungsverbot[618] oder das Beeinträchtigungsverbot nach § 34 Abs. 1 S. 2 2. HS BauGB verstößt.[619] Die Beseitigung einer baulichen Anlage kann in einigen Ländern im Übrigen dann verfügt werden, wenn eine bauliche Anlage nicht genutzt wird, zu verfallen droht und ein öffentliches oder schutzwürdiges privates Interesse an ihrem Erhalt nicht besteht.[620] Diese Regelungen erwähnen zwar den Begriff des Ortsbildes nicht explizit. Allerdings ergibt sich die ortsbildschützende Zweckrichtung aus den Gesetzesmaterialien[621] sowie daraus, dass gegen

---

616 Grund hierfür ist insbesondere, dass die Gemeinde im Falle des Rückbaugebots die Maßnahme durchführen muss sowie teilweise die Kosten hierfür trägt, § 179 Abs. 4 BauGB, und im Falle des Instandsetzungsgebots an den Kosten beteiligt werden kann, § 177 Abs. 4, 5 BauGB. Darüber hinaus wird als Problem das Fehlen eines Übernahmeanspruchs des Eigentümers sowie eines Enteignungsrechts der Gemeinde genannt. Die Daseinsberechtigung der Regelung wird in ihrer Funktion als „Druckmittel" gesehen, um städtebauliche Verträge über die Beseitigung oder Instandsetzung unter Förderung durch die Gemeinde abschließen zu können. Vgl. zu alledem *Stock* in *Ernst/Zinkahn/Bielenberg*, § 177 Rn. 3a; *Goldschmidt*, Kapitel C Besonderes Städtebaurecht in *Hoppenberg/de Witt*, Handbuch des öffentlichen Baurechts Band 2 Rn. 2165; *Lege*, NVwZ 2005, S. 880 (881); *Preussner*, VBlBW 1990, S. 1 (1, 5).
617 *Rau* in *Meyer/Achelis/Alven-Döring/Hellriegel/Kohl/Rau*, § 81 Rn. 7.
618 *Möller* in *Schrödter*, § 177 Rn. 33; *Weiblen* in *Spannowsky/Uechtritz*, § 65 Rn. 110a; *Goldschmidt*, Kapitel C Besonderes Städtebaurecht in *Hoppenberg/de Witt*, Handbuch des öffentlichen Baurechts Band 2 Rn. 2085 ff.; OVG Münster, Urteil vom 12.02.1968, - VII A 1284/67 -, NJW, S. 1945; VGH Mannheim, Urteil vom 18.03.1976, - III 556/75 -, BauVerw 1978, S. 274 (274); *Wunderle*, VBlBW 2020, S. 221 (224 f.).
619 VGH Kassel, Beschluss vom 11.06.2008, - 3 A 880/08.Z -, ZfBR 2008, S. 696 (696).
620 Siehe hierzu in Fußnote 542 genannten Normen.
621 Bspw. BW LT-Drs. 16/6293, S. 30; Niedersächsische LT-Drs. 10/5715 S. 18; Bremische LT-Drs. 17/925, S. 134 f.; Saarl LT-Drs. 13/1349, S. 62. Vgl. auch *Guckelberger*, NVwZ

Anlagen, die aufgrund ihrer Baufälligkeit eine Gefahr für die öffentliche Sicherheit und Ordnung darstellen, bereits aufgrund der bauordnungsrechtlichen Generalklausel eingeschritten werden könnte.[622]

II. Abgrenzung, Schutzlücken und Anwendungsprobleme

1. Abgrenzung

Die Ermächtigungsgrundlagen zur Beseitigung dauerhaft nicht genutzter und verfallener Anlagen sind der Landeskompetenz zuzuordnen.[623] Zwar kann die Beseitigung der genannten Anlagen mit erheblichen Kosten einhergehen. Allerdings schränkt sie die wirtschaftliche Nutzung des Grundstücks nicht ein, da die Verfügung nur gegenüber nicht genutzten Anlagen, die zu verfallen drohen, erlassen werden kann. Dem konkurrierenden Kompetenztitel des Bundes für das Bodenrecht zuzuordnen sind dagegen Beseitigungsanordnungen bezüglich baulicher Anlagen, die noch eine eigenständige Grundstücksnutzung darstellen, beispielsweise als Lagerstätte oder Scheune. Da eine Verfügung nach § 179 Abs. 1 S. 1 Nr. 2 BauGB aber nur in Betracht kommt, wenn die Ortsbildbeeinträchtigung durch eine Instandsetzung nach § 177 Abs. 1, Abs. 3 S. 1 Nr. 2 BauGB nicht beseitigt werden kann, ist der Anwendungsbereich einer solchen bodenrechtlichen Regelung deutlich eingeschränkt. Denn nicht unerhebliche Ortsbildbeeinträchtigungen, die nicht durch Instandsetzung behoben werden können, werden im Regelfall nur von Anlagen hervorgerufen, die so verwahrlost sind, dass sie einer wirtschaftlich relevanten Nutzung nicht mehr zugänglich sind.[624]

2010, S. 743 (744). Im Falle des § 76 Abs. 2 Nr. 1 HH BauO ergibt sich die ortsbildschützende Zweckrichtung bereits eindeutig aus der Norm, da diese auf Tatbestandsebene auf eine Verunstaltung von Bau- und Werbeanlagen abstellt und auf Rechtsfolgenseite die Verpflichtung zur Reinigung der Fassade und zur Erneuerung des Anstrichs ermöglicht.

622 *Guckelberger*, NVwZ 2010, S. 743 (743 f.); *Wunderle*, VBlBW 2020, S. 221 (223). So auch die amtliche Begründung BW LT-Drs. 16/6293, S. 30; Saarl LT-Drs. 13/1349, S. 62.

623 A.A. *Wunderle*, VBlBW 2020, S. 221 (228 ff.), die allerdings feststellt, dass eine kompetenzielle Abgrenzung anhand des finalen Ansatzes schwerfällt, da das bundesrechtliche Rückbau- und das landesrechtliche Beseitigungsgebot im Wesentlichen dieselbe Zielrichtung hätten.

624 Ähnlich *Schmitz*, ZfBR 2011, S. 641 (644 f.). Aus der Rechtsprechung bspw.: Verfügung gegen ein seit mehreren Jahren ungenutztes Gebäude mit kaputten und zerst-

C. Ortsbildschutz durch Beseitigung bestehender Beeinträchtigungen

Die Ermächtigungen zum Erlass von Instandsetzungsgeboten wegen Ortsbildbeeinträchtigungen sind größtenteils ebenfalls der Landeskompetenz zuzuordnen. Die Zuordnung erfolgt wie auf Planungs- und Zuordnungsebene anhand der jeweiligen Gebäudebestandteile. Es macht mit Blick auf die Frage nach der Beschränkung der wirtschaftlichen Ausnutzung eines Grundstücks keinen Unterschied, ob der Grundstückseigentümer zu einem Tun, Dulden oder Unterlassen schon bei der erstmaligen Herstellung einer baulichen Anlage durch abstrakte Regelungen über die Zulässigkeit oder erst nachträglich durch Verfügungen im Einzelfall verpflichtet wird. Daraus folgt, dass die Verpflichtung zur Erneuerung der Fassade, der Fenster oder der Dacheindeckung der Landeskompetenz zuzuordnen ist. Insofern verbleibt auch bei den Instandsetzungsgeboten für die bodenrechtliche Ermächtigungsgrundlage nur ein geringer Anwendungsbereich. Denn die bodenrechtlichen Regelungen bezüglich der einzelnen baulichen Anlage betreffen im Wesentlichen die Kubatur der Anlage. Instandsetzungen, die dazu führen, dass Raum neu überbaut oder die Überbauung von Raum zurückgebaut werden muss, sind nur denkbar, wenn von dem ursprünglichen Gebäude nur noch eine Ruine oder gar Fundamente übrig sind. Ob dies vom Tatbestand des § 177 Abs. 1, Abs. 3 S. 1 Nr. 2 BauGB überhaupt noch erfasst ist, ist allerdings umstritten.[625]

örten Türen und Fenstern und gänzlicher Funktionsunfähigkeit der Einbauten, VG Leipzig, Urteil vom 18.11.2021, - 5 K 1461/20 - juris Rn. 21 f., sowie Verfügung gegen ein Gebäude mit eingeschlagenen Fensterscheiben und großflächigen Graffiti, das seit 50 Jahren nicht mehr genutzt wird, OVG Münster, Beschluss vom 12.06.2020, - 10 B 573/20 - juris Rn. 5.

[625] Für eine Instandsetzung „von Grund auf" *Bank* in *Brügelmann*, § 177 Rn. 10a; *Mitschang* in *Battis/Krautzberger/Löhr*, § 177 Rn. 8; *Möller* in *Schrödter*, § 177 Rn. 5. Dagegen *Stock* in *Ernst/Zinkahn/Bielenberg*, § 177 Rn. 41; VG Stuttgart, Urteil vom 10.03.2005, - 2 K 1920/03 - juris Rn. 34. Offengelassen von FG Baden-Württemberg, Urteil vom 24.02.1999, - 10 K 350/96 -, DStrE 1999, S. 698 (699). Einigkeit besteht allerdings darin, dass die Verpflichtung zur erstmaligen Herstellung einer Anlage sowie zu Umbauten und Erweiterungen nicht vom Tatbestand erfasst sind, *Bank* in *Brügelmann*, § 177 Rn. 10c; *Möller* in *Schrödter*, § 177 Rn. 4; *Petz* in *Schlichter/Stich/Driehaus/Paetow*, § 177 Rn. 13; BVerwG, Beschluss vom 27.08.1996, - 8 B 165/96 -, Buchholz Reihe 6 401.1 § 7h EStG Nr. 1. Ebenso wenig erfasst werden „im Bau stecken gebliebene" Anlagen, *Bank* in *Brügelmann*, § 177 Rn. 10b; *Schröer*, NZBau 2007, S. 234 (235).

2. Schutzlücken und Anwendungsprobleme

Aufgrund der größtenteils parallelen Regelungen im BauGB und in den Landesbauordnungen ergeben sich hinsichtlich des Ortsbildschutzes auf Grundlage des hier vertretenen Abgrenzungsansatzes keine Schutzlücken. Allerdings sind die bundesrechtlichen Regelungen bei kompetenzkonformer Auslegung größtenteils gegenstandslos. Probleme ergeben sich dagegen erneut mit Blick auf die von den genannten Normen geforderte Intensität der Ortsbildbeeinträchtigung. Zum einen schafft § 177 Abs. 3 S. 1 Nr. 2 BauGB mit der nicht unerheblichen Beeinträchtigung eine Zwischenstufe im ohnehin schon wenig praktikablen Zweiklang aus Beeinträchtigung und Verunstaltung. Dies führt hier erschwerend dazu, dass im Zusammenspiel mit anderen ortsbildschützenden Regelungen Wertungswidersprüche entstehen. Weder § 177 Abs. 1, Abs. 3 S. 1 Nr. 2 BauGB noch § 179 Abs. 1 S. 1 Nr. 2 BauGB sind planakzessorisch.[626] Daraus folgt, dass diese Regelungen auch auf bauliche Anlagen im Außenbereich angewandt werden können.[627] Für Grundstücke im Außenbereich verlangt § 35 Abs. 3 S. 1 Nr. 5 BauGB nur, dass das Ortsbild nicht verunstaltet wird. Danach liegen die Voraussetzungen für einen nachträglichen Eingriff aus ortsbildschützender Sicht im Außenbereich niedriger als bei der erstmaligen Errichtung. Ein ähnlicher Widerspruch findet sich auch auf landesrechtlicher Ebene. Mit den neu geschaffenen Ermächtigungsgrundlagen zur Beseitigung verfallener Anlagen kann eine Beseitigung bereits dann angeordnet werden, wenn noch keine Verunstaltung vorliegt.[628] Dagegen kann eine auf die Generalklausel in Verbindung mit dem Verunstaltungsverbot gestützte Instandsetzungsverpflichtung, die gegenüber der Anordnung der Beseitigung das mildere Mittel darstellt, erst im Falle einer Verunstaltung erlassen werden. Insofern sollte auch hier aus Gründen der Rechtssicherheit und des umfänglichen Ortsbildschutzes einheitlich die Beeinträchtigung als maßgebliche Intensitätsschwelle normiert werden.[629]

---

626 Anders noch § 179 Abs. 1 S. 1 in der bis zum 19.09.2013 geltenden Fassung.
627 *Bank* in *Brügelmann*, § 177 Rn. 8; *Stock* in *Ernst/Zinkahn/Bielenberg*, § 177 Rn. 41a.
628 *Wunderle*, VBlBW 2020, S. 221 (226) meint diesbezüglich, es handle sich um eine „unwiderlegliche Vermutung" dahingehend, dass mit dem fortschreitenden Verfall einer Anlage die Verunstaltung einhergehe.
629 Zur Verfassungsmäßigkeit von Instandhaltungs- und Instandsetzungspflichten mit gestalterischer Zielrichtung *Rau* in *Meyer/Achelis/Alven-Döring/Hellriegel/Kohl/Rau*, § 81 Rn. 4 sowie BVerwG, Beschluss vom 11.04.1989, - 4 B 65/89 -, NJW 1989, S. 2638 zu einer auf Grundlage der bauordnungsrechtlichen Generalklausel i.V.m. dem heutigen § 81 Abs. 1 Berl BauO erlassenen Verfügung zur Instandsetzung einer Fassade.

# Kapitel 7 Ortsbildschutz in der Praxis – alternative Umsetzungsmöglichkeiten

Neben den hier behandelten Vorschriften des BauGB und der Landesbauordnungen bestehen an verschiedenen Stellen weitere Regelungen zur Ortsbildgestaltung und zum Ortsbildschutz. Zu nennen sind neben der Erhaltungssatzung nach § 172 BauGB, die aus kompetenzrechtlicher Sicht vor allem Abgrenzungsprobleme hinsichtlich der Landeskompetenz für das Denkmalrecht hervorruft,[630] Regelungen in anderen Fachgesetzen, insbesondere in den Natur- und Denkmalschutzgesetzen.[631]

In der Praxis kommen darüber hinaus noch verschiedene weitere, „weiche" Möglichkeiten zum Ortsbildschutz und zur Ortsbildgestaltung in Betracht, die vor allem auf der Zusammenarbeit mit privaten Akteuren basieren. Zu nennen sind hier die Zusammenarbeit mit den Eigentümern schon bebauter Grundstücke oder mit Vorhabenträgern durch den Abschluss städtebaulicher Verträge oder auf Grundlage sogenannter Business Improvement Districts (BIPs) sowie die Einflussnahme auf die Gestaltung baulicher Anlagen mittels Gestaltungsbeiräten und *soft law* in Form von sogenannten Gestaltungshandbüchern.

A. Städtebauliche Verträge

Der Abschluss städtebaulicher Verträge nach § 11 BauGB (auch) mit dem Ziel, ortsbildgestalterisch oder ortsbildschützend tätig zu werden, kommt aus Sicht der Gemeinde bei Sanierungs- und Neubauprojekten sowie bei der Aufstellung vorhabenbezogener Bebauungspläne als Durchführungs-

---

630 Zum Verhältnis von landesrechtlichem Denkmalschutzrecht und bundesrechtlichem Bodenrecht *Henke*, Stadterhaltung als kommunale Aufgabe S. 26 ff; BVerwG, Urteil vom 18.05.2001, - 4 CN 4/00 -, BVerwGE 114, S. 247; *Strobl/ Sieche/ Kemper/ Rothemund* Rn. 12 ff.; *Eberl*, BayVBl 1980, S. 711 (711 ff.); *Erbguth*, DVBl 1985, S. 1352 (1353 ff.); *Leidinger*, BauR 1994, S. 1 (9 ff.); *Moench*, NJW 1983, S. 1998 (2003 ff.); *Moench*, NJW 1980, S. 2343 (2343 f.); *Moench*, ZfBR 1985, S. 163 (165 ff.); *Stich*, ZfBR 1983, S. 61 (61 ff.); *Watzke*, ZfBR 1981, S. 57 (57 ff.); *Watzke*, ZfBR 1981, S. 10 (10 ff.).
631 Zu den sonstigen auf den Ortsbildschutz abzielenden Regelungen siehe S. 15 f.

vertrag nach § 12 Abs. 1 S. 1 BauGB in Betracht.[632] Bereits bei der Auswahl der Vertragspartner kann Einfluss auf die gestalterische Qualität der jeweils umzusetzenden Maßnahme genommen werden. Bei Grundstückskaufverträgen, bei denen die Gemeinde Grundstücke zum Zwecke der Bebauung veräußert, kommt hierfür die sogenannte Konzeptvergabe in Betracht. Dabei wird das Grundstück nicht an den Meistbietenden veräußert. Vielmehr erfolgt die Auswahl des Vertragspartners in einem wettbewerblichen Verfahren abhängig von der Erfüllung bestimmter gestalterischer, sozialer oder ökologischer Kriterien, die die Gemeinde selbst bestimmen kann.[633] Geht es nicht um den Verkauf von Grundstücken sondern um die Vergabe von Planungsleistungen, insbesondere bei der Aufstellung von Bebauungsplänen, kommt zur Gewährleistung gestalterischer Qualität die Durchführung von Planungswettbewerben in Betracht.[634] Hierbei wird der Planungsauf-

---

632 In zahlreichen Gesprächen mit Rechtsanwälten, die sowohl Vorhabenträger als auch die öffentliche Hand beraten, wurde dem Verfasser die hohe praktische Bedeutung städtebaulicher Verträge zur Einflussnahme auf die bauliche Gestaltung versichert. Als positiv wurden vor allem die geringe Streitanfälligkeit und die Möglichkeiten umfangreicher und flexibler Ausgestaltung hervorgehoben.

633 Zur Konzeptvergabe *Däuper/Braun*, KommJur 2022, S. 165 (168); *Thiel*, BauR 2018, S. 1800 (1801); *Weiß/Reuße*, QUARTIER 2019.4, S. 52 (52) sowie der Leitfaden „Grundstücksvergabe nach der Qualität von Konzepten" des Hessischen Ministeriums für Umwelt, Klimaschutz, Landwirtschaft und Verbraucherschutz aus dem Jahr 2017, abrufbar unter https://redaktion.hessen-agentur.de/publication/2019/konzeptvergabe_bf.pdf, zuletzt abgerufen am 25.05.2023. Zahlreiche Beispiele zur Durchführung von Konzeptvergabeverfahren finden sich in der vom Bundesinstitut für Bau-, Stadt- und Raumforschung herausgegebenen Broschüre „Baukultur für das Quartier – Prozesskultur durch Konzeptvergabe" aus dem Jahr 2020, abrufbar unter https://www.bbsr.bund.de/BBSR/DE/veroeffentlichungen/sonderveroeffentlichungen/2020/konzeptvergabe-langfassung-dl.pdf?__blob=publicationFile&v=3, zuletzt abgerufen am 25.05.2023. Zu kommunalrechtlichen, beihilferechtlichen und kartellvergaberechtlichen Implikationen *Weiß/Reuße*, QUARTIER 2019.4, S. 52 (52 ff.). Aus beihilferechtlicher Sicht kritisch *Philipp/Vetter/Kriesel*, LKV 2020, S. 539 (546). Ebenfalls aus beihilferechtlicher Sicht die Ausarbeitung des Fachbereichs Europa des Wissenschaftlichen Dienstes des Bundestages, AZ: PE 6 – 3000 – 102/19, sowie aus vergaberechtlicher Sicht die Ausarbeitung des Fachbereichs Zivil-, Straf- und Verfahrensrecht, Bau und Stadtentwicklung, AZ: WD 7 – 3000 – 176/19.

634 Zu derartigen Wettbewerben allgemein *Müller-Wrede*, Der Architektenwettbewerb S. 17 ff. Zu städtebaulichen Wettbewerben als Preisausschreiben nach § 661 BGB *Burshille*, Öffentliche Beschaffung durch Planungswettbewerbe S. 21 ff. Zu vergaberechtlichen Fragen städtebaulicher Wettbewerbe *Schneider* in *Burgi/Dreher*, § 79 VgV Rn. 8 ff.; *Burshille*, Öffentliche Beschaffung durch Planungswettbewerbe S. 36 ff., 195 ff.; *Stolz*, VergabeR 2014, S. 295. Siehe außerdem die §§ 69 ff. VgV und §§ 73 ff. VgV.

trag an den Gewinner eines Wettbewerbs vergeben. Dem Wettbewerb liegt eine von der Gemeinde festzulegende Aufgabenstellung zugrunde, die Entscheidung über den Sieger erfolgt durch ein Preisgericht.[635]

Gegenstand städtebaulicher Verträge kann nach § 11 Abs. 1 S. 2 Nr. 2 BauGB insbesondere auch die Berücksichtigung baukultureller Belange sein. Neben Beseitigungs- und Instandsetzungspflichten, die auf Grundlage von § 177 Abs. 1 S. 1 2. Alt, Abs. 3 S. 1 Nr. 2 BauGB und § 179 Abs. 1 S. 1 Nr. 2 BauGB auch angeordnet werden können,[636] können auch sonstige ortsbildschützende oder ortsbildgestaltende Regelungen zum Gegenstand des Vertrags gemacht werden, wie Regelungen über die Verwendung bestimmter Materialien, die Gestaltung und Stellung von baulichen Anlagen, insbesondere auch von Nebenanlagen, und so weiter.[637] Kompetenzrechtliche Probleme treten hier grundsätzlich nicht auf. Zwar kann § 11 Abs. 1 BauGB isoliert betrachtet die Gemeinde nur dahingehend berechtigen, bodenrechtliche Regelungen zum Vertragsgegenstand zu machen. Allerdings wird § 11 BauGB angesichts der Regelungen der §§ 54, 56 VwVfG zu Recht rein deklaratorischer Charakter beigemessen, da nach diesen Normen städtebauliche Verträge ohnehin zulässig wären und sich die Vorgaben des § 11

---

635 Zur Durchführung eines Planungswettbewerbs siehe die Richtlinie für Planungswettbewerbe – RPW 2013 in der Fassung vom 31.01.2013, bekanntgemacht im Bundesanzeiger vom 22.02.2013. Zum Ablauf des Planungswettbewerbs nach § 79 VgV *Martini* in *Pünder/Schellenberg/Alexander*, § 79 VgV Rn. 5 ff; *Schneider* in *Burgi/Dreher*, § 79 VgV Rn. 12 ff.; *Stolz* in *Ziekow/Völlink*, § 79 VgV Rn. 1 ff sowie *Reuber*, Kapitel 4 Planungswettbewerbe in *Reichert/Reuber/Siegburg*, Handbuch Vergabe von Architekten- und Ingenieurleistungen S. 43 ff. Zu Planungswettbewerben allgemein, allerdings ohne Berücksichtigung der neuen Rechtslage, *Weinbrenner/Jochem/Neusüß*, Der Architektenwettbewerb S. 51 ff.

636 *Bank* in *Brügelmann*, § 177 Rn. 42 f.; *Goldschmidt*, Kapitel C Besonderes Städtebaurecht in *Hoppenberg/de Witt*, Handbuch des öffentlichen Baurechts Band 2 Rn. 2165 ff.; *Seibert*, Dauerhaft aufgegebene Anlagen S. 299 ff. Vgl. hierzu auch § 164a Abs. 3 BauGB.

637 *Krautzberger* in *Ernst/Zinkahn/Bielenberg*, § 11 Rn. 143b. Zu Gestaltungsvereinbarungen siehe auch *Birk*, Städtebauliche Verträge Rn. 468; *Burmeister*, Praxishandbuch Städtebauliche Verträge Rn. 144. In der Praxis können solche vertraglichen Regelungen einen hohen Detailgrad erreichen, insbesondere durch Gestaltungs- und Freiraumkonzepte, die als umfangreicher Anhang samt Planzeichnungen Vertragsbestandteil werden. Problematisch ist die Absicherung von Gestaltungsverpflichtungen gegenüber Nicht- oder Schlechtleistung des privaten Vertragspartners. Hier kommen Vertragsstrafen sowie die Möglichkeit einer Ersatzvornahme seitens der Gemeinde in Betracht.

BauGB von denen der §§ 54 ff. VwVfG nicht unterscheiden.[638] Insofern können sowohl bauordnungsrechtliche als auch bodenrechtliche Regelungen zulässiger Gegenstand städtebaulicher oder sonstiger Verträge sein.

B. Business Improvement Districts

Bei Business Improvement Districts (BIPs) handelt es sich um private Initiativen von Grundstückseigentümern und ortsansässigen Gewerbetreibenden zur Steigerung der Attraktivität bestimmter Stadtteile, Straßen oder Plätze in funktionaler und gestalterischer Hinsicht.[639] Grundlage sind § 171 f BauGB sowie die jeweiligen landesrechtlichen Gesetze.[640] Nach § 171 f

---

638 *Bank* in *Brügelmann*, § 11 Rn. 17; *Kukk* in *Schrödter*, § 11 Rn. 4; *Reidt* in *Battis/Krautzberger/Löhr*, § 11 Rn. 1, 11; *Rozek* in *Schoch/Schneider*, § 54 Rn. 1. Dies ergibt sich nicht zuletzt daraus, dass die Zulässigkeit städtebaulicher Verträge schon vor der Normierung von § 11 BauGB anerkannt war, vgl. *Krautzberger* in *Ernst/Zinkahn/Bielenberg*, § 11 Rn. 2; *Spannowsky*, Grenzen des Verwaltungshandelns durch Verträge und Absprachen S. 353. Kompetenzrechtliche Probleme treten auch dann nicht auf, wenn es sich bei dem in Frage stehenden Vertrag um einen zivilrechtlichen Vertrag handelt. Anders als die §§ 54 ff. VwVfG findet § 11 BauGB nicht nur auf öffentlich-rechtliche, sondern auch auf zivilrechtliche Verträge Anwendung, *Bank* in *Brügelmann*, § 11 Rn. 17; *Kukk* in *Schrödter*, § 11 Rn. 6; *Birk*, Städtebauliche Verträge Rn. 12 ff.; *Burmeister*, Praxishandbuch Städtebauliche Verträge Rn. 2. Entsprechend sind Fälle denkbar, in denen in einem als zivilrechtlich zu qualifizierenden Vertrag, bspw. einem Grundstückskaufvertrag, dem Vertragspartner der Gemeinde gestalterische Verpflichtungen auferlegt werden, bei denen sich wiederum die Frage stellt, ob damit die bodenrechtliche Schwelle überschritten wird und in der Folge § 11 BauGB Anwendung findet. Bejaht man eine Anwendung von § 11 BauGB folgt hieraus, dass die im Vertrag vereinbarten Leistungen nach § 11 Abs. 2 S. 1 BauGB insgesamt angemessen sein müssen. Verneint man die Anwendung des § 11 BauGB mangels bodenrechtlicher Regelungen, muss der Vertrag auch nicht nach § 56 Abs. 1 S. 2 VwVfG angemessen sein. Allerdings ist die Verwaltung auch hier an die Grundrechte sowie an das Rechtsstaatsprinzip gebunden, sodass auch in derartigen Konstellationen keine unverhältnismäßigen und damit unangemessenen Regelungen getroffen werden dürfen. Zivilrechtliche Vereinbarungen zwischen der Verwaltung und Privaten, die unangemessene bauordnungsrechtliche Vertragsklauseln enthalten, sind entsprechend nach § 134 BGB oder § 138 BGB nichtig, vgl. *Vossler* in *Gsell/Krüger/Lorenz/Reymann*, § 134 BGB Rn. 31 ff. m.w.N.

639 *Krautzberger/Richter* in *Ernst/Zinkahn/Bielenberg*, § 171 f Rn. 1; *Schmitz*, Private Initiativen und Stadtentwicklung – zum neuen § 171f BauGB in *Battis/Söfker/Stüer*, Nachhaltige Stadt- und Raumentwicklung S. 259; *Fuchs*, ZfBR 2011, S. 211. Ausführlich zu BIPs *Hecker*, Business Improvement Districts in Deutschland S. 21 ff.

640 In Baden-Württemberg: Gesetz zur Stärkung der Quartiersentwicklung durch Privatinitiative (GQP) vom 09.12.2014, Gesetzblatt für Baden-Württemberg 2014,

B. Business Improvement Districts

BauGB können nach Maßgabe des Landesrechts Gebiete festgelegt werden, in denen in privater Verantwortung standortbezogene Maßnahmen durchgeführt werden, die auf der Grundlage eines mit den städtebaulichen Zielen der Gemeinde abgestimmten Konzepts der Stärkung oder Entwicklung von Bereichen der Innenstädte, Stadtteilzentren, Wohnquartiere und Gewerbezentren sowie von sonstigen für die städtebauliche Entwicklung bedeutsamen Bereichen dienen. Zur Finanzierung der Maßnahmen und gerechten Verteilung des damit verbundenen Aufwands können durch Landesrecht Regelungen getroffen werden. Diese Regelung wurde durch Landesgesetze konkretisiert.[641] Auf Bemühen der Initiativen setzen die Gemeinden durch Satzung Bereiche für die BIP-Maßnahmen fest. In diesem Bereich sollen in einem bestimmten Zeitraum, in Baden-Württemberg beispielsweise höchstens fünf Jahre, § 3 Abs. 1 S. 1 GQP, seitens der privaten Initiative Maßnahmen nach einem im Vorhinein festgelegten Konzept umgesetzt werden.[642] Zur Finanzierung dieses Konzepts wird durch die Gemeinde von

---

S. 687. In Berlin: Gesetz zur Einführung von Immobilien- und Standortgemeinschaften vom 24. 10. 2014, Gesetz- und Verordnungsblatt für Berlin 2014, S. 378. In Bremen: Gesetz zur Stärkung der Einzelhandels- und Dienstleistungszentren vom 18. 06. 2006, Gesetzblatt der Freien Hansestadt Bremen 2006, S. 350. In Hamburg: Gesetz zur Stärkung der Einzelhandels-, Dienstleistungs- und Gewerbezentren vom 28. 12. 2004, Hamburgisches Gesetz- und Verordnungsblatt 2004, S. 525, und Gesetz zur Stärkung von Wohnquartieren durch private Initiativen vom 20. 11. 2007, Hamburgisches Gesetz- und Verordnungsblatt 2007, S. 393. In Hessen: Gesetz zur Stärkung von innerstädtischen Geschäftsquartieren vom 21. 12. 2005, Gesetz- und Verordnungsblatt für das Land Hessen Teil I 2005, S. 867. In Nordrhein-Westfalen: Gesetz über Immobilien- und Standortgemeinschaften vom 10. 6. 2008, Gesetz- und Verordnungsblatt NRW 2008, S. 474. In Rheinland-Pfalz: Landesgesetz über lokale Entwicklungs- und Aufwertungsprojekte vom 18. 08. 2015, Gesetz und Verordnungsblatt für das Land Rheinland-Pfalz 2015, S. 197. Im Saarland: Gesetz zur Schaffung von Bündnissen für Investitionen und Dienstleistungen vom 18. 01. 2017, Amtsblatt des Saarlandes 2017, S. 308. In Sachsen: Gesetz zur Belebung innerstädtischer Einzelhandels- und Dienstleistungszentren vom 12. 7. 2012, Sächsisches Gesetz- und Verordnungsblatt 2012, S. 394. In Schleswig-Holstein: Gesetz über die Einrichtung von Partnerschaften zur Attraktivierung von City-, Dienstleistungs- und Tourismusbereichen vom 13. 07. 2006, Gesetz- und Verordnungsblatt für Schleswig-Holstein 2006, S. 158. Siehe hierzu auch die Übersichten bei *Fieseler* in *Krautzberger*, § 171 f BauGB Rn. 4; *Krautzberger/Richter* in *Ernst/Zinkahn/Bielenberg*, § 171 f Rn. 2; *Reidt* in *Battis/Krautzberger/Löhr*, § 171 f Rn. 1. Eine ausführliche Zusammenfassung der einzelnen Landesgesetze findet sich bei *Möller/Ohlendorf* in *Schrödter*, § 171 f Rn. 18 ff.
641 Zur Durchführung *Krautzberger/Richter* in *Ernst/Zinkahn/Bielenberg*, § 171 f Rn. 15 ff.
642 *Möller/Ohlendorf* in *Schrödter*, § 171 f Rn. 11.

Kapitel 7 Ortsbildschutz in der Praxis – alternative Umsetzungsmöglichkeiten

den betroffenen Grundstückseigentümern und Gewerbetreibenden eine Sonderabgabe erhoben.[643] Inhalt des umzusetzenden Konzepts können insbesondere auch gestalterische Maßnahmen sein.[644] Kompetenzprobleme bestehen hinsichtlich der Landesregelungen und § 171f BauGB nicht. Bei § 171f BauGB handelt es sich aus kompetenzrechtlicher Sicht um eine weit gefasste Öffnungsklausel gegenüber landesrechtlichen Regelungen, sodass der Bund hier von seiner konkurrierenden Gesetzgebungskompetenz für das Bodenrecht nicht abschließend Gebrauch gemacht hat.[645]

C. Gestaltungsbeiräte und Gestaltungshandbücher

Eine weitere Möglichkeit zur Sicherung gestalterischer Qualität stellen die sogenannten Gestaltungsbeiräte dar. Hierbei handelt es sich um von der Gemeindevertretung berufene Ausschüsse, die sowohl mit Fachleuten als auch mit Laien besetzt sein und beratend oder als Sachverständige nach § 26 Abs. 1 S. 2 Nr. 2 VwVfG[646] sowohl im Planungs- als auch im Genehmi-

---

643 Die Erhebung der Abgabe dient dazu, sog. Trittbrettfahrer zu vermeiden, die von der Aufwertung des Gebiets profitieren, sich aber an den Kosten nicht beteiligen, *Krautzberger/Richter* in *Ernst/Zinkahn/Bielenberg*, § 171f Rn. 13; *Möller/Ohlendorf* in *Schrödter*, § 171f Rn. 14; *Kersten*, UPR 2007, S. 121 (121). Zu verschiedenen Möglichkeiten der Ausgestaltung einer solchen Abgabe *Fieseler* in *Krautzberger*, § 171f BauGB Rn. 21. Zur Rechtmäßigkeit derartiger Sonderabgaben bei BIPs OVG Hamburg, Urteil vom 27.08.2010, - 1 Bf 149/09 -, ZfBR 2010, S. 53 (53 ff.), zusammengefasst bei *Fieseler* in *Krautzberger*, § 171f BauGB Rn. 24 sowie ausführlich *Schmitz*, Private Initiativen und Stadtentwicklung – zum neuen § 171f BauGB in *Battis/Söfker/Stüer*, Nachhaltige Stadt- und Raumentwicklung S. 370 ff.

644 *Krautzberger/Richter* in *Ernst/Zinkahn/Bielenberg*, § 171f Rn. 16; *Kersten*, UPR 2007, S. 121 (122).

645 *Möller/Ohlendorf* in *Schrödter*, § 171f Rn. 2; *Schmitz*, Private Initiativen und Stadtentwicklung – zum neuen § 171f BauGB in *Battis/Söfker/Stüer*, Nachhaltige Stadt- und Raumentwicklung S. 364; *Hecker*, Business Improvement Districts in Deutschland S. 119 f. Es waren gerade kompetenzrechtliche Unsicherheiten, die den Gesetzgeber zur Normierung des § 171f BauGB bewogen, *Fieseler* in *Krautzberger*, § 171f BauGB Rn. 2f.; *Krautzberger/Richter* in *Ernst/Zinkahn/Bielenberg*, § 171f Rn. 3; *Reidt* in *Battis/Krautzberger/Löhr*, § 171f Rn. 1; *Schmitz*, Private Initiativen und Stadtentwicklung – zum neuen § 171f BauGB in *Battis/Söfker/Stüer*, Nachhaltige Stadt- und Raumentwicklung S. 362 ff.; *Hecker*, Business Improvement Districts in Deutschland S. 38 f. Siehe hierzu auch die Begründung des entspr. Gesetzesentwurfs, BT-Drs. 16/3308 S. 19.

646 Spezialgesetzlich geregelt in § 47 Abs. 2 BW LBO; § 53 Abs. 4 Hes BauO; § 58 Abs. 5 BauO NRW, vgl. *Kollmann*, Die Behandlung von Anlagen der Außenwerbung im öffentlichen Baurecht S. 392.

C. Gestaltungsbeiräte und Gestaltungshandbücher

gungsverfahren mitwirken können.[647] Bei Zulässigkeitsfragen in Bezug auf eine konkrete Anlage können Gestaltungsbeiräte dazu beitragen, zu einem höheren Maß an Objektivität bei der Bewertung gestalterischer Wirkungen baulicher Anlagen zu gelangen.[648] So können Gestaltungsbeiräte beispielsweise damit beauftragt werden, der Frage nachzugehen, ob und inwiefern eine bauliche Anlage das Ortsbild nach § 34 Abs. 1 S. 2 2. HS BauGB beeinträchtigt oder nach den Landesbauordnungen verunstaltet.[649] Darüber hinaus können Gestaltungsbeiräte im Rahmen von Bebauungsplanaufstellungsverfahren mitwirken. Außerdem kann der Vertragspartner der

---

647 Zu den Gestaltungsbeiräten ausführlich *Wiechert/Sander* in *Große-Suchsdorf*, § 10 Rn. 55 ff.; *Kollmann*, Die Behandlung von Anlagen der Außenwerbung im öffentlichen Baurecht S. 391 ff; *Müller*, Das bauordnungsrechtliche Verunstaltungsverbot S. 179 ff.; *Volkert*, Baukultur S. 213 ff. Als Beispiel für die Zuständigkeiten eines Gestaltungsbeirats kann § 4 der Geschäftsordnung des Gestaltungsbeirats der Stadt Stuttgart vom 11.11.2016 in der Fassung vom 24.04.2018 herangezogen werden. § 4 lautet:
(1) Durch den Gestaltungsbeirat werden Vorhaben und Projekte beurteilt, die für die Stadtentwicklung, den Städtebau und die Architektur von Bedeutung sind.
(2) Der Gestaltungsbeirat kann auf Vorschlag des Referats für Städtebau und Umwelt, auf Antrag einer Bauherrschaft, auf Vorschlag der Ausschüsse des Gemeinderats und auf eigenen Wunsch befasst werden.
(3) Vorhaben und Projekte, die aus einem Wettbewerb oder sonstigen konkurrierenden Entwurfsverfahren hervorgegangen sind, fallen dann in die Zuständigkeit des Beirates, wenn sie vom prämierten Projekt wesentlich abweichen. Der Gestaltungsbeirat kann zur Sicherung der Qualität auf Vorschlag des Referats für Städtebau und Umwelt in der weiteren Planung beteiligt werden.
(4) Der Gestaltungsbeirat kann auf Vorschlag des Referats für Städtebau und Umwelt an Wettbewerben und sonstigen konkurrierenden Entwurfsverfahren beratend beteiligt werden.
Kritisch zur Zusammensetzung von Gestaltungsbeiräten *Birk*, Städtebauliche Verträge Rn. 468. Insgesamt kritisch *Troidl*, BayVBl 2004, S. 321. In verschiedenen Gesprächen mit Rechtsanwälten und in der Bauverwaltung Tätigen überwog ebenfalls die Kritik an Gestaltungsbeiräten. Kritisiert wurde insbesondere eine Verfahrensverzögerung durch die Beteiligung der Beiräte sowie intransparente Beurteilungskriterien.
648 *Müller*, Das bauordnungsrechtliche Verunstaltungsverbot S. 178.
649 *Dirnberger* in *Busse/Kraus*, Art. 8 Rn. 61; *Wiechert/Sander* in *Große-Suchsdorf*, § 10 Rn. 391 ff.; *Kollmann*, Die Behandlung von Anlagen der Außenwerbung im öffentlichen Baurecht S. 393 f. Der Gestaltungsbeirat wird aber ausschließlich beratend tätig. Die eigentliche Entscheidung über das Vorliegen der Tatbestandsvoraussetzungen bleibt den zuständigen Baurechtsbehörden überlassen, *Müller*, Das bauordnungsrechtliche Verunstaltungsverbot S. 181.

Kapitel 7 Ortsbildschutz in der Praxis – alternative Umsetzungsmöglichkeiten

Gemeinde in einem städtebaulichen Vertrag dazu verpflichtet werden, die Gestaltung des Vorhabens mit dem Gestaltungsbeirat abzustimmen.[650]

Im Übrigen kommt die Steuerung der Gestaltung baulicher Anlagen mittels sogenannter Gestaltungsfibeln oder Gestaltungshandbücher in Betracht. Hierbei handelt es sich um unverbindliche Vorschläge und Empfehlungen zur Gestaltung baulicher Anlagen in bestimmten Teilen des Gemeindegebiets, insbesondere in Neubaugebieten.[651]

---

650 *Krautzberger* in *Ernst/Zinkahn/Bielenberg*, § 11 Rn. 143c; *Wiechert/Sander* in *Große-Suchsdorf*, § 10 Rn. 58; *Birk*, Städtebauliche Verträge Rn. 468; *Burmeister*, Praxishandbuch Städtebauliche Verträge Rn. 144.
651 *Müller*, Das bauordnungsrechtliche Verunstaltungsverbot S. 162. Siehe hierzu die S. 52 ff. des Ratgebers „Kommunale Kompetenz Baukultur Werkzeugkasten der Qualitätssicherung" des damaligen Bundesministeriums für Verkehr, Bau und Stadtentwicklung aus dem Jahr 2012, abrufbar unter https://d-nb.info/1030578516/34, zuletzt abgerufen am 25.05.2024. Exemplarisch das Gestaltungshandbuch der Stadt Sindelfingen für das Wohngebiet Allmendäcker II, abrufbar unter https://www.sindelfingen.de/site/Sindelfingen-Internet/get/params_E1063123442/15756995/Gestaltungshandbuch_Allmendaecker-II.pdf, zuletzt abgerufen am 25.05.2024.

Zusammenfassung und Schluss

Das Ziel der Arbeit war es zu klären, wie baurechtliche, insbesondere das Ortsbild schützende und gestaltende Regelungen möglichst trennscharf entweder der Bundes- oder der Landeskompetenz für das öffentliche Baurecht zugeordnet werden können. Vorbereitend wurde in Teil 1 ermittelt, weswegen gerade ortsbildschützende und ortsbildgestaltende Regelungen besonders schwierige kompetenzrechtliche Probleme hervorrufen. Hierzu wurde definiert, was ein Ortsbild im baurechtlichen Sinne ist und wie es entsteht. Dazu wurde der Begriff des Ortsbildes zunächst von anderen im Zusammenhang stehenden Begriffen, nämlich dem des Landschaftsbildes, des Straßenbilds, der städtebaulichen Gestalt und der Baukultur abgegrenzt. Anschließend wurde gezeigt, wann ein Ort im Sinne des Ortsbildes besteht und woraus sich dessen Bild ergibt. Dabei wurde festgestellt, dass der Ort einen bestimmten Platz innerhalb eines Bebauungszusammenhangs meint und nicht ganze Ortschaften oder gar Städte. Das Bild des Ortes ergibt sich aus dem Zusammenwirken baulicher Merkmale, die aufgrund ihrer Qualität und ihrer Quantität die Bebauung als Einheit erscheinen lassen. Gerade aus der Vielzahl denkbarer ortsbildbegründender Gebäudemerkmale resultiert auch die kompetenzrechtliche Problematik ortsbildschützender und ortsbildgestaltender Regelungen, da die kompetenzkonforme Auslegung ortsbildschützender und ortsbildgestaltender Regelungen in Rechtsprechung und Literatur größtenteils auf Rechtsfolgenebene unter Differenzierung zwischen den einzelnen zu regelnden Bebauungsmerkmalen erfolgt. Darüber hinaus wird in Teilen aber auch schon auf Tatbestandsebene zwischen unterschiedlichen Ortsbildbegriffen unterschieden. Insofern erfolgt eine doppelte kompetenzkonforme Auslegung der genannten Regelungen, die die Anwendungsprobleme ortsbildschützender und ortsbildgestaltender Regelungen noch verschärft.

In Teil 2 der Arbeit sollte zur Lösung dieser kompetenzrechtlichen Probleme eine Methodik entwickelt werden, wie ortsbildschützende und ortsbildgestaltende Regelungen möglichst eindeutig entweder der Bundes- oder der Landeskompetenz für das öffentliche Baurecht zugeordnet werden können. Dazu wurden zunächst das grundgesetzliche Kompetenzgefüge und der Vorgang der kompetenziellen Qualifikation von Normen dargestellt. Darauf folgend wurde ausgehend vom Baurechtsgutachten des Bun-

Zusammenfassung und Schluss

desverfassungsgerichts dargestellt, wo nach herrschender Auffassung die Trennlinien zwischen der Bundes- und der Landeskompetenz für das öffentliche Baurecht liegen und wie baurechtliche Regelungen der jeweiligen Gesetzgebungskompetenz zuzuordnen sind. Dabei wurde festgestellt, dass die Zuordnung baurechtlicher Normen nach der herrschenden, finalen Auffassung anhand des von der Regelung verfolgten Zwecks erfolgt.

Danach wurde diese Auffassung ausgehend von der Methode der kompetenziellen Qualifikation überprüft. Hier wurde zunächst der Inhalt des Kompetenztitels für das Bodenrecht nach Art. 74 Abs. 1 Nr. 18 GG ermittelt. Dabei wurde anhand einer systematischen Auslegung sowie anhand der Debatten des Ausschusses für Zuständigkeitsabgrenzung des Parlamentarischen Rates das Verhältnis des Bodenrechts zu sachlich und systematisch angrenzenden Materien wie dem Recht der Enteignung, dem Recht des Naturschutzes und der Landschaftspflege, der Bodenverteilung, der Raumordnung, dem Baurecht und dem Planungsrecht klargestellt. Außerdem wurde versucht, den Inhalt des Kompetenztitels unter Berücksichtigung seines Zwecks und seiner Entwicklungsgeschichte, ausgehend von der sogenannten Bodenreformbewegung über die Normierung des Kompetenztitels für das Bodenrecht in Art. 10 Nr. 4 und Art. 155 WRV hin zur Schaffung des konkurrierenden Kompetenztitels nach Art. 74 Abs. 1 Nr. 18 GG, zu schärfen. Als Ergebnis stellte sich heraus, dass bodenrechtlich solche Regelungen sind, die das Eigentum an und die wirtschaftliche Nutzung von Grundstücken zu Gunsten von Interessen der Allgemeinheit beschränken.

Im Anschluss wurde bestimmt, welche Gesetzgebungskompetenz auf dem Gebiet des öffentlichen Baurechts den Landesgesetzgebern verbleibt. Den Untersuchungen wurde zunächst die Auffassung des Bundesverfassungsgerichts und der herrschenden Meinung zugrunde gelegt, wonach das „Baupolizeirecht im herkömmlichen Sinne" in die Kompetenz der Landesgesetzgeber falle. Diese Auffassung stellte sich als unzutreffend heraus. Zum einen handelte es sich bei der Materie Baupolizeirecht historisch nicht um materielles Polizeirecht, da das Baupolizeirecht neben der Gefahrenabwehr auch zahlreiche andere Ziele verfolgte, beispielsweise die Sicherung gesunder Wohn- und Arbeitsverhältnisse, die Gewährleistung von Mobilität durch Schaffung von Straßen und die Sicherstellung einer ästhetischen Gestaltung der Bebauung. Darüber hinaus ließ sich in den historischen Baugesetzen und Gesetzesentwürfen weder die Trennung eines Baupolizeirechts von einem Planungsrecht noch eines Baupolizeirechts vom sonstigen Baurecht feststellen. Für die Aufteilung der Gesetzgebungskompetenz zwischen Bund und Ländern bedeutet dies, dass den Landesgesetzgebern

Zusammenfassung und Schluss

all diejenigen Regelungen verbleiben, die sich weder der Kompetenz für das Bodenrecht noch einer sonstigen Gesetzgebungskompetenz des Bundes zuordnen lassen oder hinsichtlich derer der Bundesgesetzgeber von seiner konkurrierenden Gesetzgebungskompetenz nicht oder nicht abschließend Gebrauch gemacht hat.

Nach der Absteckung der Kompetenzbereiche wurde der finale Zuordnungsansatz auf seine Tauglichkeit zur Abgrenzung bundes- und landesrechtlich-baurechtlicher Regelungen überprüft. Hier stellte sich heraus, dass eine Zuordnung nach dem Regelungszweck schon daran scheitert, dass sich die Bundes- und die Landeskompetenz für das Baurecht hinsichtlich ihrer Zweckrichtung nicht unterscheiden. Die Zuordnung hat vielmehr auf Rechtsfolgenseite nach dem Regelungsgegenstand und damit nach dem aufgegebenen Tun, Dulden oder Unterlassen, also der konkret vorgesehenen Rechtsfolge zu erfolgen. Eine Regelung ist demnach dann dem Kompetenztitel für das Bodenrecht zuzuordnen, wenn durch sie die wirtschaftliche Ausnutzung des Grundstücks beschränkt wird.

In Teil 3 wurden auf Grundlage des in Teil 2 gefundenen Ergebnisses ortsbildschützende und ortsbildgestaltende Normen im BauGB und den Landesbauordnungen kompetenziell qualifiziert. Hierfür wurden auf Planungsebene die Festsetzungsmöglichkeiten in Bebauungsplänen und Regelungsmöglichkeiten durch örtliche Bauvorschriften, auf Zulässigkeitsebene die §§ 34 Abs. 1 S. 2 2. HS, 35 Abs. 3 S. 1 Nr. 5 BauGB und die Verunstaltungsverbote der Länder sowie auf Eingriffsebene die Instandsetzungs- und Rückbaugebote nach § 177 Abs. 1 S. 1 2. Alt, Abs. 3 S. 1 Nr. 2 BauGB und § 179 Abs. 1 S. 1 Nr. 2 BauGB und auf Landesebene die verschiedenen Ermächtigungsgrundlagen zum Erlass von Rückbau- und Instandsetzungsgeboten herangezogen. Dabei konnten einige kompetenzwidrig erlassene Normen ermittelt werden. Außerdem wurde versucht, die Folgen einer kompetenzkonformen Auslegung der Regelungen für die Rechtsanwendung herauszuarbeiten. Abschließend wurden alternative Möglichkeiten aufgezeigt, durch die vor allem Gemeinden Einfluss auf die Gestaltung und den Schutz von Ortsbildern nehmen können. Beleuchtet wurde hier der Abschluss städtebaulicher Verträge, die Schaffung sogenannter Business Improvement Districts, die Beteiligung von Gestaltungsbeiräten und die Ausgabe von Gestaltungshandbüchern.

Die kompetenzielle Zuordnung baurechtlicher, insbesondere ortsbildschützender und ortsbildgestaltender Regelungen entweder zur Bundes- oder zur Landeskompetenz bleibt – auch unter Zugrundelegung der hier vertretenen Auffassung – nicht einfach. Der grundgesetzlichen Kompetenz-

Zusammenfassung und Schluss

verteilung lässt es sich nicht eindeutig entnehmen, ob beispielsweise die Aufstellung einer Werbeanlage ab einer Größe von DIN A3, DIN A2 oder erst DIN A1 eine wirtschaftliche Ausnutzung des Grundstücks darstellt und damit der konkurrierenden Bodenrechtskompetenz des Bundes unterfällt. Auch bei Dachgauben stellt sich weiterhin die Frage, ab exakt welcher Größe sie der konkurrierenden Bundeskompetenz unterfallen. Durch den hier gefundenen Zuordnungsansatz wird die Rechtsanwendung aber dadurch vereinfacht, dass derartige Fragen verallgemeinernd beantwortet und höchstrichterlich geklärt werden können. Die sehr einzelfallbezogene Frage, welches Ziel die konkrete Regelung verfolgt, bleibt dagegen außen vor. Auf eine doppelte Prüfung der Kompetenzmäßigkeit auf Rechtsfolgen- und Tatbestandsseite kann verzichtet werden. Insofern kann der hier vertretene Ansatz dazu beitragen, kompetenzrechtliche Fehler der Rechtsanwender – namentlich von Baurechtsbehörden und planenden Gemeinden – zu verhindern und damit die Rechtssicherheit zu erhöhen. Die Trennung des „siamesischen Zwillings öffentliches Baurecht" erscheint damit jedenfalls etwas weniger gefährlich.

Abbildungsverzeichnis

Abb. 1: Der Karlsruher Stadtteil Beiertheim
Quelle: Google; GeoBasis-DE/BKG (©)

Abb. 2: Südseite der Bebauung entlang der Ebertstraße

Abbildungsverzeichnis

Abb. 3: Gründerzeitbauten entlang der Gebhardstraße

Abb. 4: Giebelständige Fachwerkhäuser entlang der Breiten Straße

Abbildungsverzeichnis

Abb. 5: Das Umspannwerk Süd im Neubruchweg

Abb. 6 Ile de la Cité und Ile Saint-Louis: zwei Insel in der Pariser Innenstadt
Quelle: Google

Abbildungsverzeichnis

Abb. 7: Die Südseite der Ile Saint-Louis, aufgenommen von der Pont de Sully. Die Einheitlichkeit der Bebauung entsteht hier durch eine vergleichbare Gebäudehöhe, Mansarddächer und ähnliche Elemente in der Fassadengestaltung wie Sprossenfenster, Klappläden und schmiedeeiserne Geländer.

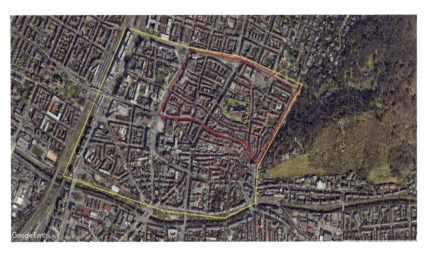

Abb. 8: Die Freiburger Innenstadt
Quelle: Google; GeoBasis-DE/BKG (©)

Literaturverzeichnis

Ahlers, Jürgen, Die Sozialisierung von Grund und Boden, München 1982

Akademie für Raumforschung und Landesplanung, Raumplanung – Entwicklungsplanung, Hannover 1972

Albers, Gerd/Wékel, Julian, Stadtplanung, 4. Auflage Darmstadt 2021

Anschütz, Gerhard, Die Verfassung des Deutschen Reichs vom 11. August 1919, 14. Auflage Berlin 1933

Anschütz, Gerhard/Thoma, Richard, Handbuch des deutschen Staatsrechts Band 1, Tübingen 1930

Baldus, Manfred, Streitkräfteeinsatz zur Gefahrenabwehr im Luftraum Sind die neuen luftsicherheitsgesetzlichen Befugnisse der Bundeswehr kompetenz- und grundrechtswidrig?, NVwZ 2004, S. 1278

Balensiefen, Gotthold Alexander, Kommentierung zu § 74 in *Spannowsky/Uechtritz*, BeckOK Bauordnungsrecht Baden-Württemberg, 24. Edition München 2023

Baltz, Constanz, Preußisches Baupolizeirecht, Berlin 1905

Bank, Wilfried J., Kommentierung zu § 11 in *Brügelmann*, Baugesetzbuch Kommentar, 125. Aktualisierung Stuttgart 2023

Bank, Wilfried J., Kommentierung zu § 172 in *Brügelmann*, Baugesetzbuch Kommentar, 125. Aktualisierung Stuttgart 2023

Bank, Wilfried J., Kommentierung zu § 177 in *Brügelmann*, Baugesetzbuch Kommentar, 125. Aktualisierung Stuttgart 2023

Battis, Ulrich, Baukultur – Operationalisierung eines Rechtsbegriffs, DÖV 2015, S. 508

Battis, Ulrich, Einleitung in *Battis/Krautzberger/Löhr*, Baugesetzbuch Kommentar, 15. Auflage München 2022

Battis, Ulrich, Kommentierung zu § 1 in *Battis/Krautzberger/Löhr*, Baugesetzbuch Kommentar, 15. Auflage München 2022

Battis, Ulrich, Öffentliches Baurecht und Raumordnungsrecht, 8. Auflage Stuttgart 2022

Battis, Ulrich/Krautzberger, Michael/Löhr, Rolf-Peter, Baugesetzbuch Kommentar, 15. Auflage München 2022

Battis, Ulrich/Söfker, Wilhelm/Stüer, Bernhard, Nachhaltige Stadt- und Raumentwicklung, München 2008

Bauer, Hartmut, 100 Jahre Allgemeines Baugesetz Sachsen, Stuttgart, München 2000

Birk, Hans-Jörg, Bauplanungsrecht in der Praxis – Handbuch, 6. Auflage Stuttgart, München 2015

Birk, Hans-Jörg, Städtebauliche Verträge, 6. Auflage Stuttgart, München 2022

Boeddinghaus, Gerhard, Probleme mit der Gestaltung des Ortsbilds nach den bundesrechtlichen und landesrechtlichen Vorschriften, BauR 2001, S. 1675

Literaturverzeichnis

Bott, Helmut, Stadtbau und Gebäudetypologie im Entwurf in *Bott/Jessen/Pesch*, Lehrbausteine Städtebau, 6. Auflage Stuttgart 2010

Bott, Helmut/Jessen, Johann/Pesch, Franz, Lehrbausteine Städtebau, 6. Auflage Stuttgart 2010

Bracher, Christian-Dietrich/Reidt, Olaf/Schiller, Gernot, Bauplanungsrecht, 9. Auflage Köln 2022

Brandt, Edmund, Gesetzgebungskompetenz für ein Bundes-Bodenschutzgesetz, DÖV 1985, S. 675

Braun, Adolf, Berliner Wohnungs-Verhältnisse in *Schippel*, Berliner Arbeiter-Bibliothek, Berlin 1894

Braun Binder, Nadja, Kommentierung zu Art. 74 Abs. 1 Nr. 18 in *Friauf/Höfling*, Berliner Kommentar zum Grundgesetz, Berlin April 2023

Breuer, Rüdiger, Die Entstehungsgeschichte eines modernen Städtebaurechts in Deutschland, Die Verwaltung 1986, S. 305

Breuer, Rüdiger, Die Bodennutzung im Konflikt zwischen Städtebau und Eigentumsgarantie, München 1976

Breuer, Rüdiger, Das sächsische Baurecht und die baurechtliche Entwicklung in anderen deutschen Staaten während des 19. Jahrhunderts in *Bauer*, 100 Jahre Allgemeines Baugesetz Sachsen, Stuttgart, München 2000

Breyer, Erich, Kommentierung zu § 5 in *Große-Suchsdorf*, Niedersächsische Bauordnung, 10. Auflage München 2020

Broemel, Roland, Kommentierung zu Art. 70 in *v. Münch/Kunig*, Grundgesetz Kommentar Band 2, 7. Auflage München 2021

Broemel, Roland, Kommentierung zu Art. 74 in *v. Münch/Kunig*, Grundgesetz Kommentar Band 2, 7. Auflage München 2021

Brohm, Winfried, Kompetenzüberschneidungen im Bundesstaat, DÖV 1983, S. 525

Brügelmann, Hermann, Baugesetzbuch Kommentar, 125. Aktualisierung Stuttgart 2023

Buch, Ulrich von, Die Gesetzgebungskompetenz für das Bundes-Bodenschutzgesetz, NVwZ 1998, S. 822

Bucher, Peter, Der Parlamentarische Rat 1948–1949 Band 2, München 1981

Buff, Albert, Bauordnung im Wandel, München 1971

Burgi, Martin/Dreher, Meinrad, Beck`scher Vergaberechtskommentar Band 2, 3. Auflage München 2019

Burmeister, Thomas, Praxishandbuch Städtebauliche Verträge, 4. Auflage Bonn 2019

Burshille, Lars, Öffentliche Beschaffung durch Planungswettbewerbe, 1. Auflage Baden-Baden 2017

Busse, Jürgen, Kommentierung zu Art. 81 in *Busse/Dirnberger*, Die neue Bayerische Bauordnung, 7. Auflage Heidelberg 2021

Busse, Jürgen/Dirnberger, Franz, Die neue Bayerische Bauordnung, 7. Auflage Heidelberg 2021

Busse, Jürgen/Kraus, Stefan, Bayerische Bauordnung Kommentar, 149. Ergänzungslieferung München 2023

Canaris, Claus-Wilhelm, Die verfassungskonforme Auslegung und Rechtsfortbildung im System der juristischen Methodenlehre in *Honsell/Zäch/Hasenböhler/Harrer/Rhinow*, Privatrecht und Methode Festschrift für Ernst A. Kramer, Basel 2004

Chilla, Tobias/Stephan, Alexander/Röger, Ralf/Radtke, Ulrich, Fassadenbegrünung als Instrument einer nachhaltigen Stadtentwicklung – Rechtsfragen und Perspektive, ZuR 2002, S. 249

Curdes, Gerhard, Stadtstruktur und Stadtgestaltung, 2. Auflage Stuttgart 1997

Curdes, Gerhard/Haase, Albert/Rodriguez-Lores, Juan, Stadtstruktur, Stabilität und Wandel: Beiträge zur stadtmorphologischen Diskussion, Köln 1989

Damaschke, Adolf, Die Bodenreform, 20. Auflage Jena 1923

Däuper, Olaf/Braun, Frederik, Städtebauliche Gestaltungsoptionen für eine nachhaltige Quartiersentwicklung, KommJur 2022, S. 165

Decker, Andreas, Kommentierung zu § 1 in *Schlichter/Stich/Driehaus/Paetow*, Berliner Kommentar zum Baugesetzbuch, 60. Lieferung Köln, München 2023

Decker, Andreas, Kommentierung zu § 81 in *Busse/Kraus*, Bayerische Bauordnung Kommentar, 149. Ergänzungslieferung München 2023

Decker, Andreas, Kommentierung zu § 9 in *Schlichter/Stich/Driehaus/Paetow*, Berliner Kommentar zum Baugesetzbuch, 60. Lieferung Köln, München 2023

Dederer, Hans-Georg, Kommentierung zu Art. 74 Abs. 1 Nr. 14 in *Kahl/Waldhoff/Walter*, Bonner Kommentar zum Grundgesetz, 219. Aktualisierung Heidelberg 2023

Degenhart, Christoph, Kommentierung zu Art. 70 in *Sachs*, Grundgesetz Kommentar, 9. Auflage München 2021

Degenhart, Christoph, Kommentierung zu Art. 74 in *Sachs*, Grundgesetz Kommentar, 9. Auflage München 2021

Demmer, Karl-Friedrich, Zur Neugestaltung des Bodenrechts als Grundlage für Planung und Ausbau, Der Bauhelfer 1948, S. 451

Depenheuer, Otto/Froese, Judith, Kommentierung zu Art. 14 in *v. Mangoldt/Klein/Starck*, Grundgesetz Kommentar Band 1, 7. Auflage München 2018

Deppert, Katharina, Die Rechtsstellung des Dritten im Baugenehmigungsverfahren in *Ebenroth/Hesselberger/Rinne*, Verantwortung und Gestaltung Festschrift für Karlheinz Boujong, München 1996

Dierkes, Mathias, Gemeindliche Satzungen als Instrumente der Stadterhaltung und -gestaltung, Berlin 2019

Dirnberger, Franz, Kommentierung zu § 1 in *Jäde/Dirnberger/Weiß*, BauGB BauNVO Kommentar, 10. Auflage Stuttgart 2022

Dirnberger, Franz, Kommentierung zu § 1 in *Spannowsky/Uechtritz*, Baugesetzbuch Kommentar, 58. Edition München 2023

Dirnberger, Franz, Kommentierung zu Art. 8 in *Busse/Kraus*, Bayerische Bauordnung Kommentar, 149. Ergänzungslieferung München 2023

Dittus, Wilhelm, Baupolizei?, DVBl 1956, S. 249

Dittus, Wilhelm, Baurecht im Werden, München 1951

Dittus, Wilhelm, Das Bodenrechtsproblem, die zentrale Frage des künftigen Städtebaus in *Dittus*, Baurecht im Werden, München 1951

Literaturverzeichnis

Dittus, Wilhelm, Städtebaurecht und Bodenreform in *Dittus*, Baurecht im Werden, München 1951

Drechsler, Stefan, (Re-)Konstruktion des Systems der Gesetzgebungskompetenzen, Der Staat 2022, S. 261

Dreier, Horst/Bauer, Hartmut/Britz, Gabriele, Grundgesetz Kommentar, 3. Auflage München, Tübingen 2013

Dreier, Wilhelm, Raumordnung als Bodeneigentums- und Bodennutzungsordnung, Köln 1968

Dürig, Günter/Herzog, Roman/Scholz, Rupert/Herdegen, Matthias, Grundgesetz Kommentar, 99. Ergänzungslieferung München 2022

Dürr, Hansjochen, Nachbarschutz im öffentlichen Baurecht, KommJur 2005, S. 201

Dürr, Hansjochen, Kommentierung zu § 29 in *Brügelmann*, Baugesetzbuch Kommentar, 125. Aktualisierung Stuttgart 2023

Dürr, Hansjochen, Kommentierung zu § 34 in *Brügelmann*, Baugesetzbuch Kommentar, 125. Aktualisierung Stuttgart 2023

Dürr, Hansjochen, Kommentierung zu § 35 in *Brügelmann*, Baugesetzbuch Kommentar, 125. Aktualisierung Stuttgart 2023

Dürr, Hansjochen/Leven, Dagmar/Speckmaier, Sabine, Baurecht Baden-Württemberg, 17. Auflage Baden-Baden 2021

Ebenroth, Carsten Thomas/Hesselberger, Dieter/Rinne, Manfred Eberhard, Verantwortung und Gestaltung Festschrift für Karlheinz Boujong, München 1996

Eberl, Wolfgang, Das Recht des Denkmalschutzes in der Bundesrepublik Deutschland und seine Beziehungen zum Städtebau, BayVBl 1980, S. 711

Eberstadt, Rudolf, Handbuch des Wohnungswesens und der Wohnungsfrage, Jena 1920

Eberstadt, Rudolf, Das Wohnungswesen, Leipzig 1922

Eidloth, Volkmar, Altstädte als Gesamtanlagen, DPflBW 2004, S. 131

Engisch, Karl, Einführung in das juristische Denken, 12. Auflage Stuttgart 2018

Ennuschat, Jörg/Ibler, Martin/Remmert, Barbara, Öffentliches Recht in Baden-Württemberg, 4. Auflage München 2022

Epping, Volker/Hillgruber, Christian, BeckOK Grundgesetz, 55. Edition München 2023

Erbguth, Wilfried, Bundesstaatliche Kompetenzverteilung im Bereich der Gesetzgebung, DVBl 1988, S. 317

Erbguth, Wilfried, Rechtliche Abgrenzungsfragen bei der Stadterhaltung, DVBl 1985, S. 1352

Erbguth, Wilfried/Schubert, Mathias, Öffentliches Baurecht, 6. Auflage Berlin 2015

Erbguth, Wilfried/Stollmann, Frank, Zum Stand des Bodenschutzrechts – dargestellt am Beispiel der Altlastenproblematik, NuR 1994, S. 319

Erman, Heinrich, Kommentierung zu Art. 155 in *Nipperdey*, Die Grundrechte und Grundpflichten der Reichsverfassung Dritter Band, Berlin 1930

Ernst, Werner, Die Bundeskompetenz für das Bau- und Bodenrecht, DVBl 1955, S. 410

Ernst, Werner/Zinkahn, Willy/Bielenberg, Walter, BauGB Kommentar, 149. Ergänzungslieferung München 2023

Fickert, Hans Carl/Fieseler, Herbert, Baunutzungsverordnung, 13. Auflage Stuttgart 2018

Fieseler, Herbert, Kommentierung zu § 171 f BauGB in *Krautzberger*, Städtebauförderungsrecht, München 2006

Floßmann, Ursula, Eigentumsbegriff und Bodenordnung im historischen Wandel, Linz 1976

Friauf, Karl Heinrich/Höfling, Wolfram, Berliner Kommentar zum Grundgesetz, Berlin April 2023

Fuchs, Tine, Business Improvement Districts (BIDs) – vereinbar mit Landes-, Bundes- und Europarecht, ZfBR 2011, S. 211

Gaentzsch, Günter, Baugesetzbuch, Stuttgart 1991

Geist, Johann Friedrich/Kürvers, Klaus, Das Berliner Mietshaus 1862–1945, München 1984

Gierke, Hans-Georg, Kommentierung zu § 1 in *Brügelmann*, Baugesetzbuch Kommentar, 125. Aktualisierung Stuttgart 2023

Gierke, Hans-Georg, Kommentierung zu § 9 in *Brügelmann*, Baugesetzbuch Kommentar, 125. Aktualisierung Stuttgart 2023

Giese, Friedrich, Die Bundeskompetenz zur Regelung des Bauwesens, AöR 80, S. 212

Giese, Friedrich, Reichsverfassung, 5. Auflage Berlin 1923

Göderitz, Johannes/Blunck, Wilhelm, Das Aufbaugesetz von Nordrhein-Westfalen, Göttingen 1951

Goldschmidt, Jürgen, Kapitel C Besonderes Städtebaurecht in *Hoppenberg/de Witt*, Handbuch des öffentlichen Baurechts Band 2, 59. Ergänzungslieferung München 2021

Große-Suchsdorf, Ulrich, Niedersächsische Bauordnung, 10. Auflage München 2020

Grünewald, Benedikt, Kommentierung zu Art. 81 in *Spannowsky/Mannssen*, BeckOK Bauordnungsrecht Bayern, 25. Edition München 2023

Grzeszick, Bernd, Kommentierung zu Art. 20 Abs. 3 in *Dürig/Herzog/Scholz/Herdegen*, Grundgesetz Kommentar, 99. Ergänzungslieferung München 2022

Gsell, Beate/Krüger, Wolfgang/Lorenz, Stephan/Reymann, Christoph, beck-online. Grosskommentar zum Zivilrecht, Stand 01.06.2023 München 2023

Guckelberger, Annette, Abbruch verfallender baulicher Anlagen, NVwZ 2010, S. 743

Haase, Albert, Phänomene städtischer Veränderungsprozesse in *Curdes/Haase/Rodriguez-Lores*, Stadtstruktur, Stabilität und Wandel: Beiträge zur stadtmorphologischen Diskussion, Köln 1989

Haaß, Bernhard, Bauplanungsrechtliche Regelungen im Gewande bauordnungsrechtlicher Vorschriften, NVwZ 2008, S. 252

Häberle, Peter, Entstehungsgeschichte der Artikel des Grundgesetzes, 2. Auflage Tübingen 2010

Hackenberg, Katharina, Baukultur in der kommunalen Praxis, Berlin 2014

Hahn, Marcus, Das Saarland im doppelten Strukturwandel 1956 – 1970, Merzig 2003

Halama, Günter, Kommentierung zu § 29 in *Schlichter/Stich/Driehaus/Paetow*, Berliner Kommentar zum Baugesetzbuch, 60. Lieferung Köln, München 2023

Literaturverzeichnis

Hecker, Mischa, Business Improvement Districts in Deutschland, 1. Auflage Berlin 2010

Hedemann, Justus Wilhelm, Die Fortschritte des Zivilrechts im XIX. Jahrhundert, Berlin 1930

Heintzen, Markus, Die Beidseitigkeit der Kompetenzverteilung im Bundesstaat, DVBl 1997, S. 689

Heintzen, Markus, Kommentierung zu Art. 70 in *Kahl/Waldhoff/Walter*, Bonner Kommentar zum Grundgesetz, 219. Aktualisierung Heidelberg 2023

Henke, Peter, Kommentierung zu § 9 in *Spannowsky/Saurenhaus*, BeckOK Bauordnungsrecht NRW, 14. Edititon 2023

Henke, Reginhard, Stadterhaltung durch Erhaltungssatzung nach § 39h BBauGB, DÖV 1983, S. 402

Henke, Reginhard, Stadterhaltung als kommunale Aufgabe, Berlin 1985

Herbst, Tobias, Gesetzgebungskompetenzen im Bundesstaat, Tübingen 2014

Heynitz, Jobst von, Votum für eine nutzer- und eigentumsfreundliche Reform des Bodenrechts, ZRP 1977, S. 230

Hirschelmann, Marcel, Die Verunstaltung des Orts- und Landschaftsbildes im Sinne des § 35 Abs. 3 Satz 1 Nr. 5 BauGB und ihre verfassungsrechtlichen Bezüge zur Kunst- und Glaubensfreiheit, Berlin 2020

Hofmann, Hans/Henneke, Hans-Günter, Kommentar zum Grundgesetz, 15. Auflage Köln 2022

Holch, Paul, Württembergische Bauordnung, 5. Auflage Stuttgart 1959

Hönes, Ernst-Rainer, Ausnahmen für Baudenkmäler oder sonstige besonders erhaltenswerte Bausubstanz nach § 24 Abs. 1 EnEV, UPR 2016, S. 11

Hönes, Ernst-Rainer, Was bringt die Erhaltungssatzung (§§ 172 bis 174 BauGB)?, DÖV 2021, S. 122

Honsell, Heinrich/Zäch, Roger/Hasenböhler, Franz/Harrer, Friedrich/Rhinow, René, Privatrecht und Methode Festschrift für Ernst A. Kramer, Basel 2004

Hoppenberg, Michael/de Witt, Siegfried, Handbuch des öffentlichen Baurechts Band 1, 59. Ergänzungslieferung München 2021

Hoppenberg, Michael/de Witt, Siegfried, Handbuch des öffentlichen Baurechts Band 2, 59. Ergänzungslieferung München 2021

Hornmann, Gerhard, Kapitel A Teil 1 Die formellen Zulässigkeitsvoraussetzungen in *Hoppenberg/de Witt*, Handbuch des öffentlichen Baurechts Band 1, 59. Ergänzungslieferung München 2021

Hornmann, Gerhard, Hessische Bauordnung, 4. Auflage München 2022

Hornmann, Gerhard, Kommentierung zu § 9 in *Hornmann*, Hessische Bauordnung, 4. Auflage München 2022

Hornmann, Gerhard, Kommentierung zu § 91 in *Hornmann*, Hessische Bauordnung, 4. Auflage München 2022

Hudemann, Rainer/Heinen, Armin, Das Saarland zwischen Frankreich, Deutschland und Europa, Saarbrücken 2007

Ibler, Martin, § 2 Polizeirecht in *Ennuschat/Ibler/Remmert*, Öffentliches Recht in Baden-Württemberg, 4. Auflage München 2022

Isensee, Josef, § 133 Die bundesstaatliche Kompetenz in *Isensee/Kirchhof*, Handbuch des Staatsrechts Band 6, 3. Auflage Heidelberg 2007

Isensee, Josef/Kirchhof, Paul, Handbuch des Staatsrechts Band 6, 3. Auflage Heidelberg 2007

Jäde, Henning, Bauordnungsrechtliche Schnittstellenprobleme des EAG Bau, ZfBR 2005, S. 135

Jäde, Henning, Die Entwicklung des Bauordnungsrechts 2011–2014, ZfBR 2015, S. 19

Jäde, Henning, Schnittpunkte Bauordnungsrecht und Bauplanungsrecht am Beispiel von Werbeanlagen, ZfBR 2010, S. 34

Jäde, Henning, Wie verfassungswidrig ist das Bauordnungsrecht, ZfBR 2006, S. 9

Jäde, Henning, Kommentierung zu § 29 in *Jäde/Dirnberger/Weiß*, BauGB BauNVO Kommentar, 10. Auflage Stuttgart 2022

Jäde, Henning/Dirnberger, Franz/Weiß, Joseph, BauGB BauNVO Kommentar, 10. Auflage Stuttgart 2022

Jarass, Hans D./Pieroth, Bodo, Grundgesetz für die Bundesrepublik Deutschland Kommentar, 17. Auflage München 2022

Jeromin, Curt M., Kommentierung zu § 29 in *Kröninger/Aschke/Jeromin*, Baugesetzbuch, 4. Auflage Baden-Baden 2018

Johlen, Heribert, Kommentierung zu § 34 in *Schlichter/Stich/Driehaus/Paetow*, Berliner Kommentar zum Baugesetzbuch, 60. Lieferung Köln, München 2023

Kahl, Wolfgang/Waldhoff, Christian/Walter, Christian, Bonner Kommentar zum Grundgesetz, 219. Aktualisierung Heidelberg 2023

Kapell, Nancy, Das Recht selbstbestimmter Baugestaltung, Frankfurt am Main, New York 2002

Kemper, Rolf, Kommentierung zu § 50 in *Spannowsky/Otto*, BeckOK Bauordnungsrecht Niedersachsen, 26. Edition München 2023

Kersten, Jens, Business Improvement Districts in der Bundesrepublik Deutschland, UPR 2007, S. 121

Kersten, Jens, Kapitel 3 Baurecht in *Schoch*, Besonderes Verwaltungsrecht, München 2018

Kingreen, Thorsten/Poscher, Ralf, Polizei- und Ordnungsrecht, 12. Auflage München 2022

Klein, Martin F. B., Kommunale Baugestaltungssatzungen, Köln 1992

Kment, Martin, Kommentierung zu Art. 70 in *Jarass/Pieroth*, Grundgesetz für die Bundesrepublik Deutschland Kommentar, 17. Auflage München 2022

Knauff, Matthias, Kommentierung zu Art. 74 Abs. 1 Nr. 18 in *Kahl/Waldhoff/Walter*, Bonner Kommentar zum Grundgesetz, 219. Aktualisierung Heidelberg 2023

Knauff, Matthias, Kommentierung zu Art. 74 Abs. 1 Nr. 31 in *Kahl/Waldhoff/Walter*, Bonner Kommentar zum Grundgesetz, 219. Aktualisierung Heidelberg 2023

Literaturverzeichnis

Kollmann, Manuel, Die Behandlung von Anlagen der Außenwerbung im öffentlichen Baurecht, 1. Auflage Saarbrücken 2018

König, Helmut/Roeser, Thomas/Stock, Jürgen/Petz, Helmut, Baunutzungsverordnung, 5. Auflage München 2022

Krämer, Tim, Kommentierung zu § 29 in *Spannowsky/Uechtritz*, Baugesetzbuch Kommentar, 58. Edition München 2023

Krautzberger, Michael, Städtebauförderungsrecht, München 2006

Krautzberger, Michael, Teil H II. Denkmal im Bauplanungsrecht in *Martin/Krautzberger*, Handbuch Denkmalschutz und Denkmalpflege, 5. Auflage München 2022

Krautzberger, Michael, Einleitung in *Ernst/Zinkahn/Bielenberg*, BauGB Kommentar, 149. Ergänzungslieferung München 2023

Krautzberger, Michael, Kommentierung zu § 11 in *Ernst/Zinkahn/Bielenberg*, BauGB Kommentar, 149. Ergänzungslieferung München 2023

Krautzberger, Michael, Kommentierung zu § 29 in *Ernst/Zinkahn/Bielenberg*, BauGB Kommentar, 149. Ergänzungslieferung München 2023

Krautzberger, Michael/Richter, Birgit, Kommentierung zu § 171 f in *Ernst/Zinkahn/Bielenberg*, BauGB Kommentar, 149. Ergänzungslieferung München 2023

Kroeschell, Karl, Das Kreuzberg-Urteil, VBlBW 1993, S. 268

Kröninger, Holger/Aschke, Manfred/Jeromin, Curt M., Baugesetzbuch, 4. Auflage Baden-Baden 2018

Kukk, Alexander, Kommentierung zu § 11 in *Schrödter*, Baugesetzbuch, 9. Auflage Baden-Baden 2019

Külpmann, Christoph, Kommentierung zu § 10 in *Ernst/Zinkahn/Bielenberg*, BauGB Kommentar, 149. Ergänzungslieferung München 2023

Kunig, Philip, Kommentierung zu Art. 70 in *v. Münch/Kunig*, Grundgesetz Kommentar Band 2, 6. Auflage München 2012

Kunkel-Razum, Kathrin, Duden, 28. Auflage Berlin 2020

Langguth, Niklas, Die Grenzen der Raumordnungsplanung, ZfBR 2011, S. 436

Lassar, Gerhard, § 27 Die verfassungsrechtliche Ordnung der Zuständigkeiten in *Anschütz/Thoma*, Handbuch des deutschen Staatsrechts Band 1, Tübingen 1930

Lechner, Hans/Zuck, Rüdiger, BVerfGG Kommentar, 8. Auflage München 2019

Lege, Joachim, Stadtumbau und städtebauliche Gebote Neue Herausforderungen durch Stadterhaltung und Rückbau, NVwZ 2005, S. 880

Leidinger, Tobias, Ensembleschutz als Instrument des Denkmalrechts und sein Verhältnis zu anderen Instrumenten der Stadterhaltung und -gestaltung, BauR 1994, S. 1

Lembke, Ulrike, Einheit aus Erkenntnis?, Berlin 2009

Malfroy, Sylvain, Eine Einführung in die Terminologie der Muratori-Schule unter besonderer Berücksichtigung der methodologischen Arbeiten von Gianfranco Caniggia in *Malfroy/Caniggia*, Die morphologische Betrachtungsweise von Stadt und Territorium, 2. Auflage Zürich 2018

Malfroy, Sylvain/Caniggia, Gianfranco, Die morphologische Betrachtungsweise von Stadt und Territorium, 2. Auflage Zürich 2018

Mankiw, Nicholas Gregory/Taylor, Mark P., Grundzüge der Volkswirtschaftslehre, 8. Auflage Stuttgart 2021

Manssen, Gerrit, Ortsbildschutz im unbeplanten Innenbereich, NWVBl 1992, S. 381

Manssen, Gerrit, Stadtgestaltung durch örtliche Bauvorschriften, Berlin 1990

Martin, Dieter J., Teil C IV. 5. Ensembles, Sammlungen und andere Sachgesamtheiten in *Martin/Krautzberger*, Handbuch Denkmalschutz und Denkmalpflege, 5. Auflage München 2022

Martin, Dieter J./Krautzberger, Michael, Handbuch Denkmalschutz und Denkmalpflege, 5. Auflage München 2022

Martini, Mario, Kommentierung zu § 79 VgV in *Pünder/Schellenberg/Alexander*, Vergaberecht, 3. Auflage Baden-Baden 2019

Marx, Karl/Engels, Friedrich, Das kommunistische Manifest, Berlin 1904

März, Wolfgang, Kommentierung zu Art. 30 in *v. Mangoldt/Klein/Starck*, Grundgesetz Kommentar Band 2, 7. Auflage München 2018

Matz, Werner, Artikel 74 in *Häberle*, Entstehungsgeschichte der Artikel des Grundgesetzes, 2. Auflage Tübingen 2010

Maurer, Hartmut, Staatsrecht I, 6. Auflage München 2010

Merten, Karlheinz, Mißachtung der Polizeihoheit der Länder durch den Bund, DVBl 1987, S. 395

Meyer, Thomas/Achelis, Justus/Alven-Döring, Annegret von/Hellriegel, Mathias/Kohl, Matthias/Rau, Markus, Bauordnung für Berlin, 7. Auflage Wiesbaden 2021

Mick, Otmar, Instrumentarium und Grenzen öffentlicher Bau- und Stadtgestaltung im Kultur- und Rechtsstaat, Frankfurt am Main 1990

Mitschang, Stephan, Stadterhaltung und Stadtgestaltung in städtebaulichen Planungen- eine instrumentelle Betrachtung, ZfBR 2000, S. 379

Mitschang, Stephan, Kommentierung zu § 172 in *Battis/Krautzberger/Löhr*, Baugesetzbuch Kommentar, 15. Auflage München 2022

Mitschang, Stephan, Kommentierung zu § 177 in *Battis/Krautzberger/Löhr*, Baugesetzbuch Kommentar, 15. Auflage München 2022

Mitschang, Stephan/Reidt, Olaf, Kommentierung zu § 34 in *Battis/Krautzberger/Löhr*, Baugesetzbuch Kommentar, 15. Auflage München 2022

Mitschang, Stephan/Reidt, Olaf, Kommentierung zu § 9 in *Battis/Krautzberger/Löhr*, Baugesetzbuch Kommentar, 15. Auflage München 2022

Möckel, Stefan, Erfordernis einer umfassenden außenverbindlichen Bodennutzungsplanung auch für nichtbauliche Bodennutzungen, DÖV 2013, S. 424

Moench, Christoph, Denkmalschutz im Bundesrecht, NJW 1980, 2343–2344

Moench, Christoph, Denkmalschutzrecht, neuere Entwicklungen, Berührungspunkte mit dem Baurecht Teil 2, ZfBR 1985, S. 163

Moench, Christoph, Reichweite und Grenze des Denkmalschutzes, NJW 1983, S. 1998

Moench, Christoph/Schmidt, Thomas, Die Freiheit der Baugestaltung, Düsseldorf 1989

Möller, Andreas, Kommentierung zu § 172 in *Schrödter*, Baugesetzbuch, 9. Auflage Baden-Baden 2019

Möller, Andreas, Kommentierung zu § 177 in *Schrödter*, Baugesetzbuch, 9. Auflage Baden-Baden 2019

Möller, Andreas/Ohlendorf, Lutz, Kommentierung zu § 171 f in *Schrödter*, Baugesetzbuch, 9. Auflage Baden-Baden 2019

Möllers, Thomas M. J., Juristische Methodenlehre, 2. Auflage München 2019

Müller, Kathrin, Das bauordnungsrechtliche Verunstaltungsverbot, Köln 2012

Müller-Erzbach, Rudolf, Die Relativität der Begriffe und ihre Begrenzung durch den Zweck des Gesetzes: Zur Beleuchtung der Begriffsjurisprudenz, JhJ 61 (1912), S. 343

Müller-Wrede, Malte, Der Architektenwettbewerb, Köln 2012

Nipperdey, Hans Carl, Die Grundrechte und Grundpflichten der Reichsverfassung Dritter Band, Berlin 1930

Oehmen, Klaus, Kommentierung zu § 172 in *Spannowsky/Uechtritz*, Baugesetzbuch Kommentar, 58. Edition München 2023

Oeter, Stefan, Kommentierung zu Art. 74 in *v. Mangoldt/Klein/Starck*, Grundgesetz Kommentar Band 2, 7. Auflage München 2018

Ott, Claus, Bodenrecht in *Rehbinder*, Recht im sozialen Rechtsstaat, Opladen 1973

Otto, Christian-W., Geändertes Abstandsflächenrecht 2012 (MBO) – Droht das Abstandsflächenrecht im Chaos zu versinken, ZfBR 2014, S. 24

Peine, Franz-Joseph, Die Einheit von Bauplanungs- und Bauordnungsrecht in *Bauer*, 100 Jahre Allgemeines Baugesetz Sachsen, Stuttgart, München 2000

Pesl, Ludwig Daniel, Ist der Bund Deutscher Bodenreformer sozialistisch?, Berlin 1927

Pestalozza, Christian, Thesen zur kompetenzrechtlichen Qualifikation von Gesetzen im Bundesstaat, DÖV 1972, S. 181

Pestalozza, Christian, Kommentierung zu Art. 74 in *v. Mangoldt/Klein/Pestalozza*, Das Bonner Grundgesetz Band 8, 3. Auflage München 1985

Petz, Helmut, Kommentierung zu § 172 in *Schlichter/Stich/Driehaus/Paetow*, Berliner Kommentar zum Baugesetzbuch, 60. Lieferung Köln, München 2023

Petz, Helmut, Kommentierung zu § 177 in *Schlichter/Stich/Driehaus/Paetow*, Berliner Kommentar zum Baugesetzbuch, 60. Lieferung Köln, München 2023

Philipp, Ortwin/Vetter, Stefan/Kriesel, Julia, Veräußerung von Grundstücken durch die öffentliche Hand, LKV 2020, S. 539

Poetzsch-Heffter, Fritz, Handkommentar der Reichsverfassung, 3. Auflage Berlin 1928

Preussner, Mathias, Das Modernisierungs- und Instandsetzungsgebot nach § 177 BauGB, VBlBW 1990, S. 1

Proksch, Roland, Das Bauordnungsrecht in der Bundesrepublik Deutschland, Berlin 1981

Pünder, Hermann/Schellenberg, Martin/Alexander, Christian, Vergaberecht, 3. Auflage Baden-Baden 2019

Quaas, Moritz, Kommentierung zu § 11 in *Spannowsky/Uechtritz*, BeckOK Bauordnungsrecht Baden-Württemberg, 24. Edition München 2023

Rau, Markus, Kommentierung zu § 81 in *Meyer/Achelis/Alven-Döring/Hellriegel/Kohl/Rau*, Bauordnung für Berlin, 7. Auflage Wiesbaden 2021

Rehbinder, Manfred, Recht im sozialen Rechtsstaat, Opladen 1973

Reichert, Friedhelm/Reuber, Norbert/Siegburg, Frank, Handbuch Vergabe von Architekten- und Ingenieurleistungen, 1. Auflage Köln 2017

Reidt, Olaf, Kapitel 1 Das Rechtsgutachten des BVerfG vom 16.6.1954 in *Bracher/Reidt/Schiller*, Bauplanungsrecht, 9. Auflage Köln 2022

Reidt, Olaf, Kapitel 2 Die tatsächliche Aufteilung der Rechtsmaterie in *Bracher/Reidt/Schiller*, Bauplanungsrecht, 9. Auflage Köln 2022

Reidt, Olaf, Kommentierung zu § 11 in *Battis/Krautzberger/Löhr*, Baugesetzbuch Kommentar, 15. Auflage München 2022

Reidt, Olaf, Kommentierung zu § 171f in *Battis/Krautzberger/Löhr*, Baugesetzbuch Kommentar, 15. Auflage München 2022

Reidt, Olaf, Kommentierung zu § 29 in *Battis/Krautzberger/Löhr*, Baugesetzbuch Kommentar, 15. Auflage München 2022

Remmert, Barbara, § 3 Öffentliches Baurecht in *Ennuschat/Ibler/Remmert*, Öffentliches Recht in Baden-Württemberg, 4. Auflage München 2022

Rengeling, Hans-Werner, § 135 Gesetzgebungszuständigkeit in *Isensee/Kirchhof*, Handbuch des Staatsrechts Band 6, 3. Auflage Heidelberg 2007

Reuber, Norbert, Kapitel 4 Planungswettbewerbe in *Reichert/Reuber/Siegburg*, Handbuch Vergabe von Architekten- und Ingenieurleistungen, 1. Auflage Köln 2017

Rid, Urban/Froeschle, Frank, Gesetzgebungskompetenz für ein Bundesbodenschutzgesetz, UPR 1994, S. 321

Rieger, Wolfgang, Kommentierung zu § 10 in *Schrödter*, Baugesetzbuch, 9. Auflage Baden-Baden 2019

Rieger, Wolfgang, Kommentierung zu § 29 in *Schrödter*, Baugesetzbuch, 9. Auflage Baden-Baden 2019

Rieger, Wolfgang, Kommentierung zu § 34 in *Schrödter*, Baugesetzbuch, 9. Auflage Baden-Baden 2019

Rinck, Hans-Justus, Zur Abgrenzung und Auslegung der Gesetzgebungskompetenzen von Bund und Ländern in *Ritterspach/Geiger*, Festschrift für Gebhard Müller, Tübingen 1970

Ritterspach, Theo/Geiger, Willi, Festschrift für Gebhard Müller, Tübingen 1970

Roth, Stefan, Das Bauordnungsrecht als Polizeirecht?, Würzburg 1996

Rozek, Jochen, Kommentierung zu Art. 70 in *v. Mangoldt/Klein/Starck*, Grundgesetz Kommentar Band 2, 7. Auflage München 2018

Rozek, Jochen, Kommentierung zu § 54 in *Schoch/Schneider*, Verwaltungsrecht – VwVfG, 43. Ergänzungslieferung München 2022

Rühle, Herbert, Gemeindliche Bodenreform, Neue Bauwelt 1946 Heft 7, S. 1

Rumpelt, Anselm, Das Allgemeines Baugesetz für das Königreich Sachsen vom 1. Juli 1900: nebst Ausführungsverordnung; Textausgabe mit Sachregister, Leipzig 1900

Rumpelt, Anselm, Das Allgemeines Baugesetz für das Königreich Sachsen vom 1. Juli 1900 Handausgabe mit den zugehörigen Bestimmungen, Erläuterungen und Sachregister, 3. Auflage Leipzig 1904

Literaturverzeichnis

Rüthers, Bernd/Fischer, Christian/Birk, Axel, Rechtstheorie, 12. Auflage München 2022

Rux, Johannes, Kommentierung zu Art. 20 in *Epping/Hillgruber*, BeckOK Grundgesetz, 55. Edition München 2023

Sachs, Michael, Grundgesetz Kommentar, 9. Auflage München 2021

Samuelson, Paul Anthony/Nordhaus, William D., Volkswirtschaftslehre, 6. Auflage München 2016

Sanwald, Rüdiger, Kommentierung zu Art. 70 in *Hofmann/Henneke*, Kommentar zum Grundgesetz, 15. Auflage Köln 2022

Sarnighausen, Hans-Cord, Rücksichtnahme und Zumutbarkeit im Öffentlichen Bau- und Nachbarrecht: Bundes- oder Landesrecht, NVwZ 1993, S. 1054

Sauter, Helmut, Landesbauordnung Baden-Württemberg Kommentar, 61. Aktualisierung Stuttgart 2022

Schacherreiter, Judith, Das Landeigentum als Legal Transplant in Mexiko, 1. Auflage Tübingen 2014

Schäfers, Dominik, Einführung in die Methodik der Gesetzesauslegung, JuS 2015, S. 875

Scheidler, Alfred, Der Einstieg in die bauplanungsrechtliche Prüfung – eine Betrachtung des § 29 BauGB, ZfBR 2016, S. 116

Scheidler, Alfred, Ortsbildgestaltung durch Festsetzung der Bauweise im Bebauungsplan, KommJur 2020, S. 125

Schippel, Max, Berliner Arbeiter-Bibliothek, Berlin 1894

Schlichter, Otto/Stich, Rudolf/Driehaus, Hans-Joachim/Paetow, Stefan, Berliner Kommentar zum Baugesetzbuch, 60. Lieferung Köln, München 2023

Schlotterbeck, Karlheinz, Kommentierung zu § 11 in *Schlotterbeck/Hager/Busch/Gammerl*, Landesbauordnung für Baden-Württemberg Kommentar, 8. Auflage Stuttgart 2020

Schlotterbeck, Karlheinz, Kommentierung zu § 74 in *Schlotterbeck/Hager/Busch/Gammerl*, Landesbauordnung für Baden-Württemberg Kommentar, 8. Auflage Stuttgart 2020

Schlotterbeck, Karlheinz/Hager, Gerd/Busch, Manfred/Gammerl, Bernd, Landesbauordnung für Baden-Württemberg Kommentar, 8. Auflage Stuttgart 2020

Schmelzle, Veit, Abstände und Abstandsflächen im Spannungsfeld von Bauordnungsrecht und Bauplanungsrecht, München 2009

Schmidt-Aßmann, Eberhard, Gesetzliche Maßnahme zur Regelung einer praktikablen Stadtentwicklungsplanung in *Akademie für Raumforschung und Landesplanung*, Raumplanung – Entwicklungsplanung, Hannover 1972

Schmidt-Aßmann, Eberhard, Grundfragen des Städtebaurechts, Göttingen 1972

Schmitz, Holger, Zugriffsmöglichkeiten der Gemeinde auf verwahrloste Immobilien de lege lata und de lege ferenda, ZfBR 2011, S. 641

Schmitz, Holger, Private Initiativen und Stadtentwicklung – zum neuen § 171f BauGB in *Battis/Söfker/Stüer*, Nachhaltige Stadt- und Raumentwicklung, München 2008

Schneider, Bernhard, Die Freiheit der Baukunst, Berlin 2002

Schneider, Tobias, Kommentierung zu § 79 VgV in *Burgi/Dreher*, Beck`scher Vergaberechtskommentar Band 2, 3. Auflage München 2019

Schnur, W., Die Verfügung über den Boden in *Dittus*, Baurecht im Werden, München 1951

Schoch, Friedrich, Besonderes Verwaltungsrecht, München 2018

Schoch, Friedrich/Schneider, Jens-Peter, Verwaltungsrecht – VwVfG, 43. Ergänzungslieferung München 2022

Scholz, Rupert, Ausschließliche und konkurrierende Gesetzgebungskompetenz von Bund und Ländern in der Rechtsprechung des Bundesverfassungsgerichts in *Starck*, Bundesverfassungsgericht und Grundgesetz Zweiter Band, Tübingen 1976

Schönfeld, Thomas, Kommentierung zu Art. 6 in *Spannowsky/Mannssen*, BeckOK Bauordnungsrecht Bayern, 25. Edition München 2023

Schönfeld, Thomas/Numberger, Ulrich, Örtliche Bausatzungen – Bauleitplanung durch die Hintertür, BayVBl 2000, S. 678

Schröder, Ulrich Jan, Kriterien und Grenzen der Gesetzgebungskompetenz kraft Sachzusammenhangs nach dem Grundgesetz, Berlin 2004

Schrödter, Wolfgang, Baugesetzbuch, 9. Auflage Baden-Baden 2019

Schrödter, Wolfgang/Möller, Andreas, Kommentierung zu § 9 in *Schrödter*, Baugesetzbuch, 9. Auflage Baden-Baden 2019

Schrödter, Wolfgang/Wahlhäuser, Jens, Kommentierung zu § 1 in *Schrödter*, Baugesetzbuch, 9. Auflage Baden-Baden 2019

Schröer, Thomas, Das Spannungsverhältnis zwischen bauordnungsrechtlichem Verunstaltungsverbot und bauplanungsrechtlichem Genehmigungsanspruch, NZBau 2008, S. 759

Schröer, Thomas, Warum städtebauliche Gebote in der Praxis nichts bewirken, NZBau 2007, S. 234

Schulte, Bernd H., Abstände und Abstandsflächen in der Schnittstelle zwischen Bundes- und Landesrecht, BauR 2007, S. 1514

Schulte, Bernd H., Rechtsgüterschutz durch Bauordnungsrecht, Berlin 1982

Schulte, Bernd H./Radeisen, Marita/Schulte, Niklas/van Schewick, Florian/Rasche-Sutmeier, Kerstin/Wiesmann, Martin, Die neue Bauordnung in Nordrhein-Westfalen, 120. Ergänzungslieferung Heidelberg 2019

Schulte, Niklas, Baukultur und Klimaschutz, Berlin 2019

Schütz, Peter, Artemis und Aurora in den Schranken des Bauplanungsrechts – BVerwG NJW 1995, 2648, NJW 1996, S. 498

Seibert, Julian Philipp, Dauerhaft aufgegebene Anlagen, 1. Auflage Tübingen 2019

Seifert, Frank-Florian/Ferner, Hilmar, Kommentierung zu § 177 in *Kröninger/Aschke/Jeromin*, Baugesetzbuch, 4. Auflage Baden-Baden 2018

Seiler, Christian, Kommentierung zu Art. 70 in *Epping/Hillgruber*, BeckOK Grundgesetz, 55. Edition München 2023

Literaturverzeichnis

Seiler, Christian, Kommentierung zu Art. 74 in *Epping/Hillgruber*, BeckOK Grundgesetz, 55. Edition München 2023

Senft, Gerhard, Das Bodeneigentum – Problemgeschichte und Theorieentwicklung in *Senft*, Land und Freiheit, Wien 2013

Senft, Gerhard, Land und Freiheit, Wien 2013

Seybold, Eberhard, Bauästhetisches Ortsrecht, Regensburg 1988

Söfker, Wilhelm, Kommentierung zu § 34 in *Ernst/Zinkahn/Bielenberg*, BauGB Kommentar, 149. Ergänzungslieferung München 2023

Söfker, Wilhelm, Kommentierung zu § 35 in *Ernst/Zinkahn/Bielenberg*, BauGB Kommentar, 149. Ergänzungslieferung München 2023

Söfker, Wilhelm, Kommentierung zu § 9 in *Ernst/Zinkahn/Bielenberg*, BauGB Kommentar, 149. Ergänzungslieferung München 2023

Söfker, Wilhelm/Runkel, Peter, Kommentierung zu § 1 in *Ernst/Zinkahn/Bielenberg*, BauGB Kommentar, 149. Ergänzungslieferung München 2023

Spangenberger, Volker, Städtebauförderung und Baukultur – Berücksichtigung von baukulturellen Ansätzen im Rahmen von Stadterneuerungsmaßnahmen, UPR 2013, S. 170

Spannowsky, Willy, Grenzen des Verwaltungshandelns durch Verträge und Absprachen, Berlin 1994

Spannowsky, Willy, Kommentierung zu § 34 in *Spannowsky/Uechtritz*, Baugesetzbuch Kommentar, 58. Edition München 2023

Spannowsky, Willy, Kommentierung zu § 9 in *Spannowsky/Uechtritz*, Baugesetzbuch Kommentar, 58. Edition München 2023

Spannowsky, Willy/Mannssen, Gerrit, BeckOK Bauordnungsrecht Bayern, 25. Edition München 2023

Spannowsky, Willy/Otto, Christian-W., BeckOK Bauordnungsrecht Niedersachsen, 26. Edition München 2023

Spannowsky, Willy/Saurenhaus, Jens, BeckOK Bauordnungsrecht NRW, 14. Edititon 2023

Spannowsky, Willy/Uechtritz, Michael, Baugesetzbuch Kommentar, 58. Edition München 2023

Spannowsky, Willy/Uechtritz, Michael, BeckOK Bauordnungsrecht Baden-Württemberg, 24. Edition München 2023

Spieß, Gerhard, Kommentierung zu § 34 in *Jäde/Dirnberger/Weiß*, BauGB BauNVO Kommentar, 10. Auflage Stuttgart 2022

Starck, Christian, Bundesverfassungsgericht und Grundgesetz Zweiter Band, Tübingen 1976

Stephan, Frédéric, Die Interpretation von Gesetzgebungskompetenzen, 2020

Stern, Klaus, Das Staatsrecht der Bundesrepublik Deutschland Band II, München 1980

Stern, Klaus, Das Staatsrecht der Bundesrepublik Band I, 2. Auflage München 1984

Stettner, Rupert, Grundfragen einer Kompetenzlehre, Berlin 1983

Stettner, Rupert, Kommentierung zu Art. 74 in *Dreier/Bauer/Britz*, Grundgesetz Kommentar, 3. Auflage München, Tübingen 2013

Stich, Rudolf, Maßnahmen der Stadterhaltung und des Denkmalschutzes im Spannungsfeld zwischen Bundes- und Landesrecht sowie zwischen kommunaler Selbstverwaltung und staatlicher Einwirkung, ZfBR 1983, S. 61

Stock, Jürgen, Kommentierung zu § 14 in *König/Roeser/Stock/Petz*, Baunutzungsverordnung, 5. Auflage München 2022

Stock, Jürgen, Kommentierung zu § 4 in *König/Roeser/Stock/Petz*, Baunutzungsverordnung, 5. Auflage München 2022

Stock, Jürgen, Kommentierung zu § 172 in *Ernst/Zinkahn/Bielenberg*, BauGB Kommentar, 149. Ergänzungslieferung München 2023

Stock, Jürgen, Kommentierung zu § 177 in *Ernst/Zinkahn/Bielenberg*, BauGB Kommentar, 149. Ergänzungslieferung München 2023

Stolz, Bernhard, VOF und Wettbewerbe, VergabeR 2014, S. 295

Stolz, Bernhard, Kommentierung zu § 79 VgV in *Ziekow/Völlink*, Vergaberecht, 4. Auflage München 2020

Streiff, Oliver, Baukultur als regulative Idee einer juristischen Prägung des architektonischen Raums, Baden-Baden 2013

Strobel, Richard, Gesamtanlagen – Bedeutung und Aufgaben für die Denkmalpflege, DPflBW 1985, S. 21

Strobl, Heinz, Kommentierung zu § 19 in *Strobl/Sieche/Kemper/Rothemund*, Denkmalschutzgesetz Baden-Württemberg Kommentar, 4. Auflage Stuttgart 2018

Strobl, Heinz/Sieche, Heinz/Kemper, Till/Rothemund, Peter, Denkmalschutzgesetz Baden-Württemberg Kommentar, 4. Auflage Stuttgart 2018

Stüer, Bernhard, Kapitel B Bauleitplanung in *Hoppenberg/de Witt*, Handbuch des öffentlichen Baurechts Band 1, 59. Ergänzungslieferung München 2021

Stüer, Bernhard, Der Bebauungsplan, 6. Auflage München 2022

Thiel, Fabian, Vergabe und "Vergabe", BauR 2018, S. 1800

Tillmanns, Reiner, Die Abgrenzung des Bauordnungsrechts vom Bauplanungsrecht, AöR 132, S. 582

Trapp, Dan Bastian, Baukultur als Bestandteil nachhaltiger städtebaulicher Entwicklung, JZ 2013, S. 540

Trieb, Michael/Schmidt, Alexander/Paetow, Stefan/Buch, Felicitas/Strobel, Richard, Erhaltung und Gestaltung des Ortsbildes, 2. Auflage Stuttgart 1988

Troidl, Thomas, Kommunale Beiräte, BayVBl 2004, S. 321

Uhle, Arnd, Normativ-rezeptive Kompetenzzuweisung und Grundgesetz, Baden-Baden 2015

Uhle, Arnd, Kommentierung zu Art. 70 in *Dürig/Herzog/Scholz/Herdegen*, Grundgesetz Kommentar, 99. Ergänzungslieferung München 2022

v. Mangoldt, Hermann/Klein, Friedrich/Pestalozza, Christian, Das Bonner Grundgesetz Band 8, 3. Auflage München 1985

Literaturverzeichnis

v. Mangoldt, Hermann/Klein, Friedrich/Starck, Christian, Grundgesetz Kommentar Band 1, 7. Auflage München 2018

v. Mangoldt, Hermann/Klein, Friedrich/Starck, Christian, Grundgesetz Kommentar Band 2, 7. Auflage München 2018

v. Münch, Ingo/Kunig, Philip, Grundgesetz Kommentar Band 2, 6. Auflage München 2012

v. Münch, Ingo/Kunig, Philip, Grundgesetz Kommentar Band 2, 7. Auflage München 2021

Verhandlungen der verfassungsgebenden Deutschen Nationalversammlung Band 336, Berlin 1920

Vilsmeier, Josef M., Das bauplanungsrechtliche Verbot der Ortsbildbeeinträchtigung und seine Bedeutung für die Zulässigkeit von Baugerüstwerbung, Hamburg 2016

Volkert, Dolores, Baukultur, Baden-Baden 2012

Voßkuhle, Andreas, Theorie und Praxis der verfassungskonformen Auslegung von Gesetzen – Kritische Bestandsaufnahme und Versuch einer Neubestimmung, AöR 125, S. 177

Vossler, Norbert, § 134 BGB in *Gsell/Krüger/Lorenz/Reymann*, beck-online. Grosskommentar zum Zivilrecht, Stand 01.06.2023 München 2023

Wagner, Burkhard, Harmonisierungsbedürftigkeit von Bauplanungs- und Bauordnungsrecht, Gießen 1989

Wagner, Roland, Die Konkurrenzen der Gesetzgebungskompetenzen von Bund und Ländern, Berlin 2011

Watzke, Hans-Georg, Zur Konkurrenz von Denkmalschutz- und städtebaulichem Erhaltungsrecht Teil 1, ZfBR 1981, S. 10

Watzke, Hans-Georg, Zur Konkurrenz von Denkmalschutz- und städtebaulichem Erhaltungsrecht Teil 2, ZfBR 1981, S. 57

Weiblen, Dieter, Kommentierung zu § 65 in *Spannowsky/Uechtritz*, BeckOK Bauordnungsrecht Baden-Württemberg, 24. Edition München 2023

Weinbrenner, Eberhard/Jochem, Rudolf/Neusüß, Wolfgang, Der Architektenwettbewerb, 2. Auflage Wiesbaden, Berlin 1998

Weiß, Holger/Reuße, Bastian, Rechtliche Rahmenbedingungen der Konzeptvergabe, QUARTIER 2019.4, S. 52

Werner, Birgit, Rechtsquellen des deutschen öffentlichen Rechts, Berlin 2020

Werner, Fritz, Die Zuständigkeit des Bundes für ein Bundesbaugesetz, DVBl 1954, S. 481

Werner, Wolfram, Der Parlamentarische Rat 1948–1949 Band 3, Berlin 1986

Weyreuther, Felix, Eigentum, öffentliche Ordnung und Baupolizei, Köln 1972

Wiechert, Reinald, Gesetzgebungskompetenz für das Bau und Bodenrecht, ZRP 1985, S. 239

Wiechert, Reinald/Lenz, Sebastian, Kommentierung zu § 84 in *Große-Suchsdorf*, Niedersächsische Bauordnung, 10. Auflage München 2020

Wiechert, Reinald/Sander, Martin, Kommentierung zu § 10 in *Große-Suchsdorf*, Niedersächsische Bauordnung, 10. Auflage München 2020

Literaturverzeichnis

Wiechert, Reinald/Sander, Martin, Kommentierung zu § 50 in *Große-Suchsdorf*, Niedersächsische Bauordnung, 10. Auflage München 2020

Wiesmann, Martin, Kommentierung zu § 89 in *Schulte/Radeisen/Schulte/van Schewick/Rasche-Sutmeier/Wiesmann*, Die neue Bauordnung in Nordrhein-Westfalen, 120. Ergänzungslieferung Heidelberg 2019

Winkelmann, Alfred, Das Rechtsgutachten des Bundesverfassungsgerichts über die Zuständigkeit des Bundes zum Erlaß eines Baugesetzes, DÖV 1954, S. 560

Wittreck, Fabian, Kommentierung zu Art. 30 in *Dreier/Bauer/Britz*, Grundgesetz Kommentar, 3. Auflage München, Tübingen 2013

Wittreck, Fabian, Kommentierung zu Art. 70 in *Dreier/Bauer/Britz*, Grundgesetz Kommentar, 3. Auflage München, Tübingen 2013

Wunderle, Simone, Der Abbruch von im Verfall begriffenen baulichen Anlagen nach § 65 Abs. 2 LBO (Teil 1), VBlBW 2020, S. 221

Wunderle, Simone, Der Abbruch von im Verfall begriffenen baulichen Anlagen nach § 65 Abs. 2 LBO (Teil 2), VBlBW 2020, S. 272

Wurster, Hansjörg, Kapitel D Denkmalschutz und Erhaltung in *Hoppenberg/de Witt*, Handbuch des öffentlichen Baurechts Band 2, 59. Ergänzungslieferung München 2021

Wyss, Bettina, Zuhause im Quartier – Die räumliche Gestaltung der Umwelt zwecks Förderung der Ortsverbundenheit, Karlsruhe 2019

Zebe, Hanns-Christoph, Gründach und Solar – Energetisch sinnvolle Ergänzung, BBauBl 2010 3, S. 38

Ziegler, Jürgen, Ein formulierter Vorschlag zur Aufnahme des Bauordnungsrechts in ein (Bundes-) Baugesetz, DVBl 1984, S. 378

Ziegler, Jürgen, Einleitung in *Brügelmann*, Baugesetzbuch Kommentar, 125. Aktualisierung Stuttgart 2023

Ziegler, Jürgen, Kommentierung zu § 14 BauNVO in *Brügelmann*, Baugesetzbuch Kommentar, 125. Aktualisierung Stuttgart 2023

Ziekow, Jan/Völlink, Uwe-Carsten, Vergaberecht, 4. Auflage München 2020

Zinkahn, Willy, Das Rechtsgutachten des Bundesverfassungsgerichts über die Zuständigkeit des Bundes zum Erlaß eines Baugesetzes, BBauBl 1954, S. 318